教科書ガイド

光村図書 版

国語

完全準拠

中学国語

1年

編集発行 光村教育図書

この本《ほん》の使《つか》い方《かた》

＊教科書《きょうかしょ》の引用《いんよう》ページ・行数《ぎょうすう》は、（P15・8）のように示《しめ》した。

あらすじ＋構成

その教材《きょうざい》のおよその内容《ないよう》をつかむためのページです。教材文《きょうざいぶん》の種類《しゅるい》によって構成《こうせい》が変《か》わります。

〈物語《ものがたり》・小説《しょうせつ》〉…あらすじ＋構成

〈随筆《ずいひつ》・説明文《せつめいぶん》〉…およその内容＋構成

〈詩《し》〉…およその内容

〈古典《こてん》〉…およその内容

漢字のチェック

新出漢字

その教材《きょうざい》の新出漢字《しんしゅつかんじ》を、教科書《きょうかしょ》の提出順《ていしゅつじゅん》に解説《かいせつ》しています。内容《ないよう》は、音訓《おんくん》（＊印《じるし》は教科書本文中《きょうかしょほんもんちゅう》の音訓《おんくん》）・部首《ぶしゅ》・画数《かくすう》・筆順《ひつじゅん》・意味《いみ》・言葉《ことば》・使《つか》い方《かた》・漢字検定《かんじけんてい》（漢検《かんけん》）の級数《きゅうすう》です。

※部首《ぶしゅ》・部首名《ぶしゅめい》は、辞典《じてん》によって違《ちが》っていることがあります。
※別《べつ》の書《か》き方《かた》がある漢字《かんじ》は、［　］で示《しめ》しました。

新出音訓

その教材《きょうざい》の新出音訓《しんしゅつおんくん》を教科書《きょうかしょ》の提出順《ていしゅつじゅん》に取《と》り上《あ》げ、新《あたら》しく出《で》てきた音訓《おんくん》を――線《せん》で示《しめ》しています。

重要語句のチェック

その教材《きょうざい》の重要《じゅうよう》な語句《ごく》（教科書欄外《きょうかしょらんがい》の「注意《ちゅうい》する語句《ごく》」や難《むずか》しい語句《ごく》など）を取《と》り上《あ》げ、意味《いみ》や使《つか》い方《かた》を解説《かいせつ》しています。意味《いみ》が複数《ふくすう》あるときは、教科書本文中《きょうかしょほんもんちゅう》の意味《いみ》を＊印《じるし》で示《しめ》しています。

文…その語句《ごく》を使《つか》った例文《れいぶん》　類…類義語《るいぎご》　対…対義語《たいぎご》

ここがポイント！ 教科書《きょうかしょ》の「学習《がくしゅう》」の答《こた》えと考《かんが》え方《かた》

教科書 28～29ページ

教科書《きょうかしょ》の各教材末《かくきょうざいまつ》にある「学習《がくしゅう》」の答《こた》えを示《しめ》しています。

答えの例 考え方

答《こた》えに至《いた》るまでのプロセスを必要《ひつよう》に応《おう》じて示《しめ》したり、はっきりした答《こた》えを求《もと》めていない課題《かだい》について、考《かんが》え方《かた》のヒントを示《しめ》したりしています。

＊「学習《がくしゅう》」以外《いがい》の教科書《きょうかしょ》の問《と》いに対《たい》する答《こた》えは、

教科書の課題

ここがポイント！ 教科書《きょうかしょ》の「練習問題《れんしゅうもんだい》」の答《こた》えと考《かんが》え方《かた》 教科書 228ページ

などで示《しめ》しています。

読解のポイント 音読のポイント

教科書《きょうかしょ》で特《とく》に課題《かだい》が示《しめ》されていない教材《きょうざい》について、読解《どっかい》や音読《おんどく》のポイントになる事柄《ことがら》を解説《かいせつ》しています。

解説

読解単元《どっかいたんげん》以外《いがい》の小単元《しょうたんげん》や、読解単元《どっかいたんげん》で付《つ》け加《くわ》えたい事柄《ことがら》があるときなどに適宜《てきぎ》に設《もう》けて、解説《かいせつ》しています。

テスト直前《ちょくぜん》にチェック！ シンシュン

教科書 22～29ページ

定期《ていき》テストで取《と》り上《あ》げられそうな読解教材《どっかいきょうざい》の最後《さいご》に設《もう》けてあります。テスト形式《けいしき》で出題《しゅつだい》しているので、定期《ていき》テスト直前《ちょくぜん》の最終確認《さいしゅうかくにん》に役立《やくだ》ちます。

巻末《かんまつ》に、解答《かいとう》・解説《かいせつ》をまとめて示《しめ》しています。

「テスト直前《ちょくぜん》にチェック！」の問題《もんだい》には よく出る！ のマークが付《つ》いている。よく出る！ はテストで取《と》り上《あ》げられることが多《おお》い問題《もんだい》だよ。
また、解くコツ も参考《さんこう》にしてみよう。解くコツ にはその問題《もんだい》を答《こた》えるときに守《まも》るべき基本的《きほんてき》な事項《じこう》が書《か》かれている。しっかりと確認《かくにん》して、単純《たんじゅん》なミスをなくすよう心《こころ》がけよう。

目次……1年

5 筋道《すじみち》を立《た》てて

6 いにしえの心《こころ》にふれる

7 価値《かち》を見《み》いだす

読書《どくしょ》に親《した》しむ

8 自分《じぶん》を見《み》つめる

文法《ぶんぽう》・漢字《かんじ》・振《ふ》り返《かえ》り

学習《がくしゅう》を広《ひろ》げる

〈表紙〉生駒さちこ
〈キャラクターイラスト〉水野ゆうこ
〈本文イラスト〉水野ゆうこ

朝《あさ》のリレー

谷川俊太郎《たにかわしゅんたろう》

およその内容

1 第一連《だいいちれん》（初《はじ》め～10行目《ぎょうめ》）

● 地球上《ちきゅうじょう》の各国《かっこく》の人々《ひとびと》の様子《ようす》。

・地球上《ちきゅうじょう》ではいつもどこかで朝《あさ》がはじまっている。

▼

2 第二連《だいにれん》（12行目《ぎょうめ》～18行目《ぎょうめ》）

● 作者《さくしゃ》の思《おも》い。

・ぼくらは交替《こうたい》で地球《ちきゅう》を守《まも》っている。

解説

第一連《だいいちれん》で地球上《ちきゅうじょう》のいろいろな国《くに》の様子《ようす》を対比《たいひ》させて表《あらわ》すことで、いつもどこかで朝《あさ》がはじまっていることを読者《どくしゃ》にわからせている。また、第二連《だいにれん》では「朝《あさ》をリレーする」という言葉《ことば》で、いつもだれかが起《お》きていて、交替《こうたい》で地球《ちきゅう》を守《まも》っていることを示《しめ》し、「ぼくら」みんなでそれをしているのだという作者《さくしゃ》の思《おも》いが述《の》べられている。

音読のポイント

① 第一連《だいいちれん》の、

1・2行目《ぎょうめ》（カムチャッカの……見《み》ているとき）―夜《よる》
3・4行目《ぎょうめ》（メキシコの……待《ま》っている）―朝《あさ》
反復《はんぷく》

⇔ 対比《たいひ》

5・6行目《ぎょうめ》（ニューヨークの……うつとき）―夜《よる》
7・8行目《ぎょうめ》（ローマの……ウインクする）―朝《あさ》
反復《はんぷく》

では形《かたち》や意味《いみ》の似《に》ている二《ふた》つの句《く》が反復《はんぷく》されている。リズム感《かん》が出ているので、このリズムを生《い》かして読《よ》む。

② 「ぼくらは朝《あさ》をリレーするのだ／経度《けいど》から経度《けいど》へと」には、倒置法《とうちほう》を用《もち》いて「ぼくらは朝《あさ》をリレーするのだ」という作者《さくしゃ》の思《おも》いが強調《きょうちょう》されているので、気持《きも》ちを込《こ》めて読《よ》む。

言葉《ことば》に出会《であ》うために 野原《の》《はら》はうたう

工藤直子《くどうなおこ》

教科書 14~15ページ

およその内容

「あしたこそ」（P14）

1 第一連《だいいちれん》（初《はじ》め～6行目《ぎょうめ》）
● たんぽぽの様子《ようす》。
・風《かぜ》にまいあげられてとんでいくたんぽぽのわたげ。

2 第二連《だいにれん》（8行目《ぎょうめ》～11行目《ぎょうめ》）
● たんぽぽの気持《きも》ち。
・とんでいった先《さき》でたくさんのものに出会《であ》いたい。

ひかりや風《かぜ》、とんでいくたんぽぽのわたげの様子《ようす》から、春《はる》の暖《あたた》かく生《い》き生《い》きとした感《かん》じがイメージできるね。

「おれはかまきり」（P15）

1 第一連《だいいちれん》（初《はじ》め～6行目《ぎょうめ》）
● かまきりの様子《ようす》。
・元気《げんき》なかまきり。

2 第二連《だいにれん》（8行目《ぎょうめ》～13行目《ぎょうめ》）
● かまきりの気持《きも》ち。
・あつくてもがんばる。 ・わくわくしている。

かまをふりかざす、かまきりの様子《ようす》が目《め》にうかぶね。

かまきりの生《い》き生《い》きとした様子《ようす》から、太陽《たいよう》の照《て》りつける夏《なつ》が想像《そうぞう》できるね。

解説

「あしたこそ」「おれはかまきり」の二作品《にさくひん》には、野原《のはら》の植物《しょくぶつ》や生《い》き物《もの》の言葉《ことば》という形式《けいしき》で、身近《みぢか》な自然《しぜん》の様子《ようす》が情景豊《じょうけいゆた》かに描《えが》かれている。

また、リズムや文《ぶん》の最後《さいご》の言葉《ことば》の統一《とういつ》（韻《いん》の踏《ふ》み方《かた》）や語調《ごちょう》、口調《くちょう》などに変化《へんか》がつけられている。作品《さくひん》ごとに工夫《くふう》して朗読《ろうどく》し、雰囲気《ふんいき》や特徴《とくちょう》を伝《つた》えるようにしよう。

「あしたこそ」

① 春《はる》の、たんぽぽのわたげがとんでいく様子《ようす》が、「たんぽぽ　はるか」の言葉《ことば》という形《かたち》で描《えが》かれている。

② スタートの季節《きせつ》にふさわしい、とび立《た》つ側《がわ》のあふれる希望《きぼう》が伝《つた》わってくる。

③ 第二連《だいにれん》のはじまりで「とんでいこう」と呼《よ》びかけて、読者《どくしゃ》の興味《きょうみ》をひいている。

④ 「とんでいこう　どこまでも／あした／たくさんの『こんにちは』に／であうために」は、ふつうなら「あした　たくさんの『こんにちは』に　であうために　どこまでも　とんでいこう」となるはずだが、こうすることで「とんでいこう」が強調《きょうちょう》されている。

⑤ 「たくさんの『こんにちは』」は、たくさんの人《ひと》やものと出会《であ》うことを表現《ひょうげん》した比喩《ひゆ》である。

春《はる》は出会《であ》いの季節《きせつ》だから、出会《であ》いを求《もと》めてどこまでもとんでいこうとする、たんぽぽのわたげの姿《すがた》が描《えが》かれているよ。

たんぽぽのわたげは、新《あら》たな出会《であ》いに希望《きぼう》をいだいているようだね。

「おれはかまきり」

① 夏《なつ》の、太陽《たいよう》が照《て》りつけるなか、かまきりがかまをふりあげる様子《ようす》が、「かまきり　りゅうじ」の言葉《ことば》という形《かたち》で描《えが》かれている。

② 第一連《だいいちれん》と第二連《だいにれん》の各行《かくぎょう》の字数《じすう》がほぼ同《おな》じである。

③ 第一連《だいいちれん》と第二連《だいにれん》のはじまりで、同《おな》じように「おう」と呼《よ》びかけている。

④ 「なつだぜ」「げんきだぜ」「ひかってるぜ」「あついぜ」「がんばるぜ」「きまってるぜ」と、最後《さいご》がほぼ「ぜ」で終《お》わっている。

⑤ 「おう」「……ぜ」という言葉《ことば》が多用《たよう》されていて、夏《なつ》の暑《あつ》さに負《ま》けないかまきりの力強《ちからづよ》さが感《かん》じられる。

⑥ 「どきどき」「わくわく」というかまきりの気持《きも》ちを表《あらわ》す擬態語《ぎたいご》が使《つか》われている。

⑦ どこかユーモラスな感《かん》じがして、楽《たの》しい作品《さくひん》。

勇《いさ》ましいかまきりが太陽《たいよう》を浴《あ》びてかまをふりあげている姿《すがた》には、夏《なつ》の暑《あつ》さを、ものともしない生命力《せいめいりょく》を感《かん》じるね。

このかまきりは、自信満々《じしんまんまん》なように感《かん》じるよ。

音読のポイント

① 意味《いみ》のまとまりがはっきりと伝《つた》わるように、言葉《ことば》の区切《くぎ》り目《め》を意識《いしき》して読《よ》む。
② 内容《ないよう》のまとまりを考《かんが》えて、間《ま》を取《と》るところや長《なが》さを工夫《くふう》して読《よ》む。
③ 大切《たいせつ》なところを押《お》さえて、表現《ひょうげん》の特色《とくしょく》を生《い》かしながら読《よ》む。
④ 読《よ》む速《はや》さや声《こえ》の強弱《きょうじゃく》、言葉《ことば》の調子《ちょうし》などに気《き》をつけて、内容《ないよう》に合《あ》ったリズムで読《よ》む。

情景《じょうけい》を想像《そうぞう》してみると、感情《かんじょう》を込《こ》めて読《よ》むことができるよ。

「あしたこそ」

① 第一連《だいいちれん》が七音《ななおん》と五音《ごおん》でほぼ統一《とういつ》されていて、リズムがあるので、このリズムを生《い》かして読《よ》む。
② 第二連《だいにれん》で呼《よ》びかけと倒置法《とうちほう》が使《つか》われているので、意識《いしき》して読《よ》む。
③ 第二連《だいにれん》は、出会《であ》いを求《もと》めて希望《きぼう》にあふれている感《かん》じが出《で》るように声《こえ》の調子《ちょうし》を考《かんが》えて、はつらつと読《よ》む。

自分《じぶん》がたんぽぽのわたげになったつもりで読《よ》んでみよう。

「おれはかまきり」

① 第一連《だいいちれん》と第二連《だいにれん》は、各行《かくぎょう》の音数《おんすう》がほぼ同《おな》じで、リズムが生《う》まれているので、このリズムを生《い》かして読《よ》む。
② 第一連《だいいちれん》、第二連《だいにれん》の始《はじ》まりが「おう」という呼《よ》びかけになっているので、はっきりとした声《こえ》で呼《よ》びかけるように読《よ》む。
③ 文末《ぶんまつ》で、「……ぜ」という元気《げんき》で力強《ちからづよ》い調子《ちょうし》の言葉《ことば》が繰《く》り返《かえ》し使《つか》われているので、元気《げんき》な感《かん》じで聞《き》き手《て》に届《とど》くように読《よ》む。
④ 「どきどき」「わくわく」という擬態語《ぎたいご》を使《つか》いながら、アピールする感《かん》じはどこかユーモラスである。声《こえ》の感《かん》じを明《あか》るくして、余裕《よゆう》のある感《かん》じで読《よ》む。
⑤ 第一連《だいいちれん》と第二連《だいにれん》のかまきりの気持《きも》ちをそれぞれ想像《そうぞう》し、違《ちが》いを考《かんが》えながら感情《かんじょう》を込《こ》めて読《よ》む。

声《こえ》の調子《ちょうし》や、テンポに変化《へんか》をつけてみよう。読《よ》む人《ひと》の個性《こせい》が生《い》かされて、楽《たの》しい朗読《ろうどく》になるよ。

いばって、かまをふりあげるかまきりになりきって、堂々《どうどう》と読《よ》もう。ユーモラスな感《かん》じが生《う》まれて、聞《き》く人《ひと》を笑《わら》わせられたら、大成功《だいせいこう》だ。

言葉《ことば》に出会《であ》うために 声《こえ》を届《とど》ける／書《か》き留《と》める／言葉《ことば》を調《しら》べる

教科書 16〜19ページ

声《こえ》を届《とど》ける（16〜17ページ）

「野原《のはら》はうたう」を、自分《じぶん》がよいと思《おも》った部分《ぶぶん》や、詩《し》に登場《とうじょう》する生《い》き物《もの》たちの気持《きも》ちが伝《つた》わるように、工夫《くふう》して読《よ》む。

【音読《おんどく》や発表《はっぴょう》のときの注意《ちゅうい》】

- 聞《き》き手《て》の方《ほう》を見《み》て、はっきりとよく聞《き》こえるように話《はな》す。
- 声《こえ》の大《おお》きさ、速《はや》さ・強弱《きょうじゃく》、言葉《ことば》の調子《ちょうし》を工夫《くふう》する。
- 言葉《ことば》や文章《ぶんしょう》の区切《くぎ》り目《め》ごとに間《ま》を取《と》る。
- 音《おと》の高低《こうてい》に注意《ちゅうい》する。
- 一《ひと》つ一《ひと》つの言葉《ことば》を丁寧《ていねい》に発音《はつおん》する。

「今《いま》から帰《かえ》るの。」のような文《ぶん》だと、最後《さいご》を上《あ》げて読《よ》めば質問《しつもん》、下《さ》げて読《よ》めば説明《せつめい》の意味《いみ》になるよ。

書《か》き留《と》める（18ページ）

ノートを有効《ゆうこう》に使《つか》って授業内容《じゅぎょうないよう》の理解《りかい》を深《ふか》める。自分《じぶん》なりに活用《かつよう》法《ほう》を工夫《くふう》して、記録《きろく》する習慣《しゅうかん》をつける。板書《ばんしょ》だけでなく、先生《せんせい》や友《とも》達《だち》の話《はなし》なども書《か》き留《と》めるとよい。

【ノートに書《か》き留《と》める内容《ないよう》の例《れい》】

上段《じょうだん》に書《か》く内容《ないよう》…板書《ばんしょ》の内容《ないよう》／友達《ともだち》の発言《はつげん》／話《はな》し合《あ》いの内容《ないよう》

下段《げだん》に書《か》く内容《ないよう》…自分《じぶん》の感想《かんそう》／調《しら》べたこと／印象《いんしょう》に残《のこ》った表現《ひょうげん》

【ノートの書《か》き方《かた》の工夫《くふう》】

大切《たいせつ》なところや目立《めだ》たせたいところは、次《つぎ》のような工夫《くふう》をする。

- 枠《わく》で囲《かこ》んだり線《せん》を引《ひ》いたりする。
- 矢印《やじるし》や箇条書《かじょうが》きを使《つか》う。
- 記号《きごう》やマークを付《つ》ける。

色《いろ》で印《しるし》を付《つ》けたり、図《ず》にするのもいいね。

言葉《ことば》を調《しら》べる（19ページ）

わからない言葉《ことば》や事柄《ことがら》は、目的《もくてき》や内容《ないよう》に応《おう》じて調《しら》べ方《かた》を工夫《くふう》し、情報《じょうほう》を集《あつ》めて整理《せいり》する。

国語辞典《こくごじてん》…言葉《ことば》の意味《いみ》・使《つか》い方《かた》・漢字《かんじ》での書《か》き表《あらわ》し方《かた》を調《しら》べる。

漢和辞典《かんわじてん》（漢字辞典《かんじじてん》）…漢字《かんじ》の読《よ》み方《かた》・成《な》り立《た》ち・意味《いみ》、その漢《かん》字を使《つか》った熟語《じゅくご》の意味《いみ》や読《よ》み方《かた》などを調《しら》べる。

類語辞典《るいごじてん》…意味《いみ》の似《に》ている言葉《ことば》の意味《いみ》のちがいなどを調《しら》べる。

ことわざ・慣用句辞典《かんようくじてん》…ことわざなどの意味《いみ》や使《つか》い方《かた》を調《しら》べる。

古語辞典《こごじてん》…古《ふる》い時代《じだい》の日本語《にほんご》の意味《いみ》や使《つか》い方《かた》を調《しら》べる。

百科事典《ひゃっかじてん》…いろいろな事柄《ことがら》の基本的《きほんてき》なことを調《しら》べる。どんな資料《しりょう》を調《しら》べればよいかわからないときは、まずこれを見《み》るとよい。

1 学《まな》びをひらく

シンシュン

西《にし》 加《か》奈《な》子《こ》

教科書 22~29ページ

あらすじ

中学《ちゅうがく》の入学式《にゅうがくしき》で僕《ぼく》（シュンタ）は、「僕《ぼく》がいる」と思《おも》ったぐらい見《み》た目《め》も好《この》みも同《おな》じで、まるで双子《ふたご》のようなシンタに出会《であ》った。僕《ぼく》たちはすぐに仲よくなり、いつもいっしょにいて、笑《わら》うところも、怒《おこ》るところも同《おな》じだった。

国語《こくご》の授業《じゅぎょう》で小説《しょうせつ》を読《よ》んだとき、僕《ぼく》はそのお話《はなし》をすごく好《す》きだと思《おも》ったが、シンタは違《ちが》っていた。僕《ぼく》は僕《ぼく》が好《す》きなものをシンタが嫌《きら》いと言《い》ったことが悲《かな》しく、「僕《ぼく》は好《す》きだ。」と言《い》えなかったことが悔《くや》しかった。それから僕《ぼく》たちは、だんだん口数《くちかず》が少《すく》なくなり、気《き》まずくなって離《はな》れていった。

僕《ぼく》は、クラスメイトが心配《しんぱい》して声《こえ》をかけてくれたことをきっかけに、シンタと気《き》まずくなるよりはちゃんとけんかをしようと思《おも》い、シンタに話《はな》しかけた。あの小説《しょうせつ》について自分《じぶん》は好《す》きなんだと伝《つた》えると、シンタは僕《ぼく》の気持《きも》ちをわかっていて、「ごめん。」と先《さき》に謝《あやま》ってきた。「シュンタを傷《きず》つけるのが怖《こわ》かった。」と言《い》ったシンタに、僕《ぼく》は「シンタと違《ちが》うところを発見《はっけん》するのが怖《こわ》かった。」と告白《こくはく》した。二人《ふたり》はお互《たが》いにそっくりだけど、全然違《ぜんぜんちが》う人間《にんげん》なんだということがわかり、前《まえ》にもましておしゃべりになった。

構成

❶ 双子《ふたご》みたいな「僕《ぼく》」とシンタ。（初《はじ》め～P23・7）

▼

❷ 二人《ふたり》の心《こころ》がすれ違《ちが》う。

① 小説《しょうせつ》についての感想《かんそう》の違《ちが》い。（P23・9～P24・9）

② 気《き》まずくなり、次第《しだい》に離《はな》れていく二人《ふたり》。（P24・10～P25・3）

▼

❸ お互《たが》いの思《おも》いを話《はな》し合《あ》い、仲直《なかなお》りをする「僕《ぼく》」とシンタ。（P25・5～終《お》わり）

物語《ものがたり》は三《みっ》つの場面《ばめん》からできているね。それぞれの場面《ばめん》での出来事《できごと》と、「僕《ぼく》」の気持《きも》ちやシンタとの関係《かんけい》に注意《ちゅうい》して読《よ》もうね。

新出漢字

漢字のチェック

＊はここに出《で》てきた読《よ》み。

22 驚
キョウ ＊おどろく おどろかす
うま　22画
- 意味：おどろく。びっくりする。おどろかす。
- 言葉：驚喜《きょうき》・驚嘆《きょうたん》・驚異《きょうい》
- 使い方：驚異《きょうい》的《てき》な記録《きろく》を残《のこ》す。

4級

22 僕
＊ボク
にんべん　14画
- 意味：①男性《だんせい》が自分《じぶん》を指《さ》していう言葉《ことば》。②男《おとこ》のめし使《つか》い。
- 言葉：①君《きみ》と僕《ぼく》 ②下僕《げぼく》・公僕《こうぼく》
- 使い方：君《きみ》と僕《ぼく》は親友《しんゆう》だ。

準2級

22 嫌
ケン ゲン ＊きらう いや
おんなへん　13画
- 意味：①きらう。いやがる。②疑《うたが》わしい。疑《うたが》い。
- 言葉：①嫌味《いやみ》・機嫌《きげん》 ②嫌疑《けんぎ》
- 使い方：姉《あね》の機嫌《きげん》を損《そこ》なう。

準2級

22 丼
＊どんぶり ＊どん
てん　5画
- 意味：ご飯《はん》などをよそう大《おお》きめの器《うつわ》。
- 言葉：天丼《てんどん》・牛丼《ぎゅうどん》・丼飯《どんぶりめし》
- 使い方：今日《きょう》の昼食《ちゅうしょく》は天丼《てんどん》を食《た》べよう。

2級

22 靴
（カ） ＊くつ
かわへん　13画
- 意味：くつ。
- 言葉：靴下《くつした》・靴墨《くつずみ》・婦人靴《ふじんぐつ》・長靴《ながぐつ》
- 使い方：革靴《かわぐつ》に靴墨《くつずみ》をすり込《こ》む。

準2級

22 違
イ ＊ちがう ちがえる
しんにょう　13画
- 意味：①ちがう。異《こと》なる。②そむく。
- 言葉：①相違《そうい》・違和感《いわかん》 ②違法《いほう》・違反《いはん》
- 使い方：交通規則《こうつうきそく》に違反《いはん》する。

4級

23 振
シン ＊ふる ふるう ふれる
てへん　10画
- 意味：①ふる。ふるえる。②さかんになる。
- 言葉：①振動《しんどう》・三振《さんしん》・振《ふ》り子《こ》 ②振興《しんこう》・不振《ふしん》
- 使い方：工事《こうじ》でガラスが振動《しんどう》する。

4級

23 怒
ド ＊いかる おこる
こころ　9画
- 意味：①いかる。おこる。②激《はげ》しい。荒《あ》れくるう。
- 言葉：①怒気《どき》・怒号《どごう》・激怒《げきど》 ②怒張《どちょう》
- 使い方：うそをついたことに兄《あに》は激怒《げきど》した。

4級

23 殴
（オウ） ＊なぐる
るまた　8画
- 意味：なぐる。たたく。
- 言葉：殴打《おうだ》
- 使い方：怒《いか》りにまかせて、壁《かべ》を殴《なぐ》る。

3級

24 悔
カイ ＊くいる くやむ くやしい
りっしんべん　9画
- 意味：①くいる。残念《ざんねん》に思《おも》う。②人《ひと》の死《し》を弔《とむら》う。
- 言葉：①悔《くや》し涙《なみだ》・悔悟《かいご》・悔恨《かいこん》 ②お悔《く》やみ
- 使い方：今《いま》ごろ後悔《こうかい》しても遅《おそ》すぎる。

3級

24 黙
モク ＊だまる
くろ　15画
- 意味：だまる。ものを言《い》わない。
- 言葉：黙認《もくにん》・沈黙《ちんもく》・暗黙《あんもく》・黙読《もくどく》
- 使い方：沈黙《ちんもく》を破《やぶ》って話《はな》し出《だ》す。

4級

24 離
リ ＊はなれる はなす
ふるとり　18画
- 意味：はなれる。別《わか》れる。はなす。分《わ》ける。
- 言葉：離別《りべつ》・離陸《りりく》・離島《りとう》・分離《ぶんり》
- 使い方：水《みず》と油《あぶら》が分離《ぶんり》する。

4級

25 怖
フ ＊こわい
りっしんべん　8画
- 意味：こわい。こわがる。恐《おそ》れる。
- 言葉：怖《こわ》い話《はなし》・恐怖《きょうふ》
- 使い方：恐怖《きょうふ》におののく。

4級

新出音訓

26

謝る（あやまる）

重要語句のチェック

＊はここでの意味《いみ》。

22ページ

うっとうしい ①気持《きも》ちが晴《は》れ晴《ば》れせず、嫌《いや》だと感《かん》じる様子《ようす》。文つゆのころは、**うっとうしい**日《ひ》が続《つづ》く。＊②じゃまに感《かん》じられる。わずらわしい。文前髪《まえがみ》がのびすぎていて**うっとうしい**。

23ページ

……にちがいない きっとそうだ。そうに決《き》まっている。文その人《ひと》が知《し》っている**にちがいない**。

切《き》りだす ①切《き》って運《はこ》び出《だ》す。文山《やま》から木《き》を**切《き》りだす**。＊②話《はな》し始《はじ》める。文用件《ようけん》を**切《き》りだす**。

しかめる 痛《いた》みや怒《いか》りなどで、まゆのあたりにしわを寄《よ》せる。文顔《かお》を**しかめる**。

24ページ

口数《くちかず》 ＊①ものを言《い》う回数《かいすう》。文**口数《くちかず》**が多《おお》い人《ひと》。②養《やしな》う必要《ひつよう》のある人《ひと》の数《かず》。

気《き》まずい 相手《あいて》と気持《きも》ちが通《つう》じ合《あ》わず、なんとなく嫌《いや》な気分《きぶん》である。文けんかした友達《ともだち》と同《おな》じグループになり、**気《き》まずい**思《おも》いをした。

25ページ

情《なさ》けない ①思《おも》いやりがない。文**情《なさ》けない**仕打《しう》ち。＊②なげかわしい。みじめだ。文試合《しあい》に負《ま》けて**情《なさ》けない**顔《かお》をする。

26ページ

傷《きず》つく ①けがをする。負傷《ふしょう》する。文**傷《きず》つい**た小鳥《ことり》。②物《もの》に傷《きず》がつく。文知《し》らない間《あいだ》に、机《つくえ》が**傷《きず》つく**。＊③つらい思《おも》いをする。文**傷《きず》つい**た心《こころ》をなぐさめる。

照《て》れくさい 気《き》はずかしい。きまりが悪《わる》い。文みんなの前《まえ》でほめられると**照《て》れくさい**。類はずかしい

27ページ

……にもまして ……よりも程度《ていど》が増《ふ》えて。文この店《みせ》の評判《ひょうばん》は、もともとよかったのだが、テレビで紹介《しょうかい》されたので、以前《いぜん》**にもまして**評判《ひょうばん》があがった。

ここがポイント！

教科書《きょうかしょ》の「学習《がくしゅう》」の

答《こた》えと考《かんが》え方《かた》

教科書 28〜29ページ

とらえる❶ 作品《さくひん》の全体像《ぜんたいぞう》をとらえよう。

① 作品《さくひん》を初《はじ》めて読《よ》んだときの感想《かんそう》を、簡単《かんたん》にまとめておこう。

答えの例

気心《きごころ》の知《し》れたシンタに、自分《じぶん》の好《す》きなものを嫌《きら》いだと言《い》われたとき、自分自身《じぶんじしん》も嫌《きら》いだと言《い》われたように感《かん》じるシュンタに共感《きょうかん》した。仲直《なかなお》りの場面《ばめん》の「違《ちが》うからこそ、話《はな》そう」というメッセージに勇気《ゆうき》づけられた。

② **登場人物《とうじょうじんぶつ》や場面《ばめん》の展開《てんかい》を確《たし》かめよう。**

・登場人物《とうじょうじんぶつ》はだれか。だれが語《かた》っているか。

答えの例

主《おも》な登場人物《とうじょうじんぶつ》はシュンタとシンタで、シュンタが語《かた》っている。

・一行《いちぎょう》空《あ》いている部分《ぶぶん》に着目《ちゃくもく》して教科《きょうか》それぞれの内容《ないよう》をおおまかにとらえよう。

答えの例

初《はじ》め～P23・7…場面《ばめん》1
シュンタとシンタが入学式《にゅうがくしき》で初《はじ》めて会《あ》って、仲よくなった場面《ばめん》。
P23・9～P25・3…場面《ばめん》2①・②
シュンタとシンタが小説《しょうせつ》の感想《かんそう》の違《ちが》いから、気《き》まずくなる場面《ばめん》。
P25・5～終《お》わり…場面《ばめん》3
シュンタとシンタが自分《じぶん》の気持《きも》ちを話《はな》し、仲直《なかなお》りをする場面《ばめん》。

考え方

シュンタとシンタの仲《なか》がどうなのかを簡単《かんたん》にまとめる。

読《よ》み深《ふか》める❷

場面《ばめん》の展開《てんかい》に沿《そ》って二人《ふたり》の関係《かんけい》の変化《へんか》を整理《せいり》しよう。

① **「シュンタ」と「シンタ」の関係《かんけい》が読《よ》み取《と》れる表現《ひょうげん》を、場面《ばめん》ごとに表《ひょう》にまとめよう。**

答えの例

場面《ばめん》		
場面《ばめん》1		・すぐに仲《なか》よくなった。・磁石《じしゃく》が引《ひ》き合《あ》うみたいに。 ・まるで双子《ふたご》だった。・いつもいっしょだった。 ・話《はな》したいことがどんどんあふれてきた。 ・自分自身《じぶんじしん》と話《はな》しているようなものだった。
場面《ばめん》2	①	・シンタと違《ちが》う自分《じぶん》は嫌《いや》だった。 ・違《ちが》うところがあれば、僕《ぼく》らはきっといっしょにいられなくなる。
	②	・前《まえ》みたいに話《はな》せなくなった。 ・僕《ぼく》たちはだんだん離《はな》れていった。
場面《ばめん》3		・前《まえ》にもましておしゃべりになった。

考え方

それぞれの場面《ばめん》から、二人《ふたり》の行動《こうどう》や様子《ようす》を挙《あ》げてみる。

② **①でまとめたことをもとに、二人《ふたり》の関係《かんけい》がどう変化《へんか》していった**

のかを話《はな》し合《あ》ってみよう。

答えの例

相手《あいて》と同《おな》じだからいっしょにいた二人《ふたり》が、相手《あいて》とは違《ちが》うと知《し》り離《はな》れたが、違《ちが》いを受《う》け入《い》れることで前《まえ》よりも仲《なか》よくなった。

考え方

二人《ふたり》の関係《かんけい》は、「いっしょにいる→離《はな》れる→前《まえ》より仲よくなる」である。それぞれの理由《りゆう》とともにまとめる。

考《かんが》えをもつ③ 読《よ》み深《ふか》めた感想《かんそう》を交流《こうりゅう》しよう。

自分《じぶん》にも同《おな》じような経験《けいけん》がないかなどを考《かんが》え、読《よ》み深《ふか》めた後《あと》の感《かん》想《そう》を二百字程度《にひゃくじていど》でまとめよう。最初《さいしょ》の感想《かんそう》と比《くら》べながら、どのように感想《かんそう》が変《か》わったか、発表《はっぴょう》しよう。

答えの例

私《わたし》は今《いま》まで初《はじ》めの二人《ふたり》のように、友達《ともだち》と同《おな》じであることが友情《ゆうじょう》のあかしだと思《おも》っていました。だから、友達《ともだち》から自分《じぶん》の好《す》きなドラマを嫌《きら》いと言《い》われたときには、自分《じぶん》が嫌《きら》われたと思《おも》い、ショックでした。しかしこの話《はなし》を読《よ》んで、同《おな》じであることで友情《ゆうじょう》を保《たも》つのではなく、相手《あいて》との違《ちが》いを受《う》け入《い》れることで本物《ほんもの》の友情《ゆうじょう》が生《う》まれると思《おも》ったので、私《わたし》もシュンタと同《おな》じように、ドラマが嫌《きら》いと言《い》った友達《ともだち》に声《こえ》をかけ仲直《なかなお》りしようと思《おも》います。（195字《じ》）

・「友達《ともだち》」とは、「いつも同《おな》じでなければならない人《ひと》」ではなく、「相手《あいて》との違《ちが》いを受《う》け入《い》れられる人《ひと》」だと考《かんが》えるようになった。

言葉を広げる

●この作品《さくひん》には「驚《おどろ》いた」などの心情《しんじょう》を表《あらわ》す言葉《ことば》が多《おお》く用《もち》いられている。どんな言葉《ことば》があるか、ぬき出《だ》してみよう。

うっとうしい（P22・8）、気《き》まずくて（P24・17）、情《なさ》けなかった（P25・8）、大好《だいす》きだった（P26・17）など

振り返る

●場面《ばめん》の展開《てんかい》に着目《ちゃくもく》することで、何《なに》がとらえられたか、自分《じぶん》の言葉《ことば》でまとめてみよう。

答えの例

登場人物《とうじょうじんぶつ》二人《ふたり》の行動《こうどう》や気持《きも》ちの移《うつ》り変《か》わりがわかり、二人《ふたり》の関係《かんけい》の変化《へんか》をとらえることができた。

●小学校《しょうがっこう》で学習《がくしゅう》した物語《ものがたり》や小説《しょうせつ》を一《ひと》つ取《と》り上《あ》げ、あらすじを発表《はっぴょう》しよう。

→登場人物《とうじょうじんぶつ》と、発端《ほったん》・山場《やまば》・結末《けつまつ》を意識《いしき》してまとめてみよう。

考え方

今《いま》まで学習《がくしゅう》した物語《ものがたり》を「発端《ほったん》・山場《やまば》・結末《けつまつ》」を意識《いしき》しながら再読《さいどく》する。

テスト直前《ちょくぜん》にチェック！

シンシュン

教科書 22～29ページ

ある日、クラスメイトが僕に、

「シンタとけんかしたの。」

そうきいてきた。僕はそのときこう思った。ああ、けんかできたら楽だろうな。何もしていないのに、こんなふうに気まずくなるなんて。僕は自分が情けなかった。そうだ、どうせなら、ちゃんとけんかしよう。①勇気がいることだったけど、こうやって気まずいよりはましだ。

僕はシンタに話しかけた。

「シンタ。」

シンタは僕を見た。ちょっと怖がっているみたいに見えた。

「僕、あの小説が好きなんだ。」

「え？」

「あの、国語の小説。」

覚えていないかもしれない。急にこんなことを言うのは変だ。でも、そこから話をするしかなかった。②僕は必死だった。だから、

「覚えているよ。」

シンタがそう言ってくれたときは驚いた。それから、こう続けたときも。

「僕が嫌いって言ったとき、シュンタが傷ついたのもわかった。」

気づいていたんだ。謝ろうとした僕より先に、シンタが「ごめん。」と言った。

「僕たち、③あれからちょっとおかしいよな。ちょっとっていうより、だいぶ。」

1 ――線①「勇気がいる」とありますが、シュンタはどのようなことをするのに勇気がいると考えているのですか。文章中の言葉を使って、簡潔に書きなさい。

（　　　　）

2 ――線②「僕は必死だった。」とありますが、僕は何に対して必死だったのですか。適切なものを次から一つ選び、記号に○を付けなさい。

ア　シンタに話しかけること。
イ　シンタに気持ちを説明すること。
ウ　シンタとけんかすること。
エ　シンタに謝ること。

3 ――線③「あれから」とありますが、具体的にはいつからですか。文章中の言葉を使って、簡潔に書きなさい。

（　　　　）

4 ――線④「僕も！」とありますが、シュンタと何が同じだったのですか。それを説明した次の□に当てはまる言葉を、文章中から十字で書き抜《ぬ》きなさい。

シュンタと□□□□□□□□□□ことが怖かったこと。

「うん。なんか。」

「つまらないことばかり話してさ。」

「本当にそうだね。」

　シンタと僕が久しぶりに話をしているのを、クラスメイトたちが見ているのがわかった。

　でも、僕は気にしなかった。

「僕、シンタと違うところを発見するのが怖かったんだ。」

　シンタも、気にしていなかった。

「④僕も！」

　思ったより、大きな声が出たのだろう。シンタは照れくさそうに笑った。

「またシュンタを傷つけるのも怖かったしさ。」

　シンタのその笑顔《えがお》が、僕は好きだった。大好きだった。

「傷つかないよ。」

「え？」

「僕の好きなものをシンタが嫌いでも、僕は傷つかないよ。あ、ううん、傷つくかもしれないけど、でも、じゃあ、だからこそ話そうよ。どうして好きなのか、どうして嫌いなのか。」

　シンタはまっすぐ僕を見た。僕もシンタをまっすぐに見た。僕たちはそっくりだった。

「うん。話そう。」
　⑤そっくりだけど、全然違う人間なのだった。
「話そう。たくさん。」
　⑥僕たちはそれから、前にもましておしゃべりになった。

西加奈子「シンシュン」（光村図書『国語一年』25～27ページ）

よく出る！
5　――線⑤「そっくりだけど、全然違う人間なのだった。」とありますが、シュンタとシンタは、何が「そっくり」で、何が「全然違う」のですか。簡潔に書きなさい。

(1)「そっくり」なこと
（　　　　　　　　）

(2)「全然違う」こと
（　　　　　　　　）

6　――線⑥「僕たちはそれから、前にもましておしゃべりになった。」とありますが、それはなぜですか。適切なものを次から一つ選び、記号に○を付けなさい。

ア　すべてが同じであるという双子《ふたご》のような関係にもどれたので、より多くの同じ部分を探そうと思ったから。
イ　相手のことをより多く知り、前のようなどこでもいつでもいっしょという関係にもどりたかったから。
ウ　お互いに違う部分を言い合い、その部分を直して前のような関係にもどりたかったから。
エ　お互いが違う人間であるということを認めることができ、今以上にわかり合いたいと思ったから。

解くコツ　二人はどんな関係になったのか。

◀答えは165ページ

学《まな》びをひらく 1

情報《じょうほう》を的確《てきかく》に聞《き》き取《と》る

教科書 30ページ

教科書の課題

1 左《ひだり》の例《れい》（教科書《きょうかしょ》P30）を参考《さんこう》に、効果的《こうかてき》なメモの取《と》り方《かた》を確《たし》かめよう。

［メモの例《れい》］

明日 5 時間目
◎図書館に集合
・長野先生からの説明
◎持ち物
・国語ノート
・えんぴつ
・黒フェルトペン

答えの例

［メモの例《れい》］は、時間《じかん》と場所《ばしょ》、持《も》ち物《もの》など、先生《せんせい》の話《はなし》の中《なか》で特《とく》に大事《だいじ》なキーワードを箇条書《かじょうが》きで書《か》き留《と》めている。また、大事《だいじ》なところは枠《わく》で囲《かこ》んだり線《せん》を引《ひ》いたりして目立《めだ》たせている。このことから、メモを取《と》る時《とき》には、次《つぎ》のようなことに注意《ちゅうい》する。

- 日時《にちじ》・場所《ばしょ》、何《なに》をするかなどの基本情報《きほんじょうほう》を聞《き》き取《と》り、キーワード（重要《じゅうよう》な言葉《ことば》）をメモする。
- 箇条書《かじょうが》きにする。
- 番号《ばんごう》や記号《きごう》を付《つ》ける。
- 線《せん》を引《ひ》いたり囲《かこ》んだりする。

2 放送委員《ほうそういいん》になったつもりで話《はなし》を聞《き》き、必要《ひつよう》な情報《じょうほう》をメモに取《と》ろう。

四月十七日《しがつじゅうしちにち》に、最初《さいしょ》の放送委員会《ほうそういいんかい》を開《ひら》きます。放送委員《ほうそういいん》の人《ひと》は、四時《よじ》に二年一組《にねんいちくみ》の教室《きょうしつ》に集《あつ》まってください。お昼《ひる》と放課後《ほうかご》の放送当番《ほうそうとうばん》を決《き》めようと思《おも》います。曜日《ようび》ごとの放送内容《ほうそうないよう》についても話《はな》し合《あ》います。一年生《いちねんせい》の新《あたら》しいアイデアは大歓迎《だいかんげい》ですので、ぜひ積極的《せっきょくてき》に提案《ていあん》してください。

その後《あと》、放送室《ほうそうしつ》で機材《きざい》の使《つか》い方《かた》を説明《せつめい》します。メモの準備《じゅんび》を忘《わす》れないでくださいね。よろしくお願《ねが》いします。

答えの例

［メモの例《れい》］

4月《がつ》17日《にち》　午後《ごご》4時《じ》
放送委員会《ほうそういいんかい》
◎2年《ねん》1組《くみ》に集合《しゅうごう》
◎内容《ないよう》
●放送当番《ほうそうとうばん》
●放送内容《ほうそうないよう》
●機材《きざい》の使《つか》い方《かた》
◎持《も》ち物《もの》
・メモ
・筆記用具《ひっきようぐ》

情報整理《じょうほうせいり》のレッスン 比較《ひかく》・分類《ぶんるい》

教科書 32~33ページ

漢字のチェック

*はここに出《で》てきた読《よ》み。

新出漢字

較（32） *カク
くるまへん 13画
意味：くらべる。
言葉：較差《かくさ》・比較《ひかく》
使い方：昼夜《ちゅうや》の気温《きおん》の較差《かくさ》が大《おお》きい。
4級

捉（32） ソク *とらえる
てへん 10画
意味：とらえる。つかまえる。
言葉：捕捉《ほそく》・機会《きかい》を捉《とら》える
使い方：文章《ぶんしょう》を読《よ》んで、全体《ぜんたい》の要旨《ようし》を捉《とら》える。
2級

甘（32） カン *あまい あまえる あまやかす
かん 5画
意味：①味《あじ》があまい。②満足《まんぞく》する。③あまえる。
言葉：①甘口《あまくち》・甘味料《かんみりょう》 ②甘受《かんじゅ》 ③甘《あま》えん坊《ぼう》
使い方：甘口《あまくち》のルーを使《つか》ってカレーを作《つく》る。
4級

坊（32） *ボウ ボッ
つちへん 7画
意味：①僧《そう》。②僧《そう》の住《す》む所《ところ》。③小《ちい》さな男《おとこ》の子《こ》を呼《よ》ぶ言葉《ことば》。
言葉：①坊主《ぼうず》 ②僧坊《そうぼう》 ③甘《あま》えん坊《ぼう》
使い方：旅先《たびさき》で僧坊《そうぼう》に宿泊《しゅくはく》する。
4級

椅（33） *イ
きへん 12画
意味：よりかかり。腰《こし》かけ。
言葉：椅子《いす》・車椅子《くるまいす》
使い方：木製《もくせい》の椅子《いす》に座《すわ》る。
2級

新出音訓

箋［笺］（33） *セン
たけかんむり 12画
意味：文字《もじ》を書《か》くための紙《かみ》。
言葉：便箋《びんせん》・付箋《ふせん》・処方箋《しょほうせん》
使い方：便箋《びんせん》に手紙《てがみ》を書《か》く。
2級

索（33） *サク
いと 10画
意味：①つな。縄《なわ》。②探《さが》し求《もと》める。
言葉：①鉄索《てっさく》 ②検索《けんさく》・模索《もさく》・探索《たんさく》・索引《さくいん》
使い方：海底《かいてい》の探索《たんさく》をする。
準2級

徴（33） *チョウ
ぎょうにんべん 14画
意味：①きざし。あらわれ。②呼《よ》び出《だ》す。取《と》り立《た》てる。
言葉：①特徴《とくちょう》・徴候《ちょうこう》・象徴《しょうちょう》 ②徴収《ちょうしゅう》・追徴《ついちょう》
使い方：風邪《かぜ》の徴候《ちょうこう》が見《み》られる。
4級

（33） 類似（ルイジ）

（33） 傷む（いたむ）

教科書の課題

問題《もんだい》1　次《つぎ》の情報《じょうほう》を、観点《かんてん》ごとに整理《せいり》してみよう。

［私《わたし》の家《いえ》の犬《いぬ》］
・名前《なまえ》はコタロウ。　・耳《みみ》はぴんと立《た》っている。
・甘《あま》えん坊《ぼう》。だれにでもなつく。　・しっぽはくるりと巻《ま》いている。
・おなかをこわしたとき、夜《よる》おそくまで看病《かんびょう》した。
・体長六十《たいちょうろくじゅう》センチメートル。　・めったにほえない。
・首輪《くびわ》は赤《あか》。　・毛《け》は短《みじか》く、うすい茶色《ちゃいろ》。　・足《あし》が速《はや》い。

・家《いえ》に帰《かえ》ると、すごい勢《いきお》いで飛《と》び付《つ》いてくる。

［分類《ぶんるい》の観点《かんてん》の例《れい》］

・外見《がいけん》　・性格《せいかく》、性質《せいしつ》　・思《おも》い出《で》　・基本情報《きほんじょうほう》

答えの例

外見《がいけん》	性格《せいかく》、性質《せいしつ》
・耳《みみ》はぴんと立《た》っている。 ・しっぽはくるりと巻《ま》いている。 ・体長六十《たいちょうろくじゅう》センチメートル。 ・首輪《くびわ》は赤《あか》。 ・毛《け》は短《みじか》く、うすい茶色《ちゃいろ》。	・甘《あま》えん坊《ぼう》。だれにでもなつく。 ・めったにほえない。 ・足《あし》が速《はや》い。 ・家《いえ》に帰《かえ》ると、すごい勢《いきお》いで飛《と》び付《つ》いてくる。
思《おも》い出《で》	**基本情報《きほんじょうほう》**
・おなかをこわしたとき、夜《よる》おそくまで看病《かんびょう》した。	・名前《なまえ》はコタロウ。

問題2　次《つぎ》のような目的《もくてき》で文章《ぶんしょう》を書《か》く場合《ばあい》、問題《もんだい》1で示《しめ》した観点《かんてん》の何《なに》を中心《ちゅうしん》にすればよいかを考《かんが》えよう。また、他《ほか》に加《くわ》えるべき観点《かんてん》があれば挙《あ》げてみよう。

①　町内《ちょうない》の人《ひと》に、迷子《まいご》になったコタロウをさがしてもらうためのポスターを書《か》く場合《ばあい》。

②　コタロウのかわいさを友達《ともだち》に伝《つた》える場合《ばあい》。

答えの例

①　外見《がいけん》・性格《せいかく》、性質《せいしつ》・基本情報《きほんじょうほう》　迷子《まいご》になった場所《ばしょ》

②　外見《がいけん》・性格《せいかく》、性質《せいしつ》・思《おも》い出《で》　特《とく》になし

情報《じょうほう》を整理《せいり》して書《か》こう

教科書 34～37ページ

解説

説明《せつめい》したい事柄《ことがら》について、観点《かんてん》を決《き》めて必要《ひつよう》な情報《じょうほう》を整理《せいり》し、相《あい》手《て》に理解《りかい》してもらえるように説明《せつめい》する文章《ぶんしょう》を書《か》く。

1　**目的《もくてき》や相手《あいて》をはっきりさせて、題材《だいざい》を決《き》めよう。**

①　自分《じぶん》の興味《きょうみ》のあることや友達《ともだち》に知《し》らせたいことを挙《あ》げる。

②　①から、説明《せつめい》する相手《あいて》や目的《もくてき》を明《あき》らかにして、題材《だいざい》を決《き》める。

2　**情報《じょうほう》を集《あつ》めて、整理《せいり》しよう。**

①　情報《じょうほう》を集《あつ》める。

・マッピングやカード、付箋《ふせん》を使《つか》って書《か》くための情報《じょうほう》を集《あつ》める。

②　集《あつ》めた情報《じょうほう》を整理《せいり》する。

・表《ひょう》などを使《つか》って、観点《かんてん》ごとにまとめる。

3　**わかりやすい説明《せつめい》になるように、構成《こうせい》を考《かんが》えよう。**

・特徴《とくちょう》や魅力《みりょく》。　・別《べつ》のものを比較《ひかく》。

・説明《せつめい》の順序《じゅんじょ》。　・自分《じぶん》との関《かか》わりに注目《ちゅうもく》する。

4　**文章《ぶんしょう》にまとめよう。**

・四百字程度《よんひゃくじていど》でまとめ、理解《りかい》しやすいか、読《よ》みやすいかに注意《ちゅうい》する。

5　**学習《がくしゅう》を振《ふ》り返《かえ》ろう。**

・文章《ぶんしょう》を読《よ》み合《あ》い、感想《かんそう》や意見《いけん》を伝《つた》え合《あ》う。

漢字《かんじ》1 漢字《かんじ》の組《く》み立《た》てと部首《ぶしゅ》／漢字《かんじ》に親《した》しもう1

教科書 38~40ページ

漢字のチェック

新出漢字

＊はここに出《で》てきた読《よ》み。

疲（39）
ヒ／つかれる
やまいだれ　10画
- 意味：つかれる。つかれ。
- 言葉：疲労《ひろう》・気疲《きづか》れ
- 使い方：長時間《ちょうじかん》の練習《れんしゅう》で足《あし》に疲労《ひろう》がたまる。

4級

癖（39）
ヘキ／くせ
やまいだれ　18画
- 意味：くせ。かたよった習性《しゅうせい》や好《この》み。
- 言葉：潔癖《けっぺき》・悪癖《あくへき》・口癖《くちぐせ》・寝癖《ねぐせ》
- 使い方：彼女《かのじょ》は潔癖《けっぺき》な性格《せいかく》だ。

3級

越（39）
エツ／こす／こえる
そうにょう　12画
- 意味：飛《と》びこえる。乗《の》りこえる。通《とお》り過《す》ぎる。
- 言葉：越冬《えっとう》・越境《えっきょう》・優越感《ゆうえつかん》
- 使い方：白鳥《はくちょう》が越冬《えっとう》する。

4級

超（39）
チョウ／こえる／こす
そうにょう　12画
- 意味：①限度《げんど》をこえる。②かけ離《はな》れている。③とびきり。
- 言葉：①超越《ちょうえつ》・超過《ちょうか》　②超然《ちょうぜん》・超能力《ちょうのうりょく》　③超満員《ちょうまんいん》
- 使い方：人間《にんげん》の想像《そうぞう》を超《こ》えた現象《げんしょう》。

3級

扱（39）
＊あつかう
てへん　6画
- 意味：あつかう。あつかい。
- 言葉：客扱《きゃくあつか》い・取《と》り扱《あつか》い
- 使い方：彼《かれ》は工具《こうぐ》の扱《あつか》い方《かた》がうまい。

4級

劣（39）
＊レツ／おとる
ちから　6画
- 意味：①他《ほか》と比《くら》べて力《ちから》が弱《よわ》い。②他《ほか》と比《くら》べて質《しつ》が悪《わる》い。
- 言葉：①優劣《ゆうれつ》・劣勢《れっせい》　②劣等感《れっとうかん》・劣化《れっか》・下劣《げれつ》
- 使い方：応募作品《おうぼさくひん》の優劣《ゆうれつ》をつける。

4級

腎（39）
＊ジン
にくづき　13画
- 意味：①腎臓《じんぞう》。②大切《たいせつ》な部分《ぶぶん》。
- 言葉：①腎臓《じんぞう》・副腎《ふくじん》　②肝腎《かんじん》
- 使い方：腎臓《じんぞう》の働《はたら》きを知《し》る。

2級

訴（39）
＊ソ／うったえる
ごんべん　12画
- 意味：①正《ただ》しいかどうかの判断《はんだん》を求《もと》める。②人《ひと》の心《こころ》に働《はたら》きかける。
- 言葉：①起訴《きそ》・告訴《こくそ》・直訴《じきそ》　②空腹《くうふく》を訴《うった》える
- 使い方：社内《しゃない》の改善点《かいぜんてん》を社長《しゃちょう》に直訴《じきそ》する。

4級

頑（39）
＊ガン
おおがい　13画
- 意味：①かたくなな。②丈夫《じょうぶ》な。
- 言葉：①頑固《がんこ》・頑迷《がんめい》　②頑強《がんきょう》・頑健《がんけん》
- 使い方：敵《てき》の攻撃《こうげき》に頑強《がんきょう》に抵抗《ていこう》する。

準2級

襟（39）
（キン）／＊えり
ころもへん　18画
- 意味：①えり。衣服《いふく》の首《くび》の周《まわ》り。②胸《むね》のうち。心《こころ》。
- 言葉：①襟足《えりあし》・襟元《えりもと》　②胸襟《きょうきん》
- 使い方：理髪店《りはってん》で襟足《えりあし》を整《ととの》える。

準2級

袋（39）
（タイ）／＊ふくろ
ころも　11画
- 意味：ふくろ。ふくろのようなもの。
- 言葉：手袋《てぶくろ》・胃袋《いぶくろ》・戸袋《とぶくろ》・福袋《ふくぶくろ》
- 使い方：正月《しょうがつ》の売《う》り出《だ》しで福袋《ふくぶくろ》を買《か》う。

3級

「泰」と「恭」は形《かたち》が似《に》ているので注意《ちゅうい》しよう。

39 汚
*オ (けがす) (けがれる) (けがらわしい) よごす よごれる きたない
さんずい 6画
意味 ①よごす。よごれる。②けがれる。
言葉 ①汚染《おせん》・汚水《おすい》 ②汚名《おめい》・汚職《おしょく》
使い方 川《かわ》の汚染《おせん》を防《ふせ》ぐ。
4級

39 泰
*タイ
したみず 10画
意味 ①安《やす》らか。ゆったりしている。②はなはだ。
言葉 ①泰平《たいへい》・安泰《あんたい》・泰然《たいぜん》 ②泰西《たいせい》
使い方 天下《てんか》泰平《たいへい》の世《よ》。
準2級

39 恭
*キョウ (うやうやしい)
したごころ 10画
意味 うやまって、つつしみ深《ぶか》くする。
言葉 恭順《きょうじゅん》・恭賀《きょうが》
使い方 恭賀《きょうが》新年《しんねん》。
準2級

39 悩
*ノウ なやむ なやます
りっしんべん 10画
意味 なやむ。なやます。なやましい。
言葉 苦悩《くのう》・思《おも》い悩《なや》む
使い方 兄《あに》は、苦悩《くのう》に満《み》ちた表情《ひょうじょう》をしていた。
4級

39 懸
*ケン (ケ) かける かかる
こころ 20画
意味 ①かける。かかる。②気《き》にかかる。③かけ離《はな》れる。
言葉 ①懸命《けんめい》・懸垂《けんすい》 ②懸案《けんあん》 ③懸隔《けんかく》
使い方 懸案《けんあん》の問題《もんだい》を話《はな》し合《あ》う。
準2級

39 昇
*ショウ のぼる
ひ 8画
意味 のぼる。あがる。
言葉 昇進《しょうしん》・昇級《しょうきゅう》・昇降《しょうこう》・上昇《じょうしょう》
使い方 急激《きゅうげき》に気温《きおん》が上昇《じょうしょう》した。
3級

40 傑
*ケツ
にんべん 13画
意味 ①優《すぐ》れる。②優《すぐ》れた人物《じんぶつ》。
言葉 ①傑作《けっさく》・傑出《けっしゅつ》 ②傑物《けつぶつ》・豪傑《ごうけつ》
使い方 この小説《しょうせつ》は近年《きんねん》まれに見《み》る傑作《けっさく》だ。
準2級

40 譜
*フ
ごんべん 19画
意味 ①順序《じゅんじょ》よく書《か》き並《なら》べたもの。②曲《きょく》を符号《ふごう》で表《あらわ》したもの。
言葉 ①系譜《けいふ》・年譜《ねんぷ》 ②楽譜《がくふ》・譜面《ふめん》
使い方 著名《ちょめい》作家《さっか》の年譜《ねんぷ》を調《しら》べる。
準2級

40 墨
*ボク すみ
つち 14画
意味 ①すみ。すみで書《か》いたもの。②書《か》くのに使《つか》うもの。
言葉 ①墨絵《すみえ》・水墨画《すいぼくが》 ②白墨《はくぼく》・石墨《せきぼく》
使い方 水墨画《すいぼくが》のような景色《けしき》を眺《なが》める。
3級

40 稽
*ケイ
のぎへん 15画
意味 かんがえる。
言葉 稽古《けいこ》・滑稽《こっけい》・荒唐無稽《こうとうむけい》
使い方 学芸会《がくげいかい》で発表《はっぴょう》する劇《げき》の稽古《けいこ》をする。
2級

40 謡
*ヨウ (うたい) (うたう)
ごんべん 16画
意味 ①うたう。うた。②能楽《のうがく》のうたい。
言葉 ①歌謡《かよう》・童謡《どうよう》・民謡《みんよう》 ②謡曲《ようきょく》
使い方 みんなで童謡《どうよう》を歌《うた》う。
4級

40 陶
*トウ
こざとへん 11画
意味 ①焼《や》き物《もの》。②人《ひと》を教《おし》え導《みちび》く。③うっとりする。
言葉 ①陶器《とうき》・陶芸 ②陶冶《とうや》 ③陶酔《とうすい》
使い方 父《ちち》は陶芸《とうげい》教室《きょうしつ》に通《かよ》っている。
3級

40 捻
*ネン
てへん 11画
意味 ねじる。
言葉 捻挫《ねんざ》
使い方 体育《たいいく》の時間《じかん》に足《あし》を捻挫《ねんざ》した。
2級

挫
40
*ザ
てへん 10画
- 意味 くじく。くじける。
- 言葉 挫《ざ》折《せつ》・頓《とん》挫《ざ》・捻《ねん》挫《ざ》
- 使い方 階《かい》段《だん》を踏《ふ》み外《はず》して挫《ざ》傷《しょう》を負《お》う。

2級

撲
40
*ボク
てへん 15画
- 意味 打《う》つ。たたく。殴《なぐ》る。
- 言葉 撲《ぼく》滅《めつ》・打《だ》撲《ぼく》
- 使い方 交《こう》通《つう》事《じ》故《こ》の撲《ぼく》滅《めつ》を目《め》指《ざ》す。

準2級

拒
40
*キョ
こばむ
てへん 8画
- 意味 断《ことわ》る。はねつける。こばむ。
- 言葉 拒《きょ》絶《ぜつ》・拒《きょ》否《ひ》
- 使い方 提《てい》案《あん》は拒《きょ》絶《ぜつ》された。

準2級

括
40
*カツ
てへん 9画
- 意味 くくる。一《ひと》つにまとめる。
- 言葉 括《かっ》弧《こ》・一《いっ》括《かつ》・総《そう》括《かつ》
- 使い方 クラスの意《い》見《けん》を総《そう》括《かつ》する。

準2級

維
40
*イ
いとへん 14画
- 意味 ①つな。②つなぐ。③次《つぎ》にくる語《ご》の意《い》味《み》を強《つよ》める言《こと》葉《ば》。
- 言葉 ①繊《せん》維《い》 ②維《い》持《じ》 ③維《い》新《しん》
- 使い方 明《めい》治《じ》維《い》新《しん》は歴《れき》史《し》上《じょう》の転《てん》換《かん》点《てん》だ。

4級

緯
40
*イ
いとへん 16画
- 意味 ①織《おり》物《もの》の横《よこ》糸《いと》。横《よこ》の筋《すじ》。②地《ち》球《きゅう》の東《とう》西《ざい》の方《ほう》向《こう》。
- 言葉 ①経《けい》緯《い》 ②緯《い》度《ど》・北《ほく》緯《い》
- 使い方 犯《はん》人《にん》が事《じ》件《けん》の経《けい》緯《い》を語《かた》る。

4級

紡
40
*ボウ
（つむぐ）
いとへん 10画
- 意味 繊《せん》維《い》をより合《あ》わせて糸《いと》にする。
- 言葉 紡《ぼう》績《せき》・混《こん》紡《ぼう》
- 使い方 国《くに》の経《けい》済《ざい》が紡《ぼう》績《せき》によってうるおう。

準2級

新出音訓

39 破片（ハヘン）	39 明星（ミョウジョウ）	40 和む（なごむ）	40 和らぐ（やわらぐ）
39 汚染（オセン）	40 速やか（すみやか）	40 集う（つどう）	40 専ら（もっぱら）

ここがポイント！

教科書《きょうかしょ》の「練習問題《れんしゅうもんだい》」の答《こた》えと考《かんが》え方《かた》

教科書 39ページ

1 〈 〉の中《なか》の二《ふた》つの部《ぶ》分《ぶん》を組《く》み合《あ》わせて、□に漢《かん》字《じ》を入《い》れ、熟《じゅく》語《ご》を完《かん》成《せい》させよう。

① 〈糸＋従〉→□断《だん》　② 〈客＋頁〉→金《きん》□　③ 〈⺮＋寺〉→劣《れっ》□感《かん》
④ 〈月＋蔵〉→腎《じん》□　⑤ 〈尸＋曽〉→高《こう》□　⑥ 〈走＋己〉→□訴《そ》
⑦ 〈口＋古〉→頑《がん》□　⑧ 〈石＋皮〉→□片《へん》

答え

①縦《じゅう》断《だん》　②金《きん》額《がく》　③劣《れっ》等《とう》感《かん》　④腎《じん》臓《ぞう》　⑤高《こう》層《そう》　⑥起《き》訴《そ》

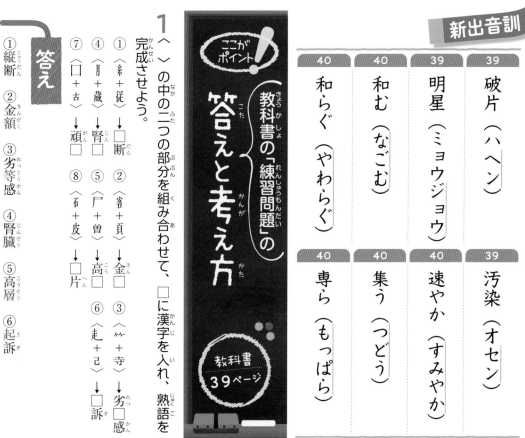

⑦頑固《がんこ》　⑧破片《はへん》

考え方　教科書《きょうかしょ》38・39ページに示《しめ》された、七種類《ななしゅるい》の漢字《かんじ》を組《く》み立《た》てる部分《ぶぶん》のどれにあたるか確《たし》かめよう。

2

次《つぎ》の①〜④の——線部《せんぶ》の漢字《かんじ》は、同《おな》じ部首《ぶしゅ》に属《ぞく》している。その部首《ぶしゅ》を、漢和辞典《かんわじてん》で調《しら》べよう。

①服装《ふくそう》・襟元《えりもと》・手袋《てぶくろ》　②氷山《ひょうざん》・汚染《おせん》・安泰《あんたい》

③恭順《きょうじゅん》・苦悩《くのう》・懸命《けんめい》　④暗黒《あんこく》・明星《みょうじょう》・上昇《じょうしょう》

答え

①衣《ころも》　②水《みず》　③心《こころ》　④日《ひ》

考え方

①「装《そう》」と「袋《ふくろ》」の「あし」の部分《ぶぶん》が、「衣《ころも》」で共通《きょうつう》していることに着目《ちゃくもく》しよう。「衣《ころも》(衤《ころもへん》)」は、漢和辞典部首索引《かんわじてんぶしゅさくいん》では六画《ろっかく》で探《さが》す。
呼《よ》び名《な》…「ころも」、「へん」の位置《いち》にあるときは「ころもへん」。

意味《いみ》…襟元《えりもと》の形《かたち》をかたどり、「ころも」の意味《いみ》を表《あらわ》す。

②「汚《お》」の部首《ぶしゅ》「氵《さんずい》」に着目《ちゃくもく》しよう。「水《みず》（氵《さんずい》・氺《したみず》）」は、漢和《かんわ》辞典《じてん》の部首索引《ぶしゅさくいん》では四画《よんかく》で探《さが》す。
呼《よ》び名《な》…「みず」、「へん」の位置《いち》にあるときは「さんずい」、「あし」の位置《いち》にあるときは「したみず」。

意味《いみ》…元《もと》は水滴《すいてき》のさまをかたどり、河川《かせん》や水流《すいりゅう》の意味《いみ》を表《あらわ》す。

③それぞれ何《なに》に関係《かんけい》する漢字《かんじ》か考《かんが》えよう。「心《こころ》（忄《りっしんべん》・⺗《したごころ》）」は、漢和辞典《かんわじてん》の部首索引《ぶしゅさくいん》では四画《よんかく》で探《さが》す。
呼《よ》び名《な》…「こころ」、「へん」の位置《いち》にあるときは「りっしんべん」、「あし」の位置《いち》にあるときは「したごころ」ということもある。

意味《いみ》…心臓《しんぞう》の形《かたち》をかたどり、「心《こころ》」の意味《いみ》を表《あらわ》す。

④共通《きょうつう》する部分《ぶぶん》が「日《ひ》」であることに着目《ちゃくもく》しよう。「日《ひ》」は、漢和辞典《かんわじてん》の部首索引《ぶしゅさくいん》では四画《よんかく》で探《さが》す。
呼《よ》び名《な》…「ひ」、「へん」の位置《いち》にあるときは「ひへん」。

意味《いみ》…輝《かがや》いている太陽《たいよう》の形《かたち》をかたどり、太陽《たいよう》、昼《ひる》、一日《いちにち》などを表《あらわ》す漢字《かんじ》をつくる。

「漢字《かんじ》に親《した》しもう1」の答《こた》え

〈小学校《しょうがっこう》で習《なら》った漢字《かんじ》〉

1　例 大好《だいす》きな映画《えいが》を見《み》るために、近《ちか》くの劇場《げきじょう》に行《い》きました。当日券《とうじつけん》で入《はい》り中央《ちゅうおう》の座席《ざせき》に座《すわ》ると、前《まえ》の座席《ざせき》に友人《ゆうじん》がいたのでびっくりしました。見終《みお》わった後《あと》、二人《ふたり》で映画《えいが》の感想《かんそう》を言《い》い合《あ》うと、印象《いんしょう》に残《のこ》っているところがいっしょだったので、また、びっくりしました。

〈中学校《ちゅうがっこう》で習《なら》う漢字《かんじ》〉

2　①けっさく　②がくふ　③すいぼくが　④けいこ
⑤どうよう　⑥とうげい

3　①ねんざ・だぼく・きょひ・いっかつ
②いじ・いど・ぼうせき

2 新《あたら》しい視点《してん》で ダイコンは大《おお》きな根《ね》？

稲垣栄洋《いながきひでひろ》

教科書 42～45ページ

おおよその内容

私《わたし》たちは、毎日《まいにち》いろいろな野菜《やさい》を食《た》べている。野菜《やさい》は植物《しょくぶつ》なので、いろいろな器官《きかん》からできている。

私《わたし》たちが食《た》べているダイコンの白《しろ》い部分《ぶぶん》はどの器官《きかん》か。ダイコンの芽《め》であるカイワレダイコンは、双葉《ふたば》と根《ね》とその間《あいだ》の胚軸《はいじく》からできている。それをもとにダイコンを見《み》ると、白《しろ》い部分《ぶぶん》は根《ね》と胚軸《はいじく》の二《ふた》つの器官《きかん》から成《な》っていることがわかる。

この二《ふた》つの器官《きかん》はなぜ味《あじ》も違《ちが》うのだろうか。胚軸《はいじく》は甘《あま》い。糖分《とうぶん》などの栄養分《えいようぶん》を根《ね》に送《おく》る役割《やくわり》をしているからである。根《ね》は辛《から》い。たくわえている栄養分《えいようぶん》を虫《むし》の害《がい》から守《まも》るためである。これらの特徴《とくちょう》を活《かつ》用《よう》して調理《ちょうり》すると、ダイコンのさまざまな味《あじ》を引《ひ》き出《だ》せる。

このように、ダイコンの白《しろ》い部分《ぶぶん》は異《こと》なる器官《きかん》から成《な》っていて、味《あじ》も違《ちが》う。野菜《やさい》も植物《しょくぶつ》として観察《かんさつ》したり調《しら》べたりすると、野菜《やさい》の新《あたら》しい魅力《みりょく》が見《み》えてくる。

身近《みぢか》な野菜《やさい》も植物《しょくぶつ》として捉《とら》えると、いろいろな発見《はっけん》があることを、ダイコンを例《れい》にして説明《せつめい》しているよ。

構成

①

はじめに（話題《わだい》）（初《はじ》め～P42・4）

・野菜《やさい》は植物《しょくぶつ》なので、いろいろな器官《きかん》からできている。

②

例《れい》による説明《せつめい》（問《と》いと答《こた》え）（P42・5～P45・2）

その1　ダイコンの白《しろ》い部分《ぶぶん》はどの器官《きかん》か

＝上《うえ》の方《ほう》は胚軸《はいじく》、下《した》の方《ほう》は根《ね》。

その2　器官《きかん》によって味《あじ》が違《ちが》うのはなぜか

＝胚軸《はいじく》が甘《あま》い↓栄養分《えいようぶん》を送《おく》る働《はたら》きをしているため。

根《ね》が辛《から》い↓虫《むし》の害《がい》から身《み》を守《まも》るため。

③

まとめ（主張《しゅちょう》）（P45・3～終《お》わり）

・ダイコンの白《しろ》い部分《ぶぶん》は、異《こと》なる器官《きかん》から成《な》り、働《はたら》きによって味《あじ》も違《ちが》う。

・野菜《やさい》を植物《しょくぶつ》として観察《かんさつ》したり調《しら》べたりすると、新《あたら》しい発見《はっけん》がある。

新出漢字

漢字のチェック

＊はここに出《で》てきた読《よ》み。

茎（42）
ケイ ＊くき

くさかんむり　8画

意味　くき。植物《しょくぶつ》の花《はな》や葉《は》を支《ささ》える部分《ぶぶん》。

言葉　地下茎《ちかけい》・根茎《こんけい》・歯茎《はぐき》

使い方　かぼちゃの茎《くき》を煮《に》る。

準2級

双（42）
ソウ ＊ふた

また　4画

意味　①二《ふた》つ。二《ふた》つで一《ひと》組《く》みになるもの。②並《なら》ぶ。

言葉　①双葉《ふたば》・双眼鏡《そうがんきょう》・双方《そうほう》　②無双《むそう》

使い方　双方《そうほう》の言《い》い分《ぶん》を聞《き》く。

3級

伸（42）
シン ＊のびる のばす のべる

にんべん　7画

意味　①のびる。のばす。②申《もう》しのべる。

言葉　①伸縮《しんしゅく》・屈伸《くっしん》・伸長《しんちょう》・背伸《せの》び　②追伸《ついしん》

使い方　選手《せんしゅ》一人《ひとり》一人《ひとり》の伸長《しんちょう》がめざましい。

3級

軸（42）
＊ジク

くるまへん　12画

意味　①車《くるま》の心棒《しんぼう》。②物事《ものごと》の中心《ちゅうしん》。要《かなめ》。

言葉　①車軸《しゃじく》　②枢軸《すうじく》・中軸《ちゅうじく》

使い方　彼《かれ》はチームの軸《じく》となる選手《せんしゅ》だ。

3級

跡（43）
セキ ＊あと

あしへん　13画

意味　①歩《ある》いたあと。②物事《ものごと》があったあと。③あとつぎ。

言葉　①追跡《ついせき》・足跡《あしあと》　②遺跡《いせき》・筆跡《ひっせき》・形跡《けいせき》　③跡目《あとめ》

使い方　古代文明《こだいぶんめい》の遺跡《いせき》を訪《たず》ねる。

4級

辛（44）
シン ＊からい

からい　7画

意味　①からい。②つらい。③かろうじて。

言葉　①辛口《からくち》　②辛苦《しんく》・辛酸《しんさん》　③辛勝《しんしょう》

使い方　わずかな点差《てんさ》で辛勝《しんしょう》した。

3級

重要語句のチェック

＊はここでの意味《いみ》。

43ページ

いっぽう　①一《ひと》つの方向《ほうこう》。方面《ほうめん》。②二《ふた》つのうちの片方《かたほう》。③そのよ

恵（44）
ケイ ＊エ めぐむ

こころ　10画

意味　①めぐむ。②かしこさ。

言葉　①恩恵《おんけい》・自然《しぜん》の恵《めぐ》み　②知恵《ちえ》

使い方　美《うつく》しい海《うみ》の恩恵《おんけい》を受《う》けた観光地《かんこうち》。

4級

胞（44）
＊ホウ

にくづき　9画

意味　①赤《あか》ん坊《ぼう》の宿《やど》る所《ところ》。②体《からだ》のもとになる最小《さいしょう》の組織《そしき》。

言葉　①同胞《どうほう》　②細胞《さいぼう》・胞子《ほうし》

使い方　きのこの胞子《ほうし》が飛散《ひさん》する。

3級

壊（44）
＊カイ こわす こわれる

つちへん　16画

意味　こわす。こわれる。破《やぶ》れる。

言葉　全壊《ぜんかい》・決壊《けっかい》・損壊《そんかい》・破壊《はかい》

使い方　自然《しぜん》破壊《はかい》を防《ふせ》ぐ。

4級

抑（45）
ヨク ＊おさえる

てへん　7画

意味　おさえる。

言葉　抑圧《よくあつ》・抑止《よくし》・抑揚《よくよう》

使い方　抑圧《よくあつ》を押《お》しのける。

3級

魅（45）
＊ミ

きにょう　15画

意味　①人《ひと》の心《こころ》を引《ひ》きつけて、まどわす。②化《ば》け物《もの》。

言葉　①魅力《みりょく》・魅了《みりょう》　②魑魅魍魎《ちみもうりょう》

使い方　彼女《かのじょ》は魅力《みりょく》にあふれている。

3級

うにばかりなる様子《ようす》。＊④ところで。別《べつ》の方面《ほうめん》では。文 サッカーは勝《か》った。いっぽう、野球《やきゅう》は負《ま》けた。

ここがポイント！

教科書《きょうかしょ》の「学習《がくしゅう》」の答《こた》えと考《かんが》え方《かた》

教科書 42〜44ページ

捉《とら》える❶

① 「問《と》い」と「答《こた》え」を手《て》がかりにして、文章《ぶんしょう》の中心的《ちゅうしんてき》な部分《ぶぶん》を捉《とら》えよう。

筆者《ひっしゃ》が「問《と》い」を投《な》げかけている段落《だんらく》と、それに対《たい》する「答《こた》え」を示《しめ》している段落《だんらく》を見《み》つけよう。

答えの例

問《と》い(1)……2段落《だんらく》
問《と》い(1)の答《こた》え…3・4段落《だんらく》
問《と》い(2)……5段落《だんらく》
問《と》い(2)の答《こた》え…6・7・8段落《だんらく》

問《と》い(1)の「答《こた》え」は、問《と》い(2)よりも前《まえ》にあるよ。

考え方

「問《と》い」は、「…でしょう（か）。」などの文末表現《ぶんまつひょうげん》や、「なぜ」などの言葉《ことば》に注目《ちゅうもく》して探《さが》す。「答《こた》え」は、「問《と》い」の内容《ないよう》、(1)「白《しろ》い部分《ぶぶん》はどの器官《きかん》か」、(2)「二《ふた》つの器官《きかん》の味《あじ》が違《ちが》うのはなぜか」をおさえてから探《さが》す。

② 二《ふた》つの「問《と》い」とその「答《こた》え」を、それぞれ短《みじか》い言葉《ことば》でまとめよう。

答えの例

問《と》い(1) ダイコンの白《しろ》い部分《ぶぶん》はどの器官《きかん》なのか。
答《こた》え(1) 下《した》の部分《ぶぶん》は根《ね》、上《うえ》の部分《ぶぶん》は胚軸《はいじく》という二《ふた》つの器官《きかん》から成《な》っている。
問《と》い(2) 二《ふた》つの器官《きかん》の味《あじ》が違《ちが》うのはなぜか。
答《こた》え(2) 器官《きかん》の役割《やくわり》が違《ちが》うから。

考え方

「問《と》い」は、質問《しつもん》の内容《ないよう》がはっきりとわかるようにまとめる。「答《こた》え」は、それぞれの「問《と》い」の内容《ないよう》、(1)「白《しろ》い部分《ぶぶん》はどの器官《きかん》か」、(2)「二《ふた》つの器官《きかん》の味《あじ》が違《ちが》うのはなぜか」に対応《たいおう》したものになるようにまとめる。胚軸《はいじく》が甘《あま》いのは、水分《すいぶん》や栄養分《えいようぶん》を上下《じょうげ》に送《おく》る役割《やくわり》をしているからで、根《ね》が辛《から》いのは、虫《むし》から身《み》を守《まも》るために辛《から》み成分《せいぶん》をたくわえる役割《やくわり》をしているからである。

まとめた後《あと》で、「問《と》い」と「答《こた》え」が対応《たいおう》しているかを確《たし》かめようね。

読《よ》み深《ふか》める② 段落《だんらく》の役割《やくわり》について考《かんが》えよう。

この文章《ぶんしょう》は、十《じゅう》の段落《だんらく》でできている。それぞれの段落《だんらく》が、文章全《ぶんしょうぜん》体《たい》の中《なか》でどんな役割《やくわり》を果《は》たしているか考《かんが》えよう。

答えの例

1段落《だんらく》…導入《どうにゅう》。
2段落《だんらく》…問《と》い(1)。
3・4段落《だんらく》…問《と》い(1)の答《こた》え。
5段落《だんらく》…問《と》い(2)。
6・7・8段落《だんらく》…問《と》い(2)の答《こた》え。
9段落《だんらく》…6・7・8段落《だんらく》の補足《ほそく》。
10段落《だんらく》…筆者《ひっしゃ》の考《かんが》えのまとめ。

考え方

説明文《せつめいぶん》は、次《つぎ》のような三《みっ》つのまとまりで構成《こうせい》されていることが多《おお》い。

〈初《はじ》め〉……導入《どうにゅう》(話題《わだい》の提示《ていじ》など)
〈中《なか》〉………説明《せつめい》(具体例《ぐたいれい》を用《もち》いた説明《せつめい》など)
〈終《お》わり〉…まとめ(筆者《ひっしゃ》の意見《いけん》など)

この文章《ぶんしょう》では、1段落《だんらく》が「〈初《はじ》め〉導入《どうにゅう》」、2段落《だんらく》から9段落《だんらく》が「〈中《なか》〉説明《せつめい》」、10段落《だんらく》が「〈終《お》わり〉まとめ」となっている。

また、2段落《だんらく》から9段落《だんらく》の細《こま》かな役割《やくわり》は次《つぎ》のようになる。2〜8段落《だんらく》では、「問《と》い」と「答《こた》え」が繰《く》り返《かえ》されている。3段落《だんらく》は、ダイコンの器官《きかん》の説明《せつめい》がわかりやすくなるように、カイワレダイコンを例《れい》として挙《あ》げているので「例示《れいじ》」の役割《やくわり》もある。9段落《だんらく》は、ダイコンの特徴《とくちょう》を活用《かつよう》した調理法《ちょうりほう》を挙《あ》げているので、「補足《ほそく》」になる。

考《かんが》えをもつ③ 考《かんが》えたことを発表《はっぴょう》し合《あ》おう。

わかりやすく説明《せつめい》するために、筆者《ひっしゃ》はどんな工夫《くふう》をしているだろうか。考《かんが》えたことを発表《はっぴょう》しよう。

答えの例

題名《だいめい》の付《つ》け方《かた》

筆者《ひっしゃ》は、題名《だいめい》に「?」を付《つ》けて疑問形《ぎもんけい》にしている。このことは、ダイコンが本当《ほんとう》に「大《おお》きな根《ね》」なのかどうか、これから読《よ》む人《ひと》に興味《きょうみ》をもたせる効果《こうか》があると思《おも》う。

言葉《ことば》の使《つか》い方《かた》や文末《ぶんまつ》の表現《ひょうげん》

筆者《ひっしゃ》は、文末《ぶんまつ》を「です」「ます」の敬体《けいたい》にして、呼《よ》びかけを多用《たよう》している。専門的《せんもんてき》な用語《ようご》も出《で》てくるが、「だ」「である」の常体《じょうたい》の文章《ぶんしょう》よりも、親《した》しみやすさを感《かん》じさせている。

説明《せつめい》の順序《じゅんじょ》

筆者《ひっしゃ》は「問《と》い」を投《な》げかけ、それに答《こた》える形《かたち》で説明《せつめい》を展開《てんかい》している。「問《と》い」を投《な》げかけられた読者《どくしゃ》は、文章《ぶんしょう》の内容《ないよう》に興味《きょうみ》をもって読《よ》むようになる。また、「どの器官《きかん》を食《た》べているのか」という基本的《きほんてき》な問《と》いの後《あと》に、「器官《きかん》によってなぜ味《あじ》が違《ちが》うのか」という一歩《いっぽ》ふみこんだ問《と》いを提示《ていじ》していて、自然《しぜん》に読《よ》み進《すす》めることができるように工夫《くふう》している。

言葉を広げる

●「これに対《たい》して」「いっぽう」「このように」などの言葉《ことば》に注目《ちゅうもく》し、その前後《ぜんご》の文《ぶん》や段落《だんらく》が、どのような関係《かんけい》でつながっているかを考《かんが》えよう。

考え方

・これに対《たい》して（P43・2）
→前《まえ》の3段落《だんらく》で述《の》べたカイワレダイコンと、後《あと》の4段落《だんらく》で述《の》べるダイコンについて内容《ないよう》を対比《たいひ》させている。

・いっぽう（P43・5）
→前《まえ》にある「ダイコンの下《した》のほう」の説明《せつめい》と、後《あと》にある「ダイコンの上《うえ》のほう」の説明《せつめい》を並《なら》べて提示《ていじ》し、違《ちが》いを強調《きょうちょう》している。

・いっぽう（P44・2）
→前《まえ》にある6段落《だんらく》の胚軸《はいじく》の部分《ぶぶん》の特徴《とくちょう》と、後《あと》にある7段落《だんらく》の根《ね》の部分《ぶぶん》の特徴《とくちょう》を、並《なら》べて提示《ていじ》し、対比《たいひ》させている。

・このように（P45・3）
→「このように」で始《はじ》まる10段落《だんらく》は、9段落《だんらく》までの内容《ないよう》をまとめている。

振り返る

●文章全体《ぶんしょうぜんたい》の中《なか》で、段落《だんらく》が果《は》たす役割《やくわり》には、どのようなものがあったか挙《あ》げてみよう。

答えの例

・「導入《どうにゅう》」「話題提示《わだいていじ》」「問《と》い」の段落《だんらく》…文章《ぶんしょう》での話題《わだい》や課題《かだい》を示《しめ》したり、読者《どくしゃ》の興味《きょうみ》を引《ひ》いたりする役割《やくわり》。

・「答《こた》え」「例示《れいじ》」「根拠《こんきょ》」の段落《だんらく》…具体的《ぐたいてき》な説明《せつめい》をしたり、筆者《ひっしゃ》の主張《しゅちょう》を支《ささ》えたりする役割《やくわり》。

・「まとめ」「主張《しゅちょう》」の段落《だんらく》…説明《せつめい》したことを整理《せいり》したり、筆者《ひっしゃ》の考《かんが》えをまとめたりする役割《やくわり》。

●わかりやすく説明《せつめい》するための工夫《くふう》のうち、自分《じぶん》が文章《ぶんしょう》を書《か》くときに使《つか》ってみたいものを挙《あ》げてみよう。

答えの例

・題名《だいめい》の付《つ》け方《かた》

　この文章《ぶんしょう》では、題名《だいめい》に「？」を付《つ》けて疑問形《ぎもんけい》にするという工夫《くふう》をしている。読《よ》む人《ひと》に興味《きょうみ》をもってもらうために、題名《だいめい》を疑問形《ぎもんけい》にするという工夫《くふう》を取《と》り入《い》れてみたい。

テスト直前《ちょくぜん》にチェック!

ダイコンは大《おお》きな根《ね》?

教科書 42～45ページ

1 それでは、私たちが普段《ふだん》食べているダイコンの白い部分はどの器官なのでしょうか。漢字で「大根」と書くくらいですから、根のように思うかもしれませんが、そんなに単純ではありません。

2 その疑問に答えるために、ダイコンの芽である①カイワレダイコンを見ながら考えてみます。カイワレダイコンは、双葉と根、その間に伸びた胚軸《はいじく》とよばれる茎から成り立っています。根の部分には、種から長く伸びた主根と、主根から生えている細いひげのような側《そっ》根《こん》があります。

3 これに対して、私たちが食べるダイコンをよく見てみると、下の方に細かい側根が付いていたり、側根の付いていた跡に穴が空いていたりするのがわかります。ダイコンの下のほうは主根が太ってできているのです。いっぽう、ダイコンの上のほうを見ると、側根がなく、すべすべしています。この上の部分は、根ではなく胚軸が太ったものです。つまり、②ダイコンの白い部分は、根と胚軸の二つの器官から成っているのです。

4 この二つの器官は、じつは味も違っています。なぜ、違っているのでしょう。

5 ③胚軸の部分は水分が多く、甘みがあるのが特徴です。胚軸は、地下の根で吸収した水分を地上の葉などに送り、葉で作られた糖分などの栄養分を根に送る役割をしているからです。

6 いっぽう、根の部分は辛いのが特徴です。ダイコンは下にいくほど辛みが増していきます。ダイコンのいちばん上の部分と、いちば

1 この文章で、筆者が投げかけている「問い」が書かれた文を二つ探し、それぞれ初めの五字を書き抜《ぬ》きなさい。（句読点も含む）

A

B

2 ——線①「カイワレダイコン」を取り上げているのはなぜですか。適切なものを次から一つ選び、記号に○を付けなさい。

ア めずらしい植物だから。

イ ダイコンの芽だから。

ウ 味が似ているから。

エ 調理方法が同じだから。

3 よく出る! ——線②「ダイコンの白い部分」は、どの器官から成っているか。文章中から一字と二字で二つ書きなさい。

4 ——線③「胚軸の部分は水分が多く、甘みがある」理由を、文章中から五十四字で探し、初めと終わりの五字を書き抜きなさい。（句読点も含む）

～

ん下の部分を比較すると、下のほうが十倍も辛み成分が多いのです。ここには、植物の知恵ともいえる理由がかくされています。

7 根には、葉で作られた栄養分が豊富に運ばれてきます。これは、いずれ花をさかせる時期に使う大切な栄養分なので、土の中の虫に食べられては困ります。そこで、虫の害から身を守るため、辛み成分をたくわえているのです。ダイコンの辛み成分は、普段は細胞の中にありますが、虫にかじられて細胞が破壊されると、化学反応を起こして、辛みを発揮するような仕組みになっています。そのため、たくさんの細胞が壊れるほど辛みが増すことになります。

8 ④これらの特徴を活用して調理すると、ダイコンのさまざまな味を引き出すことができます。例えば、大根下ろしを作るときに、辛いのが好きな人は下の部分が向いていますし、辛いのが苦手な人は上の部分を使うと辛みの少ない大根下ろしを作ることができます。また、ダイコンを力強く直線的に下ろすと、細胞が破壊されて、より辛みが増します。逆に、円をえがくようにやさしく下ろせば、破壊される細胞が少なくなり、辛みが抑えられるのです。

稲垣栄洋「ダイコンは大きな根？」（光村図書『国語一年』42〜45ページ）

5 ――線④「これらの特徴」について、次の問いに答えなさい。

(1) 具体的にはどんなことですか。文章中の言葉を使って、簡潔に書きなさい。

（　　　　）

(2) 植物がこうした特徴をもつことを、別の表現で述べている部分を文章中から探して、五字で書き抜きなさい。

□□□□□

6 辛い味が好きな人に大根下ろしを作るときは、どうするといいですか。適切なものを次から二つ選び、記号に○を付けなさい。

ア 上の部分を使う。
イ 下の部分を使う。
ウ 上の部分と下の部分を合わせて使う。
エ 力強く直線的に下ろす。
オ 円をえがくようにやさしく下ろす。

7 1のA・Bの「問い」に対する「答え」となっている段落はどれですか。それぞれ、当てはまる段落番号を全て書きなさい。

A（　　　　）
B（　　　　）

解くコツ 問いの答えになっている段落を探す。

◀答えは165ページ

2 新《あたら》しい視点《してん》で ちょっと立《た》ち止《ど》まって

桑原茂夫《くわばらしげお》

教科書 46～51ページ

およその内容

自分《じぶん》でこうだと思《おも》っていたものが、人《ひと》に違《ちが》う見方《みかた》もあると教《おし》えられる経験《けいけん》は多《おお》い。

同《おな》じ絵《え》でも、どこを中心《ちゅうしん》にして見《み》るかによって別《べつ》の絵《え》に見《み》えるし、最初《さいしょ》の絵《え》の見《み》え方《かた》を捨《す》てて見直《みなお》すと、別《べつ》の絵《え》に見《み》えることもある。また、近《ちか》くから見《み》るか遠《とお》くから見《み》るかによって、見《み》え方《かた》が変《か》わることもある。

私《わたし》たちは、第一印象《だいいちいんしょう》にしばられ、一面《いちめん》のみを捉《とら》えて全《すべ》てを知《し》ったように思《おも》いがちである。しかし、ちょっと立《た》ち止《ど》まって見方《みかた》を変《か》えてみると、その物《もの》の他《ほか》の面《めん》に気《き》づき、新《あたら》しい発見《はっけん》の驚《おどろ》きや喜《よろこ》びを味《あじ》わうことができる。

教科書《きょうかしょ》の三《みっ》つの図《ず》は、どれも有名《ゆうめい》なだまし絵《え》だよ。どう見《み》えるかな？
絵《え》だけじゃなく、物《もの》の見方《みかた》や物事《ものごと》の捉《とら》え方《かた》についても、同《おな》じことが言《い》えそうだね。

構成

1 導入《どうにゅう》（話題《わだい》の提示《ていじ》）（初《はじ》め～P46・2）
物《もの》の見方《みかた》は一《ひと》つではない。

▼

2 説明《せつめい》（具体例《ぐたいれい》を用《もち》いた説明《せつめい》）（P46・3～P49・3）
① 第一《だいいち》の例《れい》…中心《ちゅうしん》と背景《はいけい》の関係《かんけい》の説明《せつめい》。（P46・3～P47・16）
② 第二《だいに》の例《れい》…最初《さいしょ》の認識《にんしき》についての説明《せつめい》。（P47・17～P48・7）
③ 第三《だいさん》の例《れい》…見《み》る距離《きょり》で見《み》え方《かた》が違《ちが》うことの説明《せつめい》。（P48・8～49・3）

▼

3 まとめ（筆者《ひっしゃ》の考《かんが》え）（P49・4～終《お》わり）
見《み》るときの中心《ちゅうしん》の置《お》き方《かた》や距離《きょり》・角度《かくど》で、物《もの》の見方《みかた》は変《か》わる。

新出漢字

漢字のチェック

*はここに出てきた読《よ》み。

46 摘
*テキ　つむ

てへん　14画

意味　①つまみとる。②あばく。

言葉　①摘出《てきしゅつ》・指摘《してき》　②摘発《てきはつ》

使い方　問題点《もんだいてん》を指摘《してき》する。

4級

46 浮
フ　*うく　うかれる　*うかぶ　うかべる

さんずい　10画

意味　①うく。うかぶ。②よりどころがない。

言葉　①浮上《ふじょう》・浮力《ふりょく》　②浮遊《ふゆう》

使い方　親友《しんゆう》の顔《かお》を思《おも》い浮《う》かべる。

4級

46 影
エイ　*かげ

さんづくり　15画

意味　①かげ。②明《あ》かり。③姿《すがた》。

言葉　①影法師《かげぼうし》・影絵《かげえ》　②月影《つきかげ》　③近影《きんえい》・人影《ひとかげ》

使い方　祖父《そふ》の影響《えいきょう》で、歴史小説《れきししょうせつ》を読《よ》んでいる。

4級

47 架
カ　かける　かかる

き　9画

意味　①たな。物《もの》をのせる台《だい》。②かける。かかる。

言葉　①書架《しょか》・担架《たんか》　②架空《かくう》・高架《こうか》・架橋《かきょう》

使い方　ユニコーンは架空《かくう》の動物《どうぶつ》だ。

3級

47 珍
チン　*めずらしい

おうへん　9画

意味　めずらしい。変《か》わっている。

言葉　珍事《ちんじ》・珍味《ちんみ》・珍重《ちんちょう》・珍妙《ちんみょう》

使い方　山海《さんかい》の珍味《ちんみ》を味《あじ》わう。

4級

48 奥
（オウ）　*おく

だい　12画

意味　①おく。②簡単《かんたん》にはわからない事柄《ことがら》。

言葉　①奥歯《おくば》・奥地《おくち》　②奥《おく》の手《て》

使い方　奥《おく》の手《て》を使《つか》って問題《もんだい》を解決《かいけつ》する。

4級

48 顎
ガク　*あご

おおがい　18画

意味　あご。下《した》あご。

言葉　顎関節《がくかんせつ》

使い方　顎《あご》が外《はず》れるほど笑《わら》った。

2級

48 粧
*ショウ

こめへん　12画

意味　よそおう。顔《かお》におしろいをぬり、よく見《み》せる。

言葉　化粧《けしょう》・化粧品《けしょうひん》・雪化粧《ゆきげしょう》・化粧台《けしょうだい》

使い方　山《やま》がうっすらと雪化粧《ゆきげしょう》する。

準2級

49 秀
*シュウ　（ひいでる）

のぎ　7画

意味　ひいでる。抜《ぬ》きん出《で》る。特《とく》に優《すぐ》れている。

言葉　秀才《しゅうさい》・秀作《しゅうさく》・優秀《ゆうしゅう》・秀麗《しゅうれい》

使い方　秀逸《しゅういつ》な俳句《はいく》を鑑賞《かんしょう》する。

4級

49 麗
*レイ　（うるわしい）

しか　19画

意味　うるわしい。美《うつく》しい。鮮《あざ》やか。

言葉　麗句《れいく》・麗人《れいじん》・華麗《かれい》・秀麗《しゅうれい》

使い方　車窓《しゃそう》から富士山《ふじさん》の秀麗《しゅうれい》な姿《すがた》を望《のぞ》む。

4級

49 露
*ロ　ロウ　つゆ

あめかんむり　21画

意味　①つゆ。②さらす。③あらわす。

言葉　①夜露《よつゆ》・甘露《かんろ》　②露天《ろてん》　③露骨《ろこつ》・露出《ろしゅつ》

使い方　昔《むかし》の秘密《ひみつ》を暴露《ばくろ》する。

4級

49 荒
コウ　*あらい　あれる　あらす

くさかんむり　9画

意味　①あれ果《は》てる。②あらあらしい。③でたらめ。

言葉　①荒野《こうや》・荒涼《こうりょう》　②荒波《あらなみ》・荒天《こうてん》　③破天荒《はてんこう》

使い方　荒涼《こうりょう》とした原野《げんや》が広《ひろ》がる。

4級

49 縛
バク　*しばる

いとへん　16画

意味　しばる。くくる。自由《じゆう》にならないようにする。

言葉　金縛《かなしば》り・束縛《そくばく》

使い方　過密《かみつ》なスケジュールに束縛《そくばく》される。

3級

49

距

＊キヨ

あしへん

12画

意味　へだてる。間《ま》を空《あ》ける。

言葉　距離《きょり》

使い方　車間距離《しゃかんきょり》を空《あ》けて走行《そうこう》する。

4級

「荒」の訓読《くんよ》みは「あ・れる」か「あら・い」か「あ・らす」。だから、「荒々しい」は「あらあら・しい」「荒らげる」は「あら・らげる」という読《よ》みになるのね。

新出音訓

48 化粧台（ケショウダイ）

48 座る（すわる）

49 試す（ためす）

重要語句のチェック

＊はここでの意味《いみ》。

46ページ

指摘《してき》　問題《もんだい》になるところを、見《み》つけ出《だ》して示《しめ》すこと。文データの間違《まちが》いを**指摘《してき》**する。

見《み》てとる　見《み》ただけで知《し》る。わかる。文相手《あいて》の動《うご》きを**見《み》てとる**。

くっきり　形《かたち》がはっきりと見《み》えるさま。文山々《やまやま》が**くっきり**見《み》える。

バック　＊①後《うし》ろのほう。背景《はいけい》。文海《うみ》を**バック**に写真《しゃしん》をとる。②後《うし》ろに下《さ》がること。文バスが**バック**する。③テニスやサッカーなどで後《うし》ろを守《まも》る人《ひと》。文四人《よにん》の**バック**でディフェンスをする。

……にすぎない　ただそれだけだ。それ以上《いじょう》のものではない。文それは都合《つごう》のよい言《い》い訳《わけ》に**すぎない**。

影絵《かげえ》　手《て》や紙《かみ》で作《つく》った人形《にんぎょう》などに光《ひかり》を当《あ》てて、障子《しょうじ》・壁《かべ》などに影《かげ》を映《うつ》し出《だ》す遊《あそ》び。文スクリーンに**影絵《かげえ》**を映《うつ》す。

47ページ

消《き》え去《さ》る　消《き》えてなくなる。文やがて船《ふね》は視界《しかい》から**消《き》え去《さ》**った。

過《す》ぎ去《さ》る　①通《とお》り過《す》ぎていなくなる。文ようやく嵐《あらし》が**過《す》ぎ去《さ》る**。②時《とき》がたって過去《かこ》のことになる。文あっというまに一年《いちねん》が**過《す》ぎ去《さ》る**。

立《た》ち去《さ》る　その場《ば》から去《さ》る。文危険《きけん》な場所《ばしょ》から足早《あしばや》に**立《た》ち去《さ》る**。

忘《わす》れ去《さ》る　忘《わす》れてしまって思《おも》い出《だ》さない。文彼《かれ》は、つらい記憶《きおく》を**忘《わす》れ去《さ》**ろうとした。

単《たん》なる　ただの。ただそれだけの。文それは**単《たん》なる**勘違《かんちが》いだ。

背景《はいけい》　＊①写真《しゃしん》や絵《え》で、主《しゅ》になるものの後《うし》ろや、まわりの部分《ぶぶん》。文写真《しゃしん》の**背景《はいけい》**。②劇《げき》などで、舞台《ぶたい》の後《うし》ろに描《えが》かれた景色《けしき》。バック。文文化祭《ぶんかさい》の劇《げき》の**背景《はいけい》**を描《えが》く。③物事《ものごと》の隠《かく》れた事情《じじょう》。文事件《じけん》の**背景《はいけい》**を探《さぐ》る。

ピント　＊①レンズの焦点《しょうてん》。文カメラの**ピント**を合《あ》わせる。②物事《ものごと》の中心点《ちゅうしんてん》。文**ピント**の外《はず》れた意見《いけん》。

一面《いちめん》　①辺《あた》り一帯《いったい》。全体《ぜんたい》。文**一面《いちめん》**の雪景色《ゆきげしき》。＊②ある一《ひと》つの面《めん》。文彼《かれ》にはとぼけた**一面《いちめん》**がある。対多面《ためん》　③平《ひら》たい物《もの》を数《かぞ》える言葉《ことば》。文テニスコートの一面《いちめん》を予約《よやく》する。

48ページ

すます ①にごりをなくす。文水《みず》を**すます**。②注意《ちゅうい》をかたむける。文耳《みみ》を**すます**。＊③気取《きど》る。文**すました**顔《かお》をして写真《しゃしん》をとる。

即座《そくざ》に すぐにその場《ば》で。文**即座に**決定《けってい》する。類即刻《そっこく》・即《そく》

とりあえず ＊①まず。文**とりあえず**お風呂《ふろ》に入《はい》りたい。②間《ま》に合《あ》わせに。文**とりあえず**これをお使《つか》いください。

意識《いしき》 そのことに特《とく》に気持《きも》ちを向《む》ける。文優勝《ゆうしょう》を**意識《いしき》**する。

捨《す》て去《さ》る 思《おも》い切《き》って捨《す》てて気《き》にかけない。文これまでの実績《じっせき》を**捨《す》て去《さ》る**。

遠《とお》ざける ＊①遠《とお》くに離《はな》れさせる。文友人《ゆうじん》を**遠《とお》ざける**。対近《ちか》づける ②親《した》しまないようにする。文テレビゲームを**遠《とお》ざける**。

49ページ

秀麗《しゅうれい》 優《すぐ》れて美《うつく》しいこと。文**秀麗《しゅうれい》**な富士山《ふじさん》。

露出《ろしゅつ》 ＊①むき出《だ》しになること。文手足《てあし》を**露出《ろしゅつ》**する。②フィルムに光《ひかり》を当《あ》てること。文**露出《ろしゅつ》**の時間《じかん》を調整《ちょうせい》する。

荒々《あらあら》しい 乱暴《らんぼう》で激《はげ》しい。荒《あら》っぽい。文**荒々《あらあら》しく**戸《と》を閉《し》める。

すすける すすや汚《よご》れが付《つ》いて黒《くろ》ずむ。文**すすけた**なべ。

印象《いんしょう》 見《み》たり聞《き》いたりしたときに、心《こころ》に受《う》ける感《かん》じ。文あの人《ひと》は第一印象《だいいちいんしょう》がいい。

……がち そうなることが多《おお》い。よくそうなる。文最近《さいきん》は、風邪《かぜ》をひき**がち**だ。

ここがポイント！ 教科書《きょうかしょ》の「学習《がくしゅう》」の答《こた》えと考《かんが》え方《かた》

教科書 50〜51ページ

捉《とら》える1 文章《ぶんしょう》の構成《こうせい》に着目《ちゃくもく》し、要旨《ようし》を捉《とら》えよう。

① 文章全体《ぶんしょうぜんたい》を、大《おお》きく三《みっ》つのまとまり（序論《じょろん》・本論《ほんろん》・結論《けつろん》）に分《わ》けてみよう。さらに、本論《ほんろん》を事例《じれい》ごとのまとまりに分《わ》けてみよう。

答えの例

序論《じょろん》 初《はじ》め〜P46・2

本論《ほんろん》 P46・3〜P49・3
- 事例《じれい》1 P46・3〜P47・16
- 事例《じれい》2 P47・17〜P48・7
- 事例《じれい》3 P48・8〜P49・3

結論《けつろん》 P49・4〜終《お》わり

考え方

説明文《せつめいぶん》・論説文《ろんせつぶん》を序論《じょろん》・本論《ほんろん》・結論《けつろん》の三《みっ》つに分《わ》けるときは、序論《じょろん》は話題《わだい》の提示《ていじ》の段落《だんらく》、本論《ほんろん》は説明《せつめい》の段落《だんらく》、結論《けつろん》はまとめであり、筆者《ひっしゃ》の考《かんが》えが書《か》かれている段落《だんらく》とすればよい。

「話題《わだい》」を捉《とら》えることは難《むずか》しいが、実《じつ》は「結論《けつろん》」の段落《だんらく》から読《よ》み取《と》れることが多《おお》い。この文章《ぶんしょう》では、「序論《じょろん》」における話題《わだい》の提示《ていじ》が、問《と》いかけの文《ぶん》でないので捉《とら》えにくいが、「自分《じぶん》ではAと思《おも》っていた

こと」が、「結論《けつろん》」の最初《さいしょ》に書《か》かれている「ひと目見《めみ》たときの印象《いんしょう》」であることに気《き》づくと、読《よ》み取《と》りやすい。
また、本論《ほんろん》は三《みっ》つの図《ず》の説明《せつめい》ごとに事例《じれい》に分《わ》けることができるので、図《ず》の説明《せつめい》が変《か》わるところに着目《ちゃくもく》する。

② 筆者《ひっしゃ》の考《かんが》え（結論《けつろん》）をもとに、文章《ぶんしょう》の要旨《ようし》をまとめよう。

答えの例

物《もの》を見《み》るときは、ひと目見《めみ》たときの印象《いんしょう》に縛《しば》られず、中心《ちゅうしん》に見《み》るものを変《か》えたり、見《み》るときの距離《きょり》を変《か》えたりすれば、その物《もの》の他《ほか》の面《めん》に気《き》づき、新《あたら》しい発見《はっけん》の驚《おどろ》きや喜《よろこ》びを味《あじ》わうことができる。

考え方

結論《けつろん》は終《お》わりの段落《だんらく》にあるので、この段落《だんらく》の要点《ようてん》がこの文章全体《ぶんしょうぜんたい》の要旨《ようし》になる。

読《よ》み深《ふか》める❷

文章《ぶんしょう》の構成《こうせい》に着目《ちゃくもく》し、その効果《こうか》を考《かんが》えよう。

① 文章《ぶんしょう》と図《ず》との対応《たいおう》に注意《ちゅうい》し、本論《ほんろん》の図《ず》がそれぞれ何《なに》を述《の》べるために示《しめ》されているかをひと言《こと》でまとめよう。

答えの例

●ルビンのつぼの図《ず》（P46）
↓対応《たいおう》する本文《ほんもん》（P46・3〜P47・16）
……中心《ちゅうしん》に見《み》るものによって、見《み》え方《かた》が変《か》わること。

●若《わか》い女性《じょせい》やおばあさんの図《ず》（P47）
↓対応《たいおう》する本文《ほんもん》（P47・17〜P48・7）
……人《ひと》が最初《さいしょ》の認識《にんしき》を変《か》えづらいこと。

●化粧台《けしょうだい》の前《まえ》の女性《じょせい》やどくろの図《ず》（P48）
↓対応《たいおう》する本文《ほんもん》（P48・8〜49・3）
……距離《きょり》によって見《み》える絵《え》が変《か》わること。

考え方

1 本文《ほんもん》のどの部分《ぶぶん》がどの図《ず》の説明《せつめい》に当《あ》たるかを確認《かくにん》する。
2 筆者《ひっしゃ》がどんな事例《じれい》を説明《せつめい》するためにその図《ず》を取《と》り上《あ》げたのかを、本文《ほんもん》をよく読《よ》んで捉《とら》える。

② 結論《けつろん》を導《みちび》くために、序論《じょろん》と本論《ほんろん》がどのような役割《やくわり》を果《は》たしているかを考《かんが》えよう。

答えの例

序論《じょろん》は、話題《わだい》に対《たい》して問題点《もんだいてん》を挙《あ》げて、結論《けつろん》に対《たい》する興味《きょうみ》を引《ひ》く役割《やくわり》。本論《ほんろん》は、例《れい》を挙《あ》げながら自分《じぶん》の主張《しゅちょう》を説明《せつめい》して結論《けつろん》に対《たい》する説得力《せっとくりょく》をもたせる役割《やくわり》。

考え方

序論《じょろん》で、他人《たにん》から指摘《してき》されてはじめて自分《じぶん》の思《おも》い込《こ》みに気《き》づくという私《わたし》たちのものの見方《みかた》の問題点《もんだいてん》を提示《ていじ》し、本論《ほんろん》で、図《ず》を通《とお》してさまざまな見方《みかた》があるという例《れい》を挙《あ》げ、結論《けつろん》で、だからこそ他《ほか》の見方《みかた》を試《ため》すとよいという筆者《ひっしゃ》の考《かんが》えにつなげている。

考《かんが》えをもつ③ 考《かんが》えたことを伝《つた》え合《あ》おう。

筆者《ひっしゃ》の考《かんが》えをもとに、生活《せいかつ》の中《なか》で、ものの見方《みかた》や考《かんが》え方《かた》が広《ひろ》がったと思《おも》われる体験《たいけん》や事例《じれい》を発表《はっぴょう》しよう。

答えの例

私《わたし》の兄《あに》はせっかちな性格《せいかく》だ。いっしょに出《で》かけるときも早足《はやあし》で歩《ある》くので、いつも私《わたし》が合《あ》わせている。私《わたし》はそんな兄《あに》にいらいらすることもあったが、友達《ともだち》から、「時間《じかん》を大切《たいせつ》にするお兄《にい》さんなんだね。」と言《い》われた。短所《たんしょ》だと思《おも》っていた性格《せいかく》も、見方《みかた》を変《か》えると長所《ちょうしょ》になることに気《き》づかされた。

考え方

1 最後《さいご》の段落《だんらく》にまとめられている筆者《ひっしゃ》の考《かんが》えをおさえる。

2 自分《じぶん》の身《み》の回《まわ》りにある物《もの》や、日々《ひび》の生活《せいかつ》を振《ふ》り返《かえ》って、他《ほか》の見方《みかた》や考《かんが》え方《かた》をしたときに、別《べつ》の発見《はっけん》があるような場面《ばめん》を考《かんが》えて答《こた》える。

言葉を広げる

● 本文《ほんもん》から「見《み》る」ことに関《かん》する言葉《ことば》や慣用句《かんようく》をぬき出《だ》し、注目《ちゅうもく》の度合《どあ》いや、見《み》る時間《じかん》の長《なが》さ順《じゅん》に整理《せいり》してみよう。

答えの例

・注目《ちゅうもく》の度合《どあ》い（高《たか》い順《じゅん》に）…注目《ちゅうもく》する・目《め》を向《む》ける・見《み》てとる・ひと目《め》見《み》る

・見《み》る時間《じかん》の長《なが》さ（長《なが》い順《じゅん》に）…目《め》は……引《ひ》き付《つ》けられる・目《め》を向《む》ける・注目《ちゅうもく》する・ひと目《め》見《み》る・目《め》を遠《とお》ざける

振り返る

● 筆者《ひっしゃ》は、なぜ私《わたし》たちに「ちょっと立《た》ち止《ど》まって、他《ほか》の見方《みかた》を試《ため》して」みること（49ページ6行目《ぎょうめ》）をすすめているのだろう。

→「ちょっと立《た》ち止《ど》まって」という語句《ごく》を使《つか》って書《か》こう。

答えの例

物《もの》を見《み》るときには、ちょっと立《た》ち止《ど》まって、中心《ちゅうしん》に見《み》るものを変《か》えたり、見《み》るときの距離《きょり》を変《か》えたりすると、その物《もの》の他《ほか》の面《めん》に気《き》づき、新《あたら》しい発見《はっけん》の驚《おどろ》きや喜《よろこ》びを味《あじ》わうことができるから。

● 要旨《ようし》の捉《とら》え方《かた》についてわかったことを、自分《じぶん》の言葉《ことば》でまとめてみよう。

答えの例

筆者《ひっしゃ》の考《かんが》え（結論《けつろん》）に着目《ちゃくもく》すると、要旨《ようし》を捉《とら》えやすくなることがわかった。

テスト直前《ちょくぜん》にチェック!

ちょっと立《た》ち止《ど》まって

教科書 46~51ページ

自分ではAだと思っていたものが、人からBともいえると指摘され、なるほどそうもいえると教えられた経験は多いことだろう。

　a上の図は「ルビンのつぼ」と題されたものである。よく見ると、この図から①二種類の絵を見てとることができるはずだ。白い部分を中心に見ると、優勝カップのような形をしたつぼがくっきりと浮かび上がる。このとき、黒い部分はバックにすぎない。今度は逆に、黒い部分に注目してみる。すると、向き合っている二人の顔の影絵が見えてきて、白い部分はバックになってしまう。

　bこの図の場合、つぼを中心に見ているときは、見えているはずの二人の顔が見えなくなり、二人の顔を中心に見ると、一瞬《いっしゅん》のうちに、目からつぼの絵が消え去ってしまう。

　②このようなことは、日常生活の中でもよく経験する。今、公園の池に架かっている橋の辺りに目を向けているとしよう。すると、橋の向こうから一人の少女がやって来る。③目はその少女に引きつけられる。このとき、橋や池など周辺のものは全て、単なる背景になってしまう。カメラでいえば、あっという間に、ピントが少女に合わせられてしまうのである。ところが逆に、その橋の形が珍しく、それに注目しているときは、その上を通る人などは背景になってしまう。

　見るという働きには、④思いがけない一面がある。一瞬のうちに、中心に見るものを決めたり、それを変えたりすることができるのである。

　c上の図の場合はどうであろうか。ちょっとすまして図の奥の方を

1 〰〰線a~dは、それぞれどの図のことですか。次から選び、記号で答えなさい。(同じ記号でもよい)

a(　　) b(　　) c(　　) d(　　)

ア

イ

ウ

2 よく出る! ――線①「二種類の絵を見てとることができる」とは、それぞれどうすると何が見えるのかを、次の文に合うように書きなさい。

・(　　　　)見ると、(　　　　)が見える。

・(　　　　)見ると、(　　　　)が見える。

3 ――線②「このようなこと」が指す内容を、文章から一文で探し、初めと終わりの五字を書き抜《ぬ》きなさい。(句読点も含む)

□□□□□ ~ □□□□□

4 ――線③「目はその少女に引きつけられる。」について、たとえを用いて別の言い方をしている部分を、文章中から十六字で書き抜きなさい。

向いた若い女性の絵と見る人もいれば、毛皮のコートに顎をうずめたおばあさんの絵と見る人もいるだろう。あるいは、他の絵と見る人もいるかもしれない。

だれでも、ひと目見て即座《そくざ》に、何かの絵と見ているはずだが、そうすると、別の絵と見ることは難しい。若い女性の絵だと思った人には、おばあさんの絵は簡単には見えてこない。おばあさんの絵と見るためには、とりあえず、今見えている若い女性の絵を意識して捨て去らなければならない。

ｄ上の図を見てみよう。化粧台の前に座っている女性の絵が見えるであろう。ところがこの図も、もう一つの絵をかくしもっている。目を遠ざけてみよう。すると、たちまちのうちに、この図はどくろをえがいた絵に変わってしまう。同じ図でも、近くから見るか遠くから見るかによって、全く違う絵として受け取られるのである。

このことは、なにも絵に限ったことではない。遠くから見れば秀麗な富士山も、近づくにつれて、岩石の露出した荒々しい姿に変わる。また、遠くから見ればきれいなビルも、近づいて見ると、ひび割れてすすけた壁面《へきめん》のビルだったりする。

私たちは、ひと目見たときの印象に縛られ、一面のみを捉えて、その物の全てを知ったように思いがちである。しかし、一つの図でも風景でも、見方によって見えてくるものが違う。そこで、物を見るときには、ちょっと立ち止まって、他の見方を試してみてはどうだろうか。中心に見るものを変えたり、⑤見るときの距離を変えたりすれば、その物の他の面に気づき、新しい発見の驚きや喜びを味わうことができるだろう。

桑原茂夫「ちょっと立ち止まって」（光村図書『国語一年』46〜49ページ）

5 ——線④「思いがけない一面」とは、どんなことを指していますか。

解くコツ カメラに注目。

6 〰〰線ｃの図を見て「おばあさんの絵」だと思った人が、「若い女性の絵」と見るためには、どうすることが必要ですか。適切なものを次から一つ選び、記号に○を付けなさい。

ア 絵から目を遠ざけたり角度を変えたりして見る。
イ おばあさんの顔を構成している各部分に注目する。
ウ 今見えているおばあさんの絵を意識して捨て去る。
エ 今見えている若い女性の絵を意識して捨て去る。

（　　）

7 ——線⑤「見るときの距離を変えたりすれば」とありますが、距離を変えると見え方が変わる例として挙げられている図を、1のア〜ウから一つ選び、記号で答えなさい。

（　　）

8 この文章で筆者が伝えていることとして適切なものを次から一つ選び、記号に○を付けなさい。

ア 一つの見方にこだわりすぎると、人と理解し合えなくなる。
イ 人の意見をよく聞くと、自分の見方に自信をもてるようになる。
ウ これまでの見方を捨てると、かたよった見方をしないですむ。
エ 複数の見方をすると、新しい発見の驚きや喜びを味わえる。

◀答えは165ページ

思考《しこう》のレッスン1 意見《いけん》と根拠《こんきょ》

教科書 52~53ページ

漢字のチェック

*はここに出《で》てきた読《よ》み。

新出漢字

拠 52
*キョ
コ
てへん 8画
- 意味 たよる。たよりとするところ。よりどころ。
- 言葉 拠点《きょてん》・証拠《しょうこ》・論拠《ろんきょ》・根拠《こんきょ》
- 使い方 ヒューストンは宇宙開発《うちゅうかいはつ》の重要《じゅうよう》な拠点《きょてん》だ。

4級

込 52
*こむ
こめる
しんにょう 5画
- 意味 ①中《なか》に入《はい》る。②混雑《こんざつ》する。③集中《しゅうちゅう》する。
- 言葉 ①飛《と》び込《こ》む ②込《こ》み合《あ》う ③考《かんが》え込《こ》む
- 使い方 模擬《もぎ》テストを申《もう》し込《こ》む。

4級

頼 52
*ライ
たのむ
たのもしい
たよる
おおがい 16画
- 意味 たのむ。たよる。たよりになる。
- 言葉 依頼《いらい》・信頼性《しんらいせい》
- 使い方 友人《ゆうじん》を信頼《しんらい》して打《う》ち明《あ》ける。

4級

礎 53
*ソ
(いしずえ)
いしへん 18画
- 意味 土台《どだい》となる石《いし》。物事《ものごと》を支《ささ》えるもと。
- 言葉 基礎《きそ》・礎石《そせき》
- 使い方 平和《へいわ》の礎石《そせき》となる国際会議《こくさいかいぎ》。

3級

新出音訓

52 基づく(もとづく)

53 確認(カクニン)

教科書の課題

問題《もんだい》1 次《つぎ》の文章《ぶんしょう》には、説得力《せっとくりょく》のある根拠《こんきょ》が示《しめ》されているだろうか。説得力《せっとくりょく》が弱《よわ》いとすれば、何《なに》が問題《もんだい》なのか考《かんが》えよう。

答えの例

① 「敬語《けいご》を使《つか》わなくても、自然《しぜん》と相手《あいて》に伝《つた》わるはず」という個人《こじん》的《てき》な思《おも》い込《こ》みで意見《いけん》を述《の》べており、説得力《せっとくりょく》が弱《よわ》い。

② 「去年《きょねん》のアンケート評価《ひょうか》が高《たか》かった」という説得力《せっとくりょく》のある根拠《こんきょ》が示《しめ》されている。

③ 「漫画《まんが》があると、図書館《としょかん》を利用《りよう》する人《ひと》が増《ふ》える」根拠《こんきょ》が示《しめ》されておらず、個人的《じんてき》な決《き》めつけで意見《いけん》を述《の》べている。

問題《もんだい》2 次《つぎ》の文章《ぶんしょう》では省略《しょうりゃく》されている、意見《いけん》と根拠《こんきょ》をつなぐ考《かんが》えを推測《すいそく》しよう。

答えの例

① 名前《なまえ》を書《か》くようにすれば、N市《し》のように、ごみを減《へ》らせるのではないか。

② ミスが目立《めだ》つようになったのは、体力不足《たいりょくぶそく》が原因《げんいん》だからだ。

2 新《あたら》しい視点《してん》で 話《はなし》の構成《こうせい》を工夫《くふう》しよう／漢字《かんじ》に親《した》しもう2

教科書 54~58ページ

新出漢字 漢字のチェック

＊はここに出《で》てきた読《よ》み。

圏（58）
＊ケン
くにがまえ　12画
- 意味：周《まわ》りを取《と》り巻《ま》いた枠《わく》。また、その内側《うちがわ》。範囲《はんい》。
- 言葉：圏外《けんがい》・圏内《けんない》・成層圏《せいそうけん》・南極圏《なんきょくけん》
- 使い方：志望校《しぼうこう》の合格圏内《ごうかくけんない》に入《はい》る。

4級

塁（58）
＊ルイ
つち　12画
- 意味：①野球《やきゅう》のベース。②とりで。仮《かり》の城《しろ》。
- 言葉：①出塁《しゅつるい》・本塁《ほんるい》・盗塁《とうるい》・二塁手《にるいしゅ》　②防塁《ぼうるい》
- 使い方：先頭打者《せんとうだしゃ》が出塁《しゅつるい》する。

準2級

喝（58）
＊カツ
くちへん　11画
- 意味：①大声《おおごえ》を出《だ》す。②人《ひと》をおどす。
- 言葉：①喝采《かっさい》・一喝《いっかつ》　②恐喝《きょうかつ》
- 使い方：合唱《がっしょう》コンクールで喝采《かっさい》を浴《あ》びる。

準2級

采（58）
＊サイ
つめかんむり　8画
- 意味：①美《うつく》しい色彩《しきさい》。②様子《ようす》。③取《と》る。④領地《りょうち》
- 言葉：①采衣《さいい》　②風采《ふうさい》・喝采《かっさい》　③納采《のうさい》　④采地《さいち》
- 使い方：采配《さいはい》を振《ふ》る。

2級

砲（58）
＊ホウ
いしへん　10画
- 意味：火薬《かやく》で弾《たま》を撃《う》ち出《だ》す筒形《つつがた》の兵器《へいき》。
- 言葉：砲丸《ほうがん》・砲弾《ほうだん》・大砲《たいほう》・鉄砲《てっぽう》
- 使い方：砲丸投《ほうがんな》げで金《きん》メダルをとる。

4級

審（58）
＊シン
うかんむり　15画
- 意味：詳《くわ》しく調《しら》べてはっきりさせる。
- 言葉：審議《しんぎ》・審判《しんぱん》・審問《しんもん》・不審《ふしん》
- 使い方：コンクールの審査員《しんさいん》になる。

3級

覇（58）
＊ハ
にし　19画
- 意味：旗頭《はたがしら》。天下《てんか》を治《おさ》めた者《もの》。試合《しあい》などで優勝《ゆうしょう》すること。
- 言葉：覇権《はけん》・覇者《はしゃ》・三連覇《さんれんぱ》
- 使い方：全国優勝《ぜんこくゆうしょう》の連覇《れんぱ》を懸《か》けた試合《しあい》。

準2級

浜（58）
＊ヒン　＊はま
さんずい　10画
- 意味：①はま。波打《なみう》ちぎわ。②「横浜《よこはま》」のこと。
- 言葉：①浜辺《はまべ》・砂浜《すなはま》・海浜《かいひん》　②京浜《けいひん》
- 使い方：浜辺《はまべ》を散歩《さんぽ》するのが祖父《そふ》の日課《にっか》だ。

4級

匹（58）
＊ヒツ　＊ひき
かくしがまえ　4画
- 意味：①対《つい》になるもの。②生《い》き物《もの》を数《かぞ》える言葉《ことば》。
- 言葉：①匹敵《ひってき》　②三匹《さんびき》
- 使い方：彼《かれ》に匹敵《ひってき》する名人《めいじん》はいない。

4級

新出音訓

喪 58
＊ソウ　＊も
くち　12画
- 意味　①家族《かぞく》の死後《しご》、付《つ》き合《あ》いを控《ひか》えること。②失《うしな》う。
- 言葉　①服喪《ふくも》・喪中《もちゅう》　②喪失《そうしつ》
- 使い方　失敗《しっぱい》して自信《じしん》を喪失《そうしつ》する。

準2級

酢 58
＊サク　＊す
ひよみのとり　12画
- 意味　す。料理《りょうり》の味付《あじつ》けに使《つか》うすっぱい味《あじ》の液体《えきたい》。
- 言葉　酢《す》の物《もの》・酢酸《さくさん》・黒酢《くろず》
- 使い方　理科《りか》の実験《じっけん》で酢酸《さくさん》を使用《しよう》する。

準2級

臼 58
＊キュウ　＊うす
うす　6画
- 意味　穀物《こくもつ》を精白《せいはく》したり、餅《もち》をつく道具《どうぐ》。
- 言葉　石臼《いしうす》・臼歯《きゅうし》・脱臼《だっきゅう》
- 使い方　正月《しょうがつ》に臼《うす》で餅《もち》をつく。

2級

皆 58
＊カイ　＊みな
しろ　9画
- 意味　みな。全《すべ》て。全部《ぜんぶ》。
- 言葉　皆勤《かいきん》・皆無《かいむ》・皆目《かいもく》・皆様《みなさま》
- 使い方　皆目見当《かいもくけんとう》がつかない。

4級

沢 58
＊タク　＊さわ
さんずい　7画
- 意味　①さわ。②つや。かがやき。③うるおう。
- 言葉　①沢登《さわのぼ》り　②光沢《こうたく》　③潤沢《じゅんたく》・沢山《たくさん》
- 使い方　光沢《こうたく》のある布《ぬの》で服《ふく》を仕立《した》てる。

4級

- 58　競い合う（きそいあう）
- 58　大技（おおわざ）
- 58　割く（さく）
- 58　弓道（キュウドウ）

解説

1 **話題《わだい》を決《き》め、材料《ざいりょう》を選《えら》ぼう。**

自分《じぶん》の好《す》きなことを挙《あ》げ、紹介《しょうかい》したいものを一《ひと》つに決《き》める。

2 **構成《こうせい》を考《かんが》えよう。**

話《はなし》の順序《じゅんじょ》を考《かんが》え、制限時間内《せいげんじかんない》に収《おさ》まるように組《く》み立《た》てる。

3 **友達《ともだち》どうしで聞《き》き合《あ》いながら、スピーチの練習《れんしゅう》をしよう。**

【観点《かんてん》】話《はなし》の内容《ないよう》や構成《こうせい》、声《こえ》の大《おお》きさや速《はや》さ、間《ま》の取《と》り方《かた》　など

4 **スピーチの会《かい》を開《ひら》こう。**

メモの棒読《ぼうよ》みにならないように、聞《き》き手《て》の反応《はんのう》を見《み》ながら話《はな》す。

5 **学習《がくしゅう》を振《ふ》り返《かえ》ろう。**

○聞《き》き手《て》にとってわかりやすく、魅力的《みりょくてき》なスピーチであったか。

【観点《かんてん》】話《はなし》の内容《ないよう》や構成《こうせい》、順序《じゅんじょ》、話《はな》し方《かた》など

「漢字《かんじ》に親《した》しもう2」の答《こた》え

〈小学校《しょうがっこう》で習《なら》った漢字《かんじ》〉

1 例 私《わたし》は体操《たいそう》クラブに入《はい》っていて、今度《こんど》の大会《たいかい》に、鉄棒《てつぼう》の選手《せんしゅ》として出場《しゅつじょう》します。出場選手《しゅつじょうせんしゅ》の多《おお》くは、小《ちい》さいころから体操《たいそう》をしている人《ひと》なので、始《はじ》めて三年目《さんねんめ》の自分《じぶん》にとっては強敵《きょうてき》ばかりですが、優勝《ゆうしょう》を目指《めざ》して、がんばります。

〈中学校《ちゅうがっこう》で習《なら》う漢字《かんじ》〉

2 ①けんない　②にるいしゅ　③かっさい　④ほうがん　⑤しんぱん　⑥さんれんぱ

3 ①かいひん・はまべ　②ひってき・さんびき　③そうしつ・もちゅう　④さくさん・くろず　⑤きゅうし・いしうす　⑥かいきん・みなさま　⑦こうたく・さわのぼり

文法《ぶんぽう》への扉《とびら》1

言葉《ことば》のまとまりを考《かんが》えよう

教科書 59ページ (238~241ページ)

教科書の課題

小学校一年生《しょうがっこういちねんせい》に聞《き》かせるつもりで、次《つぎ》の昔話《むかしばなし》を声《こえ》に出《だ》して読《よ》んでみよう。

読《よ》むときに、間《ま》を取《と》った箇所《かしょ》を確認《かくにん》しよう。

おじいさんはおむすびを落《お》としました。おむすびはころころ転《ころ》がって穴《あな》に落《お》ちました。

すると、穴《あな》から歌《うた》が聞《き》こえてきました。

答えの例

おじいさんは／おむすびを／落《お》としました。／おむすびは／ころころ／転《ころ》がって／穴《あな》に／落《お》ちました。／

すると、／穴《あな》から／歌《うた》が／聞《き》こえて／きました。

情報《じょうほう》を集《あつ》めよう／情報《じょうほう》を読《よ》み取《と》ろう／情報《じょうほう》を引用《いんよう》しよう

教科書 60~66ページ

漢字のチェック

*はここに出《で》てきた読《よ》み。

新出漢字

絞（60）
(コウ) *しぼる しめる しまる
いとへん 12画
意味：①しぼる。②しめる。ひもをかけてしめる。
言葉：①絞《しぼ》り染《ぞ》め ②絞首《こうしゅ》・絞殺《こうさつ》
使い方：タオルを固《かた》く絞《しぼ》る。
3級

請（60）
*セイ (シン)(こう) うける
ごんべん 15画
意味：①こう。願《ねが》う。②うける。引《ひ》き受《う》ける。
言葉：①申請《しんせい》・要請《ようせい》・請求《せいきゅう》 ②請負《うけおい》
使い方：各国《かっこく》に協力《きょうりょく》を要請《ようせい》する。
3級

哲（60）
*テツ
くち 10画
意味：①かしこい。かしこい人《ひと》。②「哲学《てつがく》」の略《りゃく》。
言葉：①哲人《てつじん》・先哲《せんてつ》 ②哲学《てつがく》・哲理《てつり》
使い方：ソクラテスはギリシャの哲学者《てつがくしゃ》だ。
3級

占（62）
セン *しめる うらなう
ぼく 5画
意味：①うらなう。うらない。②しめる。
言葉：①手相占《てそううらな》い・占星術《せんせいじゅつ》 ②買《か》い占《し》め・占領《せんりょう》・独占《どくせん》
使い方：新製品《しんせいひん》を独占販売《どくせんはんばい》する。
4級

辱（63）
*ジョク (はずかしめる)
しんのたつ 10画
意味：①はずかしめる。はじ。②ありがたい。
言葉：①屈辱《くつじょく》・雪辱《せつじょく》・恥辱《ちじょく》・侮辱《ぶじょく》 ②辱知《じょくち》
使い方：昨年《さくねん》の対戦《たいせん》の雪辱《せつじょく》を果《は》たす。
3級

新出音訓

65　抜

バツ　ぬける　ぬかす　*ぬく　ぬかる

てへん　7画

抜 抜 抜 抜 抜 抜 抜

- 意味：①ぬく。引《ひ》き出《だ》す。②ぬき出《だ》す。③ぬきんでる。
- 言葉：①抜歯《ばっし》・抜糸《ばっし》　②選抜《せんばつ》・抜粋《ばっすい》　③抜群《ばつぐん》・卓抜《たくばつ》
- 使い方：抜群《ばつぐん》の成績《せいせき》を残《のこ》す。

4級

66　彫

*チョウ　ほる

さんづくり　11画

彫 彫 彫 彫 彫 彫 彫 彫 彫 彫 彫

- 意味：ほる。ほり刻《きざ》む。
- 言葉：彫刻《ちょうこく》・彫像《ちょうぞう》・彫金《ちょうきん》
- 使い方：大理石《だいりせき》の彫像《ちょうぞう》を置《お》く。

3級

66　導

*ジュン

しんにょう　15画

導 導 導 導 導 導 導 導 導

- 意味：したがう。
- 言葉：遵守《じゅんしゅ》
- 使い方：交通《こうつう》ルールを遵守《じゅんしゅ》する。

3級

60　頭文字（かしらモジ）

61　欲しい（ほしい）

61　出納（スイトウ）

教科書の課題

1　情報《じょうほう》を集《あつ》めよう

次《つぎ》の内容《ないよう》は、何《なに》で調《しら》べるのがよいだろう。

答えの例

- 「ふくさ」とは何《なに》か…百科辞典《ひゃっかじてん》で調《しら》べる。
- 「出納《すいとう》」の読《よ》み方《かた》…漢和辞典《かんわじてん》で調《しら》べる。
- 書籍《しょせき》の出版点数《しゅっぱんてんすう》の推移《すいい》…インターネットで検索《けんさく》する。
- 「青菜《あおな》に塩《しお》」の意味《いみ》…国語辞典《こくごじてん》で調《しら》べる。

考え方

調《しら》べるときには、その目的《もくてき》や内容《ないよう》を明確《めいかく》にし、それに合《あ》った調《しら》べ方《かた》（図書館《としょかん》、人《ひと》に聞《き》く、インターネットなど）で調《しら》べる。

1　情報《じょうほう》を読《よ》み取《と》ろう

上《うえ》の資料《しりょう》から読《よ》み取《と》れることを、番号《ばんごう》で答《こた》えよう。

答えの例

③・④

考え方

「世代別《せだいべつ》の割合《わりあい》」の資料《しりょう》では、「『アスリート』を主《おも》に使《つか》う人《ひと》の割合《わりあい》」は五十代以下《ごじゅうだいいか》で半数《はんすう》を超《こ》えている。

2　上《うえ》の資料《しりょう》の何《なに》に着目《ちゃくもく》して番号《ばんごう》を選《えら》んだか、グループで話《はな》し合《あ》おう。

答えの例

私《わたし》は、番号《ばんごう》を選《えら》ぶとき、「全体《ぜんたい》」「年代《ねんだい》」という言葉《ことば》に注目《ちゅうもく》しました。①では、「全体《ぜんたい》の半数《はんすう》」とあるので、「全世代《ぜんせだい》の割合《わりあい》」のグラフを確認《かくにん》し、②～⑤では、「○代《だい》」と年代《ねんだい》を表《あらわ》す言葉《ことば》があるので、「世《せ》代別《だいべつ》の割合《わりあい》」のグラフを確認《かくにん》しました。

考え方

①～⑤を確認《かくにん》するとき、それぞれの内容《ないよう》が正《ただ》しいかどうかどちらのグラフを見《み》ればよいかに注意《ちゅうい》する。

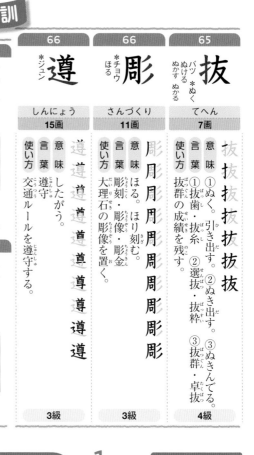

3 言葉《ことば》に立《た》ち止《ど》まる
詩《し》の世界《せかい》

教科書 68~72ページ

漢字のチェック

新出漢字

*はここに出《で》てきた読《よ》み。

普（68） *フ
ひ／12画
普 普 普 普 普 普 普 普 普 普 普 普
- 意味：①ありふれている。②すみずみまで行《ゆ》きわたる。
- 言葉：①普《ふ》通《つう》・普《ふ》段《だん》 ②普《ふ》及《きゅう》・普《ふ》遍《へん》
- 使い方：ごく普《ふ》通《つう》の生《せい》活《かつ》を送《おく》る。

4級

隅（69） グウ *すみ
こざとへん／12画
隅 隅 隅 隅 隅 隅 隅 隅 隅 隅 隅 隅
- 意味：すみ。はしっこ。角《かど》。
- 言葉：部《へ》屋《や》の隅《すみ》・片《かた》隅《すみ》・一《いち》隅《ぐう》
- 使い方：体《たい》育《いく》館《かん》の片《かた》隅《すみ》に座《すわ》る。

準2級

渡（71） ト *わたる わたす
さんずい／12画
渡 渡 渡 渡 渡 渡 渡 渡 渡 渡 渡 渡
- 意味：①川《かわ》や海《うみ》などをわたる。船《ふね》などでわたす。②手《て》わたす。
- 言葉：①世《よ》渡《わた》り・渡《と》米《べい》・渡《と》来《らい》 ②譲《じょう》渡《と》
- 使い方：大《たい》陸《りく》から渡《と》来《らい》した品《しな》を売《う》る。

4級

弧（71） *コ
ゆみへん／9画
弧 弧 弧 弧 弧 弧 弧 弧 弧
- 意味：①弓《ゆみ》のように曲《ま》がった形《かたち》。②曲《きょく》線《せん》の一《いち》部《ぶ》分《ぶん》。
- 言葉：①弧《こ》状《じょう》 ②円《えん》弧《こ》・括《かっ》弧《こ》
- 使い方：弧《こ》状《じょう》列《れっ》島《とう》である日《にっ》本《ぽん》。

3級

漠（71） *バク
さんずい／13画
漠 漠 漠 漠 漠 漠 漠 漠 漠 漠 漠 漠 漠
- 意味：①広《ひろ》い砂《すな》原《はら》。②広《ひろ》々《びろ》としている。③はっきりしない。
- 言葉：①砂《さ》漠《ばく》 ②広《こう》漠《ばく》 ③漠《ばく》然《ぜん》
- 使い方：漠《ばく》然《ぜん》とした計《けい》画《かく》では成《せい》功《こう》は難《むずか》しい。

準2級

咲（71） *さく
くちへん／9画
咲 咲 咲 咲 咲 咲 咲 咲 咲
- 意味：さく。つぼみが開《ひら》く。
- 言葉：三《さん》分《ぶ》咲《ざ》き・早《はや》咲《ざ》き・返《かえ》り咲《ざ》く
- 使い方：レギュラーの座《ざ》に返《かえ》り咲《ざ》いた。

4級

戻（71） （レイ） *もどる もどす
とだれ／7画
戻 戻 戻 戻 戻 戻 戻
- 意味：もどる。もどす。
- 言葉：後《あと》戻《もど》り・払《はら》い戻《もど》し
- 使い方：彼《かの》女《じょ》は落《お》ち着《つ》きを取《と》り戻《もど》した。

準2級

解説

◆詩《し》について

詩《し》は、主《しゅ》人《じん》公《こう》がいない、筋《すじ》もない世《せ》界《かい》。難《むずか》しい、わからないと思《おも》っても、詩《し》から何《なに》かを感《かん》じとる自《じ》分《ぶん》がいる。言《こと》葉《ば》で言《い》えないような何《なに》か、美《うつく》しい日《に》本《ほん》語《ご》が生《う》み出《だ》した何《なに》かを感《かん》じる自《じ》分《ぶん》を大《たい》切《せつ》にしてほしい。

ここがポイント！

教科書《きょうかしょ》の「学習《がくしゅう》」の答《こた》えと考《かんが》え方《かた》

教科書 72ページ

捉《とら》える❶ 詩《し》を音読《おんどく》し、感《かん》じたことを交流《こうりゅう》しよう。

次《つぎ》のような観点《かんてん》で、感《かん》じたことを交流《こうりゅう》しよう。

① わからないと思《おも》った事柄《ことがら》や言葉《ことば》。

② 美《うつく》しさやおもしろさを感《かん》じた事柄《ことがら》や言葉《ことば》。

答えの例

「一枚《いちまい》の絵《え》」…水鳥《みずどり》の湖水《こすい》をめぐる動《うご》きが「足《あし》を絵筆《えふで》にして」「色《いろ》を配《くば》り」「自筆《じひつ》のサイン」と、「画家《がか》きどり」と表現《ひょうげん》されているところがおもしろい。

「朝《あさ》」…「遠《とお》さが屋根《やね》にふれている」というあまり目《め》にしない表現《ひょうげん》が、どのような様子《ようす》を表《あらわ》しているのかわかりにくい。

「未確認飛行物体《みかくにんひこうぶったい》」…「薬缶《やかん》だって、／空《そら》を飛《と》ばないとはかぎらない。」という始《はじ》まり方《かた》がおもしろい。

考え方

詩《し》で使《つか》われている言葉《ことば》から、作者《さくしゃ》の思《おも》いを読《よ》み取《と》る。

読《よ》み深《ふか》める❷ えがかれた情景《じょうけい》や表現《ひょうげん》の効果《こうか》について話《はな》し合《あ》おう。

次《つぎ》の点《てん》について考《かんが》えたことを話《はな》し合《あ》い、友達《ともだち》の意見《いけん》との共通点《きょうつうてん》や相違点《そういてん》を確《たし》かめよう。

① それぞれの詩《し》にえがかれている情景《じょうけい》。

② それぞれの詩《し》で、最《もっと》も印象《いんしょう》に残《のこ》った表現《ひょうげん》とその効果《こうか》。

答えの例

「一枚《いちまい》の絵《え》」…水鳥《みずどり》が動《うご》きを止《と》めたことを「サイン」と表現《ひょうげん》している所《ところ》が印象深《いんしょうぶか》い。

「朝《あさ》」…「空《そら》の遠《とお》さが屋根《やね》にふれている／―まじわることなく」は、語順《ごじゅん》を逆《ぎゃく》にすることで、特徴的《とくちょうてき》な「朝《あさ》」の様子《ようす》を印象付《いんしょうづ》けている。

「未確認飛行物体《みかくにんひこうぶったい》」…ごく普通《ふつう》の薬缶《やかん》の様子《ようす》を人《ひと》に見立《みた》て、まるで物語《ものがたり》の一場面《いちばめん》のように表現《ひょうげん》している。

考え方

情景《じょうけい》を示《しめ》す工夫《くふう》や表現《ひょうげん》に注目《ちゅうもく》する。

考《かんが》えをもつ❸ 詩《し》のよさを発表《はっぴょう》しよう。

三編《さんぺん》の中《なか》で最《もっと》も心《こころ》にひびいた詩《し》はどれだろうか。詩《し》のどんなところによさを感《かん》じたのか、発表《はっぴょう》しよう。

答えの例

「未確認飛行物体《みかくにんひこうぶったい》」が心《こころ》にひびいた。第一連《だいいちれん》で非日常的《ひにちじょうてき》なことを提示《ていじ》して興味《きょうみ》を引《ひ》き、第三連《だいさんれん》でリズムよく軽快《けいかい》に薬缶《やかん》が飛《と》ぶ様子《ようす》を表《あらわ》している。最後《さいご》の「水《みず》をみんなやって戻《もど》ってくる。」から、薬缶《やかん》に親近感《しんきんかん》が沸《わ》いた。

3

言葉《ことば》に立《た》ち止《ど》まる

比喩《ひゆ》で広《ひろ》がる言葉《ことば》の世界《せかい》

森山卓郎《もりやまたくろう》

教科書 73~76ページ

およその内容

三好達治《みよしたつじ》の「土《つち》」という詩《し》では、蟻《あり》にひかれていく蝶《ちょう》の羽《はね》が、ヨットの帆《ほ》にたとえられることによって、イメージがふくらむ。

このように、ある事柄《ことがら》を、似《に》たところのある別《べつ》の事柄《ことがら》で表《あらわ》すことを、比喩《ひゆ》という。比喩《ひゆ》は、「まるで」「ようだ」「みたいだ」などを使《つか》って表《あらわ》すこともあるが、これらの言葉《ことば》を使《つか》わずに表現《ひょうげん》することもある。

比喩《ひゆ》には相手《あいて》がよく知《し》るものでたとえれば、未知《みち》のものでもわかりやすく説明《せつめい》できるという「形状《けいじょう》をわかりやすく伝《つた》える効果《こうか》」がある。また、「雷《かみなり》のような大声《おおごえ》」という場合《ばあい》では、声《こえ》の大《おお》きさだけでなく激烈《げきれつ》さや迫力《はくりょく》、おそろしさといったイメージを重《かさ》ねることができるという「物事《ものごと》の特性《とくせい》をより生《い》き生《い》きと印象《いんしょう》づける効果《こうか》」もある。

さらに、「頭《あたま》の中《なか》に入《い》れておく」「深《ふか》く感謝《かんしゃ》する」などのように、思考《しこう》や感情《かんじょう》など、形《かたち》のないものでも、比喩《ひゆ》の発想《はっそう》によって表現《ひょうげん》することができる。

比喩《ひゆ》は言葉《ことば》の世界《せかい》を豊《ゆた》かに広《ひろ》げることができるものである。比喩《ひゆ》を使《つか》いこなすことで、表現《ひょうげん》は輝《かがや》きだし、伝《つた》えたいことをよりわかりやすく、印象的《いんしょうてき》に相手《あいて》に届《とど》けることができる。だから、日常生活《にちじょうせいかつ》の中《なか》でも、場面《ばめん》に応《おう》じて比喩《ひゆ》を使《つか》ってみてほしい。

構成

1 比喩《ひゆ》とはどのようなものか（初《はじ》め～P73・9）
・三好達治《みよしたつじ》の「土《つち》」の詩《し》の例《れい》。

2 比喩《ひゆ》とは何《なに》か（P74・1～P74・9）
・ある事柄《ことがら》を、似《に》たところのある別《べつ》の事柄《ことがら》で表《あらわ》すこと。

3 比喩《ひゆ》の効果《こうか》（P74・10～P75・3）
・形状《けいじょう》をわかりやすく伝《つた》える効果《こうか》。
・物事《ものごと》の特性《とくせい》をより生《い》き生《い》きと印象《いんしょう》づける効果《こうか》。

4 比喩《ひゆ》の発想《はっそう》で表現《ひょうげん》できるもの（P75・4～P75・13）
・思考《しこう》や感情《かんじょう》など形《かたち》のないものでも、比喩《ひゆ》の発想《はっそう》によって表《ひょう》現《げん》することができる。

5 筆者《ひっしゃ》の考《かんが》え（P75・14～終《お》わり）
・日常生活《にちじょうせいかつ》でも比喩《ひゆ》を使《つか》ってほしい。

新出漢字

漢字のチェック

*はここに出《で》てきた読《よ》み。

73 喩［喩］

*ユ

くちへん　12画

意味　たとえる。

言葉　比喩《ひゆ》・暗喩《あんゆ》

使い方　この文章《ぶんしょう》には暗喩《あんゆ》が用《もち》いられている。

2級

73 揺

ヨウ　*ゆれる　ゆる　ゆらぐ　ゆるぐ　ゆする　ゆさぶる　ゆすぶる

てへん　12画

意味　ゆれる。ゆらゆら動《うご》く。ゆり動《うご》かす。

言葉　動揺《どうよう》・揺《ゆ》りかご

使い方　ニュースを聞《き》いて、動揺《どうよう》した。

3級

73 帆

ハン　*ほ

はばへん　6画

意味　ほ。風《かぜ》を受《う》けて船《ふね》を走《はし》らせるための布《ぬの》。

言葉　帆柱《ほばしら》・白帆《しらほ》・帆船《はんせん》

使い方　水平線《すいへいせん》のかなたに帆影《ほかげ》が見《み》えた。

3級

74 柄

（ヘイ）　*がら　え

きへん　9画

意味　①え。②模様《もよう》。③体《からだ》つき。④立場《たちば》。品質《ひんしつ》。

言葉　①かさの柄《え》　②柄物《がらもの》　③大柄《おおがら》　④家柄《いえがら》・事柄《ことがら》

使い方　彼《かれ》は、おおらかな人柄《ひとがら》だ。

4級

74 瞬

*シュン　（またたく）

めへん　18画

意味　①またたく。②短《みじか》い時間《じかん》。

言葉　①瞬《また》く間《ま》　②瞬間《しゅんかん》・瞬時《しゅんじ》・瞬発力《しゅんぱつりょく》

使い方　それは瞬時《しゅんじ》の出来事《できごと》だった。

4級

74 描

ビョウ　*えがく　かく

てへん　11画

意味　えがく。形《かたち》や様子《ようす》を表《あらわ》す。

言葉　素描《そびょう》・点描《てんびょう》・描写《びょうしゃ》

使い方　心理描写《しんりびょうしゃ》がたくみな小説《しょうせつ》。

4級

74 与

ヨ　*あたえる

いち　3画

意味　①人《ひと》に物《もの》をやる。②関係《かんけい》をもつ。仲間《なかま》になる。

言葉　①授与《じゅよ》・寄与《きよ》　②関与《かんよ》・与党《よとう》

使い方　委員会《いいんかい》の運営《うんえい》に関与《かんよ》する。

4級

74 尽

ジン　*つくす　つきる　つかす

しかばね　6画

意味　①つきる。②全部出《ぜんぶだ》し切《き》る。③全《すべ》て。

言葉　①無尽蔵《むじんぞう》　②尽力《じんりょく》　③一網打尽《いちもうだじん》

使い方　化石燃料《かせきねんりょう》は無尽蔵《むじんぞう》ではない。

4級

75 雷

*ライ　*かみなり

あめかんむり　13画

意味　①かみなり。②大《おお》きな音《おと》で爆発《ばくはつ》するもの。

言葉　①雷雨《らいう》・雷鳴《らいめい》・落雷《らくらい》　②魚雷《ぎょらい》・地雷《じらい》

使い方　夕方《ゆうがた》の空《そら》に雷鳴《らいめい》がとどろく。

4級

75 響

キョウ　*ひびく

おと　20画

意味　①音《おと》が伝《つた》わる。②伝《つた》わって他《ほか》のものを動《うご》かす。

言葉　①音響《おんきょう》・反響《はんきょう》・交響曲《こうきょうきょく》　②影響《えいきょう》

使い方　その記事《きじ》には大《おお》きな反響《はんきょう》があった。

4級

75 烈

*レツ

れんが　10画

意味　激《はげ》しい。勢《いきお》いが強《つよ》い。気性《きしょう》が激《はげ》しい。

言葉　強烈《きょうれつ》・熱烈《ねつれつ》・痛烈《つうれつ》・烈風《れっぷう》・鮮烈《せんれつ》・激烈《げきれつ》

使い方　鮮烈《せんれつ》な印象《いんしょう》を残《のこ》す。

4級

75 迫

*ハク　せまる

しんにょう　8画

意味　①せまる。近《ちか》づく。②強《つよ》くせまって苦《くる》しめる。

言葉　①迫真《はくしん》・切迫《せっぱく》・迫力《はくりょく》　②迫害《はくがい》・圧迫《あっぱく》

使い方　その女優《じょゆう》は迫真《はくしん》の演技《えんぎ》で人々《ひとびと》を魅了《みりょう》した。

4級

75 緊

*キン

いと　15画

意味　①引《ひ》きつける。きつくしまる。②さしせまる。

言葉　①緊張《きんちょう》・緊縮《きんしゅく》　②緊迫《きんぱく》・緊急《きんきゅう》

使い方　試合《しあい》の前《まえ》に緊張《きんちょう》する。

3級

75

輝

キ
*かがやく

くるま
15画

意味 光《ひか》りかがやく。かがやかしい。かがやき。
言葉 光輝《こうき》・輝《かがや》かしい
使い方 夜空《よぞら》に星《ほし》が輝《かがや》く。

4級

重要語句のチェック

*はここでの意味《いみ》。

73ページ

思《おも》い浮《う》かべる 思《おも》い出《だ》して、心《こころ》の中《なか》に描《えが》く。文 転校《てんこう》した親友《しんゆう》の顔《かお》を思《おも》い浮《う》かべる。

74ページ

共有《きょうゆう》 二人《ふたり》以上《いじょう》の人《ひと》が、一《ひと》つのものを共同《きょうどう》でもつこと。文 共有《きょうゆう》の財産《ざいさん》／ビルを共有《きょうゆう》する。対 専有《せんゆう》

瞬時《しゅんじ》 非常《ひじょう》に短《みじか》い時間《じかん》。またたく間《ま》。文 善悪《ぜんあく》を瞬時《しゅんじ》に判断《はんだん》する。類 瞬間《しゅんかん》

情景《じょうけい》 見《み》る人《ひと》の心《こころ》を動《うご》かすような場面《ばめん》や景色《けしき》。文 いつまでも心《こころ》に残《のこ》る情景《じょうけい》。

思《おも》い描《えが》く 実際《じっさい》のありさまを頭《あたま》の中《なか》で考《かんが》える。想像《そうぞう》する。文 中学《ちゅうがっ》校生活《こうせいかつ》を思《おも》い描《えが》く。

豊富《ほうふ》 豊《ゆた》かであること。たくさんあること。文 豊富《ほうふ》な経験《けいけん》を生《い》かす。／話題《わだい》が豊富《ほうふ》だ。

未知《みち》 まだ知《し》らないこと。知《し》られていないこと。文 未知《みち》の世界《せかい》。対 既知《きち》

尽《つ》くす *①もっているものを全部《ぜんぶ》出《だ》す。文 全力《ぜんりょく》を尽《つ》くして戦《たたか》う。②人《ひと》のために一生懸命《いっしょうけんめい》働《はたら》く。文 社会《しゃかい》のために尽《つ》くす。③《動作《どうさ》を表《あらわ》す言葉《ことば》の下《した》につけて》すっかり…する。文 知《し》り尽《つ》くす。／食《た》べ尽《つ》くす。

形状《けいじょう》 物《もの》の形《かたち》。文 珍《めずら》しい形状《けいじょう》をしている岩《いわ》。

75ページ

特性《とくせい》 そのものだけがもっている、特別《とくべつ》な性質《せいしつ》。文 チーターの特《とく》性《せい》は、走《はし》るのが速《はや》いという点《てん》だ。類 特質《とくしつ》

印象《いんしょう》づける 心《こころ》に強《つよ》く刻《きざ》みつける。強《つよ》い印象《いんしょう》をあたえる。文 自分《じぶん》の長所《ちょうしょ》を印象《いんしょう》づける。

響《ひび》き渡《わた》る *①音《おと》や声《こえ》が、一面《いちめん》に伝《つた》わる。文 教会《きょうかい》のかねの音《ね》が響《ひび》き渡《わた》る。②評判《ひょうばん》などが広《ひろ》く知《し》れわたる。文 その名《な》が全《ぜん》国《こく》に響《ひび》き渡《わた》る。

激烈《げきれつ》 たいへん激《はげ》しい様子《ようす》。文 激烈《げきれつ》な優勝争《ゆうしょうあらそ》い。

迫力《はくりょく》 人《ひと》の心《こころ》に強《つよ》くせまる力《ちから》。訴《うった》えかける力《ちから》。文 迫力《はくりょく》ある演技《えんぎ》。／文章《ぶんしょう》に迫力《はくりょく》がある。

認識《にんしき》 物事《ものごと》を見《み》たり聞《き》いたりしたとき、はっきりと理解《りかい》し、正《ただ》しい判断《はんだん》をすること。また、そうして得《え》た知識《ちしき》。文 今《いま》の自分《じぶん》の立場《たちば》を認識《にんしき》する。／環境汚染《かんきょうおせん》についての認識《にんしき》を深《ふか》める。

うかがい知《し》れない 推察《すいさつ》することができない。文 彼《かれ》の表情《ひょうじょう》からはうかがい知《し》れない思《おも》いがあるように感《かん》じられる。

使《つか》いこなす 人《ひと》や道具《どうぐ》などを、思《おも》いのままに使《つか》う。文 パソコンを使《つか》いこなす。

印象的《いんしょうてき》 強《つよ》い印象《いんしょう》を受《う》け、忘《わす》れられない様子《ようす》。文 美《うつく》しい声《こえ》が、特《とく》に印象的《いんしょうてき》だった。

ここがポイント！
教科書《きょうかしょ》の「学習《がくしゅう》」の答《こた》えと考《かんが》え方《かた》
教科書76ページ

捉《とら》える❶ 段落《だんらく》の役割《やくわり》をおさえて読《よ》み、内容《ないよう》を捉《とら》えよう。

① 「比喩《ひゆ》」が、文中《ぶんちゅう》で、どのように定義《ていぎ》されているかを確《たし》かめよう。

答えの例

ある事柄《ことがら》を、似《に》たところのある別《べつ》の事柄《ことがら》で表《あらわ》すこと。

考え方

比喩《ひゆ》の説明《せつめい》は、3段落《だんらく》である。3段落《だんらく》の初《はじ》めに「ある事柄《ことがら》を、似《に》たところのある別《べつ》の事柄《ことがら》で表《あらわ》すことを、比喩《ひゆ》という。」とあるので、この部分《ぶぶん》が定義《ていぎ》になる。

直前《ちょくぜん》の「土《つち》」の詩《し》に使《つか》われている「比喩《ひゆ》」の解説《かいせつ》を受《う》けて、3段落《だんらく》で「比喩《ひゆ》」の定義《てい》が説明《せつめい》されているよ。

② 筆者《ひっしゃ》が挙《あ》げている比喩《ひゆ》の二《ふた》つの効果《こうか》を具体例《ぐたいれい》とともにまとめよう。

答えの例

・形状《けいじょう》をわかりやすく伝《つた》える効果《こうか》
具体例《ぐたいれい》…教科書《きょうかしょ》74ページの図《ず》のような形《かたち》の部品《ぶひん》を説明《せつめい》するとき、「ドーナツのような形《かたち》」ということで、その部品《ぶひん》を知《し》らない人《ひと》に対《たい》しても、わかりやすく伝《つた》えることができる。
・物事《ものごと》の特性《とくせい》をより生《い》き生《い》きと印象《いんしょう》づける効果《こうか》
具体例《ぐたいれい》…「雷《かみなり》のような大声《おおごえ》」と表現《ひょうげん》することで、声《こえ》の大《おお》きさだけでなく激烈《げきれつ》さや迫力《はくりょく》、おそろしさといったイメージも伝《つた》えることができる。

考え方

効果《こうか》について述《の》べられているのは、4・5段落《だんらく》である。それぞれの段落《だんらく》にある、「……効果《こうか》がある。」「……効果《こうか》もある。」という文末《ぶんまつ》の文《ぶん》が、効果《こうか》の内容《ないよう》を表《あらわ》している。具体例《ぐたいれい》は、それぞれの段落《だんらく》にある「例《たと》えば」で始《はじ》まる部分《ぶぶん》がそれに当《あ》たるので、その部分《ぶぶん》の内容《ないよう》を簡潔《かんけつ》にまとめる。

効果《こうか》の例《れい》は、効果《こうか》の説明《せつめい》と同《おな》じ段落《だんらく》にあるんだね。

読《よ》み深《ふか》める❷ 言葉《ことば》について考《かんが》えよう。

① 下《した》の図《ず》（教科書《きょうかしょ》76ページ）を言葉《ことば》で説明《せつめい》してみよう。また、比喩《ひゆ》を使《つか》うかどうかで、表現《ひょうげん》にどんな違《ちが》いが出《で》るかを考《かんが》えよう。

答えの例

・円《えん》の左上側《ひだりうえがわ》が三分《さんぶん》の二《に》ほど欠《か》けた三日月《みかづき》のような形《かたち》。

・表現《ひょうげん》にどんな違《ちが》いが出《で》るか。
「三日月《みかづき》のような」という比喩《ひゆ》を使《つか》うと、形《かたち》がすぐに思《おも》い浮《う》かぶが、使《つか》わずに「円《えん》の左上側《ひだりうえがわ》が三分《さんぶん》の二《に》ほど欠《か》けた」という言葉《ことば》だけで説《せつ》明《めい》すると、どこがどのように欠《か》けているのか、その形状《けいじょう》を伝《つた》えることが難《むずか》しい。

考え方

教科書《きょうかしょ》76ページの図《ず》と共通点《きょうつうてん》のあるもので、みんながよく知《し》っているものを思《おも》い浮《う》かべ、それを比喩《ひゆ》に使《つか》って説明《せつめい》する。

「比喩《ひゆ》」に使《つか》うものは、なるべく多《おお》くの人《ひと》が知《し》っているものがいいね。

② 身《み》の回《まわ》りにある「比喩《ひゆ》の発想《はっそう》」が生《い》かされた言葉《ことば》を見《み》つけて、友達《ともだち》に報告《ほうこく》しよう。

答えの例

・気《き》が重《おも》い。
・耳《みみ》が痛《いた》い。
・甘《あま》い考《かんが》え。
・軽《かろ》やかな気分《きぶん》。
・大船《おおぶね》に乗《の》った気持《きも》ち。
・はれものにさわるように扱《あつか》う。
・腹《はら》の虫《むし》が治《おさ》まらない。
・きもをつぶす。

考え方

7段落《だんらく》に、「比喩《ひゆ》の発想《はっそう》」で表現《ひょうげん》できるものには、実体《じったい》のあるものだけでなく、「思考《しこう》や感情《かんじょう》など、形《かたち》のないものでも……比喩《ひゆ》の発《はっ》想《そう》によって表現《ひょうげん》していくことができる」とあるので、実物《じつぶつ》をたとえて説明《せつめい》する言葉《ことば》だけでなく、「思考《しこう》や感情《かんじょう》」をたとえている言葉《ことば》も挙《あ》げる。

ことわざや慣用句《かんようく》にも、「比喩《ひゆ》の発想《はっそう》」が生《い》かされているものが数多《かずおお》くあるよ。

テスト直前《ちょくぜん》にチェック！

比喩《ひゆ》で広《ひろ》がる言葉《ことば》の世界《せかい》

教科書 73〜76ページ

ある事柄を、似たところのある別の事柄で表すことを、比喩という。「ヨットのようだ」のように、「まるで」「ようだ」「みたいだ」などを使って表すこともあるが、「①あの人は歩く辞書だ」のように、それらの言葉を使わずに表現することもある。大切なことは、たとえるものと、たとえられるものとの間に共通点があり、それが広く共有されていることだ。蝶の羽は、ヨットの帆に形が似ている。だから、読者は瞬時に情景を思い描く。「あの人は歩く辞書だ」と聞けば、「あの人」が豊富な知識をもち、たずねればいつでも必要な知識を与えてくれることが伝わってくる。辞書にはたくさんの言葉の意味がのっており、知りたいことがあるときに役立つものだと多くの人に共有されているからだ。

したがって、相手がよく知っているものでたとえれば、未知のものでもわかりやすく説明することができる。例えば、図のような形の部品をあなたならどのように説明するだろうか。真ん中に穴の空いた丸いドーナツを相手が知っているならば、一言で「□のような形」ということができる。しかし、もし比喩を使わないとしたら、言葉を尽くしても、伝えることは難しいのではないだろうか。このように、比喩には、形状をわかりやすく伝える効果がある。

また、比喩には、物事の特性をより生き

1 よく出る！ この文章では、比喩とはどのようなことだと述べていますか。簡潔に書きなさい。

（　　　）

2 ――線①「あの人は歩く辞書だ」とありますが、「あの人」がどんな人かを、比喩を使わないで簡潔に説明しなさい。

（　　　）

3 筆者は、比喩を使うときにはどのようなことが大切だと述べていますか。文章中から四十一字で探し、初めの七字を書き抜きなさい。（句読点も含む）

4 文章中の□に当てはまる言葉を五字以内で書き抜きなさい。

5 よく出る！ 筆者は、比喩の効果としてどのようなことがあると述べていますか。その効果を二つ簡潔に書きなさい。

生きと印象づける効果もある。例えば、「雷のような大声」という場合、声の大きさを響き渡る雷鳴にたとえているだけでなく、雷のもつ激烈さや迫力、おそろしさなどのイメージも重ねている。

実は、こうした比喩の発想は、普段私たちが②比喩だと認識していないような表現の中にも生きている。例えば、「頭の中に入れておく」「そのことで頭の中がいっぱいだ」「緊張して、頭の中が空っぽになる」などという表現では、「頭」が「入れ物」、知識や感情が「その中に入っているもの」として捉えられている。「胸がいっぱいだ」「心が満たされる」なども同様だろう。

さらに、「深く感謝する」「深い感動」のような表現にも、比喩の発想が生かされている。本来、「深い」は、「深い池」のように、表面からの距離が離れている様子を表す。しかし、表面からはうかがい知れないほどの中身があるといった意味で、精神活動についても「深さ」が用いられる。思考や感情など、形のないものでも、こうした比喩の発想によって表現していくことができる。

比喩は言葉の世界を豊かに広げる。日常生活の中でも、場面に応じて比喩を使ってみてほしい。使いこなせば、きっと、表現は輝きだし、伝えたいことをよりわかりやすく、印象的に相手に届けることができるだろう。私たちは、比喩を使い、表現を創造していく力をもっているのだ。

森山卓郎「比喩で広がる言葉の世界」（光村図書『国語一年』74～75ページ）

（　　　　）（　　　　）

6 ――線②「比喩だと認識していないような表現」とありますが、この表現はどのようなものを表わすときの表現ですか。文章中から十四字で書き抜きなさい。（句読点も含む）

7 この文章で筆者が伝えたいこととして最も適切なものを次から一つ選び、記号に○を付けなさい。

ア　新しい比喩を積極的に作り出してほしい。
イ　比喩には広く共有されている言葉を使ってほしい。
ウ　精神活動を表わすときも多くの比喩を使ってほしい。
エ　日常生活の中でも比喩を使って表現を豊かにしてほしい。

解くコツ　筆者の主張は、最終段落にある。

◀答えは165ページ

言葉《ことば》1 指示《しじ》する語句《ごく》と接続《せつぞく》する語句《ごく》／言葉《ことば》を集《あつ》めよう

教科書 77~81ページ

新出漢字 漢字のチェック

＊はここに出《で》てきた読《よ》み。

77 称

＊ショウ

のぎへん 10画

意味 ①唱《とな》える。名《な》づける。②たたえる。③つり合《あ》う。

言葉 ①名称《めいしょう》・愛称《あいしょう》・称号《しょうごう》 ②称賛《しょうさん》 ③対称《たいしょう》

使い方 優秀《ゆうしゅう》な成績《せいせき》を称賛《しょうさん》される。

4級

78 伐

＊バツ

にんべん 6画

意味 ①木《き》などを切《き》る。②敵《てき》などを攻《せ》める。

言葉 ①伐採《ばっさい》 ②征伐《せいばつ》・討伐《とうばつ》

使い方 世相《せそう》が殺伐《さつばつ》としている。

3級

79 累

＊ルイ

いと 11画

意味 ①重《かさ》ねる。②次々《つぎつぎ》と。③面倒《めんどう》な関《かか》わり合《あ》い。

言葉 ①累積《るいせき》・累計《るいけい》・累加《るいか》 ②累進《るいしん》 ③係累《けいるい》

使い方 一年間《いちねんかん》の出費《しゅっぴ》を累計《るいけい》する。

準2級

79 扉

（ヒ） ＊とびら

とだれ 12画

意味 とびら。開《ひら》き戸《ど》。

言葉 自動扉《じどうとびら》・回転扉《かいてんとびら》

使い方 重《おも》い扉《とびら》を開《あ》ける。

準2級

79 鍵

＊ケン ＊かぎ

かねへん 17画

意味 ①かぎ。②ピアノなどの指《ゆび》で押《お》す部分《ぶぶん》。

言葉 ①鍵穴《かぎあな》 ②鍵盤《けんばん》

使い方 宝箱《たからばこ》を開《あ》ける鍵《かぎ》を手《て》に入《い》れる。

2級

79 掛

＊かける かかる かかり

てへん 11画

意味 ①引《ひ》っかける。②かけ合《あ》わせる。③時間《じかん》や費用《ひよう》がかかる。

言葉 ①掛《か》け軸《じく》・前掛《まえか》け ②掛《か》け算《ざん》 ③大掛《おおが》かり

使い方 壁《かべ》に絵《え》を掛《か》ける。

3級

79 択

＊タク

てへん 7画

意味 よいものを選《えら》ぶ。より分《わ》ける。

言葉 択一《たくいつ》・選択《せんたく》・採択《さいたく》

使い方 特《とく》に必要《ひつよう》なものを取捨選択《しゅしゃせんたく》する。

3級

79 絡

＊ラク （からむ） （からまる） （からめる）

いとへん 12画

意味 ①からむ。②つながる。③筋道《すじみち》。

言葉 ①籠絡《ろうらく》 ②連絡《れんらく》 ③脈絡《みゃくらく》

使い方 君《きみ》の意見《いけん》は短絡的《たんらくてき》だ。

4級

79 項

＊コウ

おおがい 12画

意味 分《わ》けて書《か》いてある事柄《ことがら》の一《ひと》つ一《ひと》つ。

言葉 事項《じこう》・条項《じょうこう》・要項《ようこう》・項目《こうもく》

使い方 入学《にゅうがく》の募集要項《ぼしゅうようこう》を読《よ》む。

4級

80 蓄

＊チク たくわえる

くさかんむり 13画

意味 たくわえる。ためる。

言葉 貯蓄《ちょちく》・備蓄《びちく》・蓄積《ちくせき》・蓄音機《ちくおんき》

使い方 広《ひろ》い知識《ちしき》を蓄積《ちくせき》する。

4級

80 紹

＊ショウ

いとへん 11画

意味 引《ひ》き合《あ》わせる。間《あいだ》を取《と》りもつ。

言葉 紹介《しょうかい》

使い方 自己紹介《じこしょうかい》の文章《ぶんしょう》を書《か》く。

4級

介（80）
＊カイ
ひとやね　4画
- 意味：①間《あいだ》に入《はい》る。②つきそう。助《たす》ける。③身《み》を守《まも》るもの。
- 言葉：①介在《かいざい》・介入《かいにゅう》・紹介《しょうかい》　②介護《かいご》　③魚介類《ぎょかいるい》
- 使い方：新鮮《しんせん》な魚介類《ぎょかいるい》を入《い》れたパスタを作《つく》る。

4級

涼（80）
＊リョウ　＊すずしい　すずむ
さんずい　11画
- 意味：①すずしい。すがすがしい。②ものさびしい。
- 言葉：①清涼《せいりょう》・涼風《りょうふう》　②荒涼《こうりょう》
- 使い方：涼《すず》しい風《かぜ》が吹《ふ》く。

準2級

透（80）
＊トウ　＊すく　すかす　すける
しんにょう　10画
- 意味：すきとおる。とおりぬける。すかす。
- 言葉：透視《とうし》・透明《とうめい》・透過《とうか》・浸透《しんとう》
- 使い方：無色透明《むしょくとうめい》の液体《えきたい》。

4級

柔（80）
ジュウ　ニュウ　やわらか　＊やわらかい
き　9画
- 意味：①しなやか。②おとなしい。
- 言葉：①柔軟《じゅうなん》・懐柔《かいじゅう》　②柔順《じゅうじゅん》・柔和《にゅうわ》
- 使い方：赤《あか》ん坊《ぼう》を見《み》て柔和《にゅうわ》な笑顔《えがお》になる。

4級

飾（81）
＊ショク　かざる
しょくへん　13画
- 意味：かざる。よく見《み》えるようにする。かざり。
- 言葉：服飾《ふくしょく》・装飾《そうしょく》・修飾《しゅうしょく》・首飾《くびかざ》り
- 使い方：彼《かれ》の話《はなし》には修飾《しゅうしょく》が多《おお》い。

4級

含（81）
ガン　＊ふくむ　ふくめる
くち　7画
- 意味：①中《なか》にためておく。②言《い》いふくめる。
- 言葉：①含蓄《がんちく》・包含《ほうがん》　②因果《いんが》を含《ふく》める
- 使い方：言葉《ことば》の含意《がんい》をくみ取《と》る。

4級

溶（81）
ヨウ　＊とける　とかす　とく
さんずい　13画
- 意味：とける。とかす。
- 言葉：水溶液《すいようえき》・溶岩《ようがん》・溶解《ようかい》・溶接《ようせつ》
- 使い方：金属《きんぞく》を溶接《ようせつ》して加工《かこう》する。

4級

新出音訓

- 79　並列（ヘイレツ）
- 81　極めて（きわめて）
- 81　工夫（クフウ）
- 81　程よい（ほどよい）

教科書の課題

次《つぎ》の文章《ぶんしょう》の「そう」「この」「その」は、それぞれ何《なに》を指《さ》し示《しめ》しているだろう。また、「しかし」「だから」「さて」は、文章《ぶんしょう》の中《なか》でどのような働《はたら》きをしているだろう。

チューリップやユリは、種《たね》から育《そだ》てることもできます。しかし、そうすると、花《はな》を咲《さ》かせるまでに何年《なんねん》もかかります。だから、普通《ふつう》は球根《きゅうこん》を植《う》えます。

さて、今回《こんかい》は、チューリップの植《う》え方《かた》を説明《せつめい》します。この花《はな》は、十月《じゅうがつ》から十二月《じゅうにがつ》ごろに球根《きゅうこん》を植《う》えます。そのころの気温《きおん》が、植《う》え付《つ》けに適《てき》しているからです。……

答え

- ・種《たね》から育《そだ》てることもできます。しかし、そうすると
- ・チューリップの植《う》え方《かた》を説明《せつめい》します。この花《はな》は
- ・十月《じゅうがつ》から十二月《じゅうにがつ》ごろに球根《きゅうこん》を植《う》えます。そのころの

・しかし…逆接《ぎゃくせつ》　前《まえ》に述《の》べたこととは逆《ぎゃく》になることが後《あと》にくる。
・だから…順接《じゅんせつ》　前《まえ》に述《の》べたことが、後《あと》に述《の》べることの原因《げんいん》・理由《りゆう》となる。
・さて……転換《てんかん》　前《まえ》に述《の》べたことと、話題《わだい》を変《か》える。

解説

◆指示《しじ》する語句《ごく》

物《もの》や場所《ばしょ》を指《さ》し示《しめ》す言葉《ことば》。物《もの》や場所《ばしょ》が不明《ふめい》な場合《ばあい》に使《つか》う「どれ」「どこ」などの言葉《ことば》。

	こ	そ	あ	ど
事物《じぶつ》	これ	それ	あれ	どれ
場所《ばしょ》	ここ	そこ	あそこ	どこ
方向《ほうこう》	こちら	そちら	あちら	どちら
状態《じょうたい》	こんな こう	そんな そう	あんな ああ	どんな どう
指定《してい》	この	その	あの	どの

指示《しじ》する語句《ごく》は、文中《ぶんちゅう》の語句《ごく》の内容《ないよう》、文全体《ぶんぜんたい》を指《さ》し示《しめ》すことによって、前後《ぜんご》の文《ぶん》をつなぐ働《はたら》きもする。多《おお》くの場合《ばあい》、指示《しじ》する語句《ごく》は前《まえ》にある語句《ごく》や文《ぶん》を指《さ》し示《しめ》すが、後《あと》に続《つづ》く語句《ごく》や文《ぶん》を指《さ》し示《しめ》すこともある。

◆接続《せつぞく》する語句《ごく》

語句《ごく》や文《ぶん》、段落《だんらく》がどのような関係《かんけい》でつながっているかを示《しめ》す言葉《ことば》。

例
順接《じゅんせつ》………だから・それで・すると・…と・したがって　など
逆接《ぎゃくせつ》………しかし・けれども・ところが・だが・…が　など
並列《へいれつ》・累加《るいか》…そして・また・なお・および・それから　など
対比《たいひ》・選択《せんたく》…または・あるいは・それとも・もしくは　など
説明《せつめい》・補足《ほそく》…ただし・つまり・なぜならば・例《たと》えば　など
転換《てんかん》………さて・ところで・ときに・では　など

説明的《せつめいてき》な文章《ぶんしょう》を読《よ》むときには、接続《せつぞく》する語句《ごく》が、文章《ぶんしょう》の構成《こうせい》や展開《てんかい》をつかむ手《て》がかりになることがある。

◆言葉《ことば》を集《あつ》めよう

豊《ゆた》かに表現《ひょうげん》するためには、日《ひ》ごろから言葉《ことば》を蓄《たくわ》え、必要《ひつよう》に応《おう》じて使《つか》えるようにすることが大切《たいせつ》である。気持《きも》ちや状況《じょうきょう》に合《あ》った言葉《ことば》を探《さが》す練習《れんしゅう》をしよう。

1 友達《ともだち》に紹介《しょうかい》したいものを決《き》める。
・題材《だいざい》を決《き》め、どんなところを紹介《しょうかい》したいかを考《かんが》える。

2 観点《かんてん》を決《き》めて、言葉《ことば》を集《あつ》める。
① それぞれの観点《かんてん》に基《もと》づいて、思《おも》いつく言葉《ことば》を挙《あ》げる。
② ①で挙《あ》げた言葉《ことば》について、似《に》た意味《いみ》の言葉《ことば》やそれを修飾《しゅうしょく》する言葉《ことば》を考《かんが》える。自分《じぶん》で考《かんが》えても思《おも》いつかない場合《ばあい》は、国語辞典《こくごじてん》や類語辞典《るいごじてん》などを活用《かつよう》する。

3 紹介文《しょうかいぶん》を書《か》く。
・百字程度《ひゃくじていど》にまとめる。
・よさや様子《ようす》が具体的《ぐたいてき》に想像《そうぞう》できるように言葉《ことば》を選《えら》ぶ。

読書生活《どくしょせいかつ》を豊《ゆた》かに 本《ほん》の中《なか》の中学生《ちゅうがくせい》

教科書 84~93ページ

教科書掲載部分の内容

あと少《すこ》し、もう少《すこ》し

瀬尾《せお》まいこ

（中学最後《ちゅうがくさいご》の駅伝大会《えきでんたいかい》。気弱《きよわ》で猫背《ねこぜ》、最近記録《さいきんきろく》も伸《の》びていないが、第一区《だいいっく》は、部長《ぶちょう》から「おまえしか一区《いっく》は考《かんが》えられない。」と言《い》われた僕《ぼく》（設楽《したら》）が担当《たんとう》している。）

僕《ぼく》は、ベンチコートを脱《ぬ》いでスタート準備《じゅんび》に入《はい》った。周《まわ》りに立《た》つ十七人《じゅうしちにん》の選手《せんしゅ》は、みんな一区《いっく》にふさわしいはなやかさや勢《いきお》いがある。やっぱり僕《ぼく》とは違《ちが》うんだ。そう気後《きおく》れしそうになって、僕《ぼく》は小《ちい》さく深呼吸《しんこきゅう》をした。走《はし》るのは好《す》きではないが、駅伝《えきでん》は好《す》き。任《まか》される。襷《たすき》をつないでいく。駅伝《えきでん》しているときだけは、仲間《なかま》とよんでも許《ゆる》される存在《そんざい》がいるんだと思《おも》えるから。

スタート一分前《いっぷんまえ》。一斉《いっせい》にみんながラインに並《なら》ぶ。他《ほか》の学校《がっこう》の先生《せんせい》たちが最後《さいご》のアドバイスに余念《よねん》がない中《なか》、「設楽君《したらくん》、がんばって。」と、上原先生《うえはらせんせい》のいつもどおりの言葉《ことば》が聞《き》こえた。「うん。」僕《ぼく》は声《こえ》に出《だ》してうなずいた。がんばってと言《い》ってもらえることが、幸《しあわ》せなことだと知《し》っていたから。

しんとした競技場《きょうぎじょう》に、ピストルの音《おと》が響《ひび》く。それと同時《どうじ》に僕《ぼく》は、はずみをつけて飛《と》び出《だ》した。中学最後《ちゅうがくさいご》の駅伝《えきでん》が、今始《いまはじ》まった。

構成

1 スタート準備《じゅんび》に入《はい》ったときの「僕《ぼく》」の様子《ようす》と気持《きも》ち（初《はじ》め～P85・上12）

▼

2 スタート一分前《いっぷんまえ》の「僕《ぼく》」の様子《ようす》と気持《きも》ち（P85・上13～P85・下4）

▼

3 スタート時《じ》の「僕《ぼく》」の様子《ようす》（P85・下5～終《お》わり）

一区《いっく》を任《まか》された「僕《ぼく》（設楽《したら》）」のスタートのときの様子《ようす》や気持《きも》ちが、時間《じかん》の経過《けいか》とともに、「僕《ぼく》」の目線《めせん》で描《えが》かれているよ。

西《にし》の魔女《まじょ》が死《し》んだ

梨木香歩《なしきかほ》

構成

1
祖母《そぼ》の家《いえ》に着《つ》いたときのみんなの様子《ようす》
（初《はじ》め〜P86・下8）
・おばあちゃんが家《いえ》から出《で》てきてまいたちを迎《むか》える。
・まいはおばあちゃんに声《こえ》をかけ、おばあちゃんも応《こた》えた。

▶

2
台所《だいどころ》でのみんなの様子《ようす》とまいの気持《きも》ち
（P86・下9〜P87・上10）
・ママ…まいに関係《かんけい》のないことをしゃべる。

▶

3
サンルームでのまいの様子《ようす》と気持《きも》ち1
（P87・上11〜P87・下1）
・まいの気持《きも》ち…ママはまた「扱《あつか》いにくい子《こ》」と言《い》うのだろうか。

▶

4
サンルームでのまいの様子《ようす》と気持《きも》ち2
（P87・下2〜終《お》わり）
・おばあちゃんの力強《ちからづよ》い声《こえ》が響《ひび》く。
・まいの気持《きも》ち…自分《じぶん》が愛《あい》されているのがわかってうれしい。

「小《ちい》さな青《あお》い花《はな》をつけている雑草《ざっそう》」に対《たい》するまいの気持《きも》ちは、まいの自分自身《じぶんじしん》に対《たい》する気持《きも》ちを反映《はんえい》しているね。

※著作権の関係で、教科書掲載部分の要約は掲載しておりません。

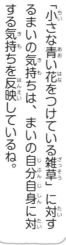

教科書掲載部分の内容

ブラインドの向《む》こうに見《み》える光《ひかり》

小林良介《こばやしりょうすけ》

パラリンピックの競泳《きょうえい》で三大会連続金《さんたいかいれんぞくきん》メダルを獲得《かくとく》した河合《かわい》純一選手《じゅんいちせんしゅ》は、生《う》まれつき左目《ひだりめ》の視力《しりょく》がなく、右目《みぎめ》の視力《しりょく》も〇《れい》・一《いち》だったが、小学校高学年《しょうがっこうこうがくねん》のころにはその視力《しりょく》もしだいに失《うしな》われていった。

河合《かわい》は、自分《じぶん》の目《め》が悪《わる》くなっていることを感《かん》じていた。中学一年生《ちゅうがくいちねんせい》になったころには、まっすぐ泳《およ》ぐことも難《むずか》しく、腕《うで》がコースロープで擦《す》り傷《きず》だらけになったり、目《め》の前《まえ》のかべに頭《あたま》からぶつかったりして、血《ち》を流《なが》したこともあった。そんな河合《かわい》を支《ささ》えたのは弟《おとうと》、友人《ゆうじん》、そして、先生《せんせい》たちだった。

河合《かわい》は、自分《じぶん》の目《め》が完全《かんぜん》に見《み》えなくなることがわかっていたが、将来《しょうらい》に対《たい》して絶望的《ぜつぼうてき》になって悩《なや》んではいなかった。また、「失明《しつめい》」に対《たい》する恐怖《きょうふ》もなかった。この前向《まえむ》きな強《つよ》さが、河合《かわい》のそれからの人生《じんせい》を大《おお》きく切《き》り開《ひら》いていく。

中学三年生《ちゅうがくさんねんせい》になったとき、とうとう河合《かわい》の目《め》は、完全《かんぜん》に物《もの》を見《み》ることができなくなっていた。そこで水泳部《すいえいぶ》の顧問《こもん》の先生《せんせい》は、「何回水《なんかいみず》をかいたらかべが来《く》るのか、身体《からだ》で覚《おぼ》えるんだ。」というアドバイスを河合《かわい》にし、河合《かわい》もかべに頭《あたま》をぶつけながらも泳《およ》ぎ続《つづ》けた。水泳部《すいえいぶ》の仲間《なかま》は、河合《かわい》の泳《およ》ぐコースのかべにタオルを何枚《なんまい》もはり付《つ》け、河合《かわい》が痛《いた》くないようにサポートした。こうして、ブラインドとなった河合《かわい》ではあったが、中学《ちゅうがく》の県大会決勝《けんたいかいけっしょう》まで進《すす》み、この年九位《としきゅうい》に入賞《にゅうしょう》した。

構成

1 中学一年生《ちゅうがくいちねんせい》のころの河合選手《かわいせんしゅ》（初《はじ》め～P88・上14）
- 自分《じぶん》の目《め》が悪《わる》くなっていることを感《かん》じる。

▶

2 河合選手自身《かわいせんしゅじしん》の目《め》が見《み》えないことに対《たい》する気持《きも》ち（P88・上15～P88・下7）
- 将来《しょうらい》に対《たい》して絶望的《ぜつぼうてき》になって悩《なや》んではいない。
- 「失明《しつめい》」に対《たい》する恐怖《きょうふ》もない。

▶

3 中学三年生《ちゅうがくさんねんせい》のころの河合選手《かわいせんしゅ》（P88・下9～終《お》わり）
- 完全《かんぜん》に目《め》が見《み》えなくなる。
- 努力《どりょく》とまわりの助《たす》けで、中学《ちゅうがく》の県大会《けんたいかい》で九位《きゅうい》に入賞《にゅうしょう》する。

この文章《ぶんしょう》は、前《まえ》の二《ふた》つの文章《ぶんしょう》と違《ちが》って、「僕《ぼく》」「私《わたし》」という言葉《ことば》は出《で》てきていないね。筆者《ひっしゃ》が、河合選手《かわいせんしゅ》について語《かた》るという形《かたち》で書《か》かれているんだね。

新出漢字

漢字のチェック

*はここに出《で》てきた読《よ》み。

幅（84）

フク　*はば

はばへん　12画

- 意味：①はば。横《よこ》の長《なが》さ。②かけもの。③ふち。へり。
- 言葉：①道幅《みちはば》・振《ふ》り幅《はば》・全幅《ぜんぷく》　②画幅《がふく》　③辺幅《へんぷく》
- 使い方：彼《かれ》には全幅《ぜんぷく》の信頼《しんらい》を置《お》いている。

4級

彼（84）

ヒ　*かれ　かの

ぎょうにんべん　8画

- 意味：①話《はな》し手《て》とその相手《あいて》以外《いがい》の男性《だんせい》。②あの。向《む》こうの。
- 言葉：①彼《かれ》・彼女《かのじょ》　②彼岸《ひがん》・彼我《ひが》
- 使い方：彼岸《ひがん》に墓参《はかまい》りをする。

4級

脱（84）

ダツ　*ぬぐ　ぬげる

にくづき　11画

- 意味：①ぬぐ。②取《と》り除《のぞ》く。③外《はず》れる。④抜《ぬ》け出《だ》す。
- 言葉：①脱皮《だっぴ》・脱帽《だつぼう》　②脱色《だっしょく》　③脱線《だっせん》・脱字《だつじ》　④脱出《だっしゅつ》
- 使い方：話《はなし》が脱線《だっせん》したので、本題《ほんだい》に戻《もど》ろう。

4級

腕（84）

ワン　*うで

にくづき　12画

- 意味：①うで。②物事《ものごと》をうまくやる技術《ぎじゅつ》や能力《のうりょく》。
- 言葉：①腕章《わんしょう》・腕力《わんりょく》　②腕《うで》がいい・腕前《うでまえ》・手腕《しゅわん》
- 使い方：新《あたら》しい会社《かいしゃ》で経営《けいえい》の手腕《しゅわん》を振《ふ》るう。

4級

澄（85）

（チョウ）　*すむ　すます

さんずい　15画

- 意味：にごりがない。すむ。すます。透《す》きとおる。
- 言葉：上澄《うわず》み・耳《みみ》を澄《す》ます
- 使い方：小鳥《ことり》の声《こえ》に耳《みみ》を澄《す》ます。

4級

斉（85）

*セイ

せい　8画

- 意味：そろっている。そろえる。等《ひと》しい。
- 言葉：斉唱《せいしょう》・一斉《いっせい》
- 使い方：運動会《うんどうかい》で校歌《こうか》を斉唱《せいしょう》する。

準2級

魔（86）

*マ

おに　21画

- 意味：①まもの。②怪《あや》しい術《じゅつ》。
- 言葉：①魔手《ましゅ》・魔女《まじょ》・悪魔《あくま》　②魔術《まじゅつ》・魔法《まほう》
- 使い方：病魔《びょうま》に打《う》ち勝《か》つ。

3級

髪（86）

ハツ　*かみ

かみがしら　14画

- 意味：①かみの毛《け》。②かみがた。
- 言葉：①黒髪《くろかみ》・散髪《さんぱつ》・頭髪《とうはつ》・理髪《りはつ》　②日本髪《にほんがみ》・長髪《ちょうはつ》
- 使い方：休日《きゅうじつ》に散髪《さんぱつ》する。

4級

胴（86）

*ドウ

にくづき　10画

- 意味：どう。頭部《とうぶ》・手足《てあし》以外《いがい》の体《からだ》の部分《ぶぶん》。
- 言葉：胴体《どうたい》・胴巻《どうま》き・胴乱《どうらん》
- 使い方：飛行機《ひこうき》が胴体着陸《どうたいちゃくりく》する。

4級

履（86）

リ　*はく

しかばね　15画

- 意味：①はきもの。くつ。②行《おこな》う。経験《けいけん》する。
- 言葉：①草履《ぞうり》　②履修《りしゅう》・履行《りこう》・履歴《りれき》
- 使い方：履歴書《りれきしょ》を提出《ていしゅつ》する。

準2級

核（87）

*カク

きへん　10画

- 意味：①物事《ものごと》の中心《ちゅうしん》。②原子核《げんしかく》や核兵器《かくへいき》のこと。
- 言葉：①核心《かくしん》・中核《ちゅうかく》　②核実験《かくじっけん》・核爆発《かくばくはつ》
- 使い方：都市部《としぶ》では核家族《かくかぞく》の割合《わりあい》が高《たか》い。

準2級

挟（87）

（キョウ）　*はさむ　はさまる

てへん　9画

- 意味：はさむ。
- 言葉：洗濯挟《せんたくばさ》み
- 使い方：本《ほん》にしおりを挟《はさ》む。

準2級

鉢（87）

*ハチ　（ハツ）

かねへん　13画

- 意味：①深《ふか》くて大《おお》きい食器《しょっき》。②額《ひたい》から上《うえ》の部分《ぶぶん》。頭《あたま》の回《まわ》り。
- 言葉：①植木鉢《うえきばち》・火鉢《ひばち》　②鉢巻《はちま》き・鉢合《はちあ》わせ
- 使い方：庭《にわ》の鉢植《はちう》えに水《みず》をやる。

準2級

新出音訓

- 84 臨む（のぞむ）
- 85 気後れ（キおくれ）
- 86 厳か（おごそか）

87 棚

＊たな

きへん　12画

意味　物《もの》をのせるために、板《いた》などを横《よこ》にわたしたもの。

言葉　本棚《ほんだな》・戸棚《とだな》・網棚《あみだな》・棚上《たなあ》げ・大陸棚《たいりくだな》

使い方　目《め》の前《まえ》の問題《もんだい》を棚上《たなあ》げにする。

準2級

88 擦

＊サツ　＊する　＊すれる

てへん　17画

意味　強《つよ》くこする。

言葉　擦《す》り傷《きず》・摩擦《まさつ》

使い方　マッチを擦《す》る。

3級

88 暇

＊カ　＊ひま

ひへん　13画

意味　ひま。余《あま》った時間《じかん》。休《やす》み。

言葉　余暇《よか》・寸暇《すんか》・休暇《きゅうか》

使い方　寸暇《すんか》をおしんで本《ほん》を読《よ》む。

4級

88 顧

＊コ　かえりみる

おおがい　21画

意味　①振《ふ》り返《かえ》って見《み》る。②思《おも》い返《かえ》す。③気《き》を配《くば》る。

言葉　①後顧《こうこ》　②回顧《かいこ》　③顧客《こきゃく》・顧問《こもん》・愛顧《あいこ》

使い方　顧客《こきゃく》が増《ふ》える。

3級

89 磨

＊マ　＊みがく

いし　16画

意味　①みがく。②すり減《へ》らす。

言葉　①研磨《けんま》　②磨滅《まめつ》

使い方　百戦錬磨《ひゃくせんれんま》のサッカーチーム。

準2級

重要語句のチェック

＊はここでの意味《いみ》。

85ページ

気後《きおく》れ　不安《ふあん》で自信《じしん》をなくすこと。怖《こわ》がって弱気《よわき》になること。文 運《うん》動会《どうかい》で、みんな足《あし》が速《はや》そうなので、**気後《きおく》れ**した。

ひときわ　他《ほか》のものとの差《さ》が激《はげ》しい様子《ようす》。いちだんと。文 **ひときわ**大《おお》きなお月様《つきさま》。

余念《よねん》がない　それ以外《いがい》のことを考《かんが》えないで熱中《ねっちゅう》している。文 研究《けんきゅう》に**余念《よねん》がない**。

86ページ

無造作《むぞうさ》　大変《たいへん》なこととは考《かんが》えず、気軽《きがる》にする様子《ようす》。あまり深《ふか》く考《かんが》えたり、注意《ちゅうい》をはらったりしない様子《ようす》。文 難《むずか》しいことを**無《む》造作《ぞうさ》**にやってのける。／髪《かみ》の毛《け》を**無造作《むぞうさ》**に束《たば》ねる。

厳《おごそ》か　重々《おもおも》しく、近《ちか》づきにくい様子《ようす》。文 **厳《おごそ》か**な式典《しきてん》。

流暢《りゅうちょう》　言葉《ことば》が、流《なが》れるようにすらすらと出《で》てくる様子《ようす》。文 **流暢《りゅうちょう》**な英語《えいご》を話《はな》す。

87ページ

当《あ》たりさわり　だれかに都合《つごう》の悪《わる》いこと。差《さ》しさわり。文 **当《あ》たりさわり**のない話《はなし》。

核心《かくしん》　中心《ちゅうしん》となる大切《たいせつ》な部分《ぶぶん》。中核《ちゅうかく》。文 事件《じけん》の**核心《かくしん》**にふれる。

つくづく　＊①注意深《ちゅういぶか》く念《ねん》を入《い》れる様子《ようす》。よくよく。じっくり。文 **つくづく**考《かんが》えさせられた。②身《み》にしみて深《ふか》く感《かん》じる様《よう》子《す》。しみじみ。本当《ほんとう》に。文 **つくづく**嫌《いや》になった。

4 心《こころ》の動《うご》き

大人《おとな》になれなかった弟《おとうと》たちに……

米倉斉加年《よねくらまさかね》

教科書 96～105ページ

あらすじ

太平洋戦争《たいへいようせんそう》の真《ま》っ最中《さいちゅう》、父《ちち》は戦争《せんそう》に行《い》き、「僕《ぼく》」と母《はは》と祖母《そぼ》と妹《いもうと》と弟《おとうと》の五人《ごにん》は、毎晩防空壕《まいばんぼうくうごう》でねるという生活《せいかつ》を送《おく》っていた。食《た》べ物《もの》が十分《じゅうぶん》になく、母《はは》はお乳《ちち》が出《で》なくなった。「僕《ぼく》」は、配給《はいきゅう》される弟《おとうと》のヒロユキのミルクを何度《なんど》か盗《ぬす》み飲《の》みした。

空襲《くうしゅう》がひどくなり、親戚《しんせき》に疎開《そかい》の相談《そうだん》に行《い》ったが、食《た》べ物《もの》をもらいに来《き》たと思《おも》われ、冷《つめ》たくあしらわれる。その後《ご》、親切《しんせつ》な人《ひと》の世話《せわ》でなんとか山《やま》あいの村《むら》に疎開《そかい》することができた。母《はは》は田植《たう》えを手伝《てつだ》い、自分《じぶん》の着物《きもの》を食《た》べ物《もの》と交換《こうかん》しながら生活《せいかつ》を支《ささ》えた。

しかしやがて、ヒロユキは栄養失調《えいようしっちょう》になって死《し》んだ。母《はは》と「僕《ぼく》」は病院《びょういん》から歩《ある》いて、ヒロユキを家《いえ》に連《つ》れ帰《かえ》った。

ヒロユキが死《し》んで間《ま》もなく戦争《せんそう》は終《お》わったが、「僕《ぼく》」はひもじかったことと、弟《おとうと》の死《し》は一生忘《いっしょうわす》れない。

戦争中《せんそうちゅう》の生活《せいかつ》や、人々《ひとびと》の気持《きも》ちを想像《そうぞう》してみよう。

構成

① 弟《おとうと》の誕生《たんじょう》と戦争中《せんそうちゅう》の生活《せいかつ》（初《はじ》め～P99・2）
・太平洋戦争《たいへいようせんそう》の真《ま》っ最中《さいちゅう》、弟《おとうと》が生《う》まれる。
・十分《じゅうぶん》な食《た》べ物《もの》がなく、「僕《ぼく》」は弟《おとうと》のミルクを盗《ぬす》み飲《の》みする。

▼

② 疎開《そかい》（P99・3～P102・2）
・山《やま》あいの村《むら》に疎開《そかい》する。

▼

③ 弟《おとうと》の病気《びょうき》と死《し》（P102・3～P103・11）
・ヒロユキが病気《びょうき》になって死《し》ぬ。

▼

④ 弟《おとうと》の死後《しご》と現在《げんざい》の思《おも》い（P103・12～終《お》わり）
・弟《おとうと》が死《し》んで間《ま》もなく、戦争《せんそう》が終《お》わる。

ヒロユキは戦争《せんそう》の犠牲《ぎせい》になったんだね。

新出漢字

漢字のチェック

＊はここに出《で》てきた読《よ》み。

襲（96）
＊シュウ おそう
ころも 22画
襲 襲 襲 襲 襲 襲 襲 襲 襲 襲
- 意味：①おそう。不意《ふい》にせめる。②あとを受《う》けつぐ。
- 言葉：①襲来《しゅうらい》・逆襲《ぎゃくしゅう》・空襲《くうしゅう》 ②襲名《しゅうめい》・世襲《せしゅう》
- 使い方：師匠《ししょう》の名《な》を襲名《しゅうめい》する。

4級

爆（96）
＊バク
ひへん 19画
爆 爆 爆 爆 爆 爆 爆 爆 爆 爆
- 意味：①はじける。②「爆弾《ばくだん》」の略《りゃく》。爆弾《ばくだん》で攻撃《こうげき》する。
- 言葉：①爆発《ばくはつ》・爆笑《ばくしょう》・爆弾《ばくだん》 ②爆撃《ばくげき》・原子《げんし》爆弾《ばくだん》
- 使い方：彼《かれ》は怒《いか》りを爆発《ばくはつ》させた。

4級

弾（96）
＊ダン ひく はずむ たま
ゆみへん 12画
弾 弾 弾 弾 弾 弾 弾 弾 弾 弾
- 意味：①たま。②はずむ。③楽器《がっき》をひく。④罪《つみ》を責《せ》める。
- 言葉：①弾薬《だんやく》・爆弾《ばくだん》 ②弾力《だんりょく》 ③連弾《れんだん》 ④弾圧《だんあつ》
- 使い方：ピアノの連弾《れんだん》をする。

4級

掘（96）
クツ ＊ほる
てへん 11画
掘 掘 掘 掘 掘 掘 掘 掘 掘 掘
- 意味：穴《あな》をほる。ほり出《だ》す。
- 言葉：発掘《はっくつ》・採掘《さいくつ》・盗掘《とうくつ》
- 使い方：古墳《こふん》の発掘《はっくつ》調査《ちょうさ》をする。

4級

薄（98）
ハク ＊うすい うすめる うすまる うすらぐ うすれる
くさかんむり 16画
薄 薄 薄 薄 薄 薄 薄 薄 薄 薄
- 意味：①厚《あつ》みがない。②あわい。③とぼしい。
- 言葉：①薄氷《はくひょう》 ②薄味《うすあじ》 ③薄情《はくじょう》・薄幸《はっこう》
- 使い方：薄氷《はくひょう》を踏《ふ》む思《おも》い。

4級

缶（98）
＊カン
ほとぎ 6画
缶 缶 缶 缶 缶 缶
- 意味：金属製《きんぞくせい》の入《い》れ物《もの》。
- 言葉：空《あ》き缶《かん》・石油缶《せきゆかん》・缶詰《かんづ》め・一缶《いっかん》
- 使い方：空《あ》き缶《かん》をリサイクルする。

準2級

菓（98）
＊カ
くさかんむり 11画
菓 菓 菓 菓 菓 菓 菓 菓 菓 菓
- 意味：おかし。
- 言葉：和菓子《わがし》・製菓《せいか》・干菓子《ひがし》
- 使い方：製菓《せいか》工場《こうじょう》の見学《けんがく》をする。

4級

盗（98）
トウ ＊ぬすむ
さら 11画
盗 盗 盗 盗 盗 盗 盗 盗 盗 盗
- 意味：ぬすむ。他人《たにん》の持ち物《もの》をとる。また、ぬすむ人《ひと》。
- 言葉：盗難《とうなん》・強盗《ごうとう》・盗用《とうよう》・盗作《とうさく》
- 使い方：他人《たにん》のアイデアを盗用《とうよう》する。

4級

疎（99）
＊ソ (うとい) (うとむ)
ひきへん 12画
疎 疎 疎 疎 疎 疎 疎 疎 疎 疎
- 意味：①うとい。②あらい。まばら。③塞《ふさ》がった所《ところ》を通《とお》す。
- 言葉：①疎外《そがい》・疎遠《そえん》 ②過疎《かそ》・疎開《そかい》 ③疎通《そつう》
- 使い方：意思《いし》の疎通《そつう》をはかる。

準2級

歳（99）
＊サイ セイ
とめる 13画
歳 歳 歳 歳 歳 歳 歳 歳 歳 歳
- 意味：①とし。一年間《いちねんかん》。②年齢《ねんれい》を数《かぞ》える言葉《ことば》。
- 言葉：①歳末《さいまつ》・歳月《さいげつ》・歳暮《せいぼ》・歳時記《さいじき》 ②四歳《よんさい》
- 使い方：五年《ごねん》の歳月《さいげつ》が流《なが》れた。

4級

戚（99）
＊セキ
ほこがまえ 11画
戚 戚 戚 戚 戚 戚 戚 戚 戚 戚
- 意味：身内《みうち》の人《ひと》。
- 言葉：親戚《しんせき》・縁戚《えんせき》・外戚《がいせき》
- 使い方：親戚《しんせき》の家《いえ》に遊《あそ》びに行《い》く。

2級

渓（101）
＊ケイ
さんずい 11画
渓 渓 渓 渓 渓 渓 渓 渓 渓 渓
- 意味：谷《たに》。谷川《たにがわ》。
- 言葉：渓流《けいりゅう》・渓谷《けいこく》・雪渓《せっけい》
- 使い方：渓流《けいりゅう》釣《づ》りを楽《たの》しむ。

準2級

桃（101）
トウ ＊もも
きへん 10画
桃 桃 桃 桃 桃 桃 桃 桃 桃 桃
- 意味：モモ。モモの実《み》。
- 言葉：桃色《ももいろ》・桃源郷《とうげんきょう》
- 使い方：桃《もも》の節句《せっく》を祝《いわ》う。

4級

101 覆

*フク おおう (くつがえす くつがえる)

にし 18画

意味 ①おおう。かぶせる。②くつがえす。③繰《く》り返《かえ》す。

言葉 ①覆面《ふくめん》・顔《かお》を覆《おお》う ②覆水《ふくすい》・転覆《てんぷく》 ③反覆《はんぷく》

使い方 覆水盆《ふくすいぼん》に返《かえ》らず。

3級

101 換

*カン かえる かわる

てへん 12画

意味 取《と》りかえる。入《い》れかえる。

言葉 交換《こうかん》・変換《へんかん》・転換《てんかん》・換算《かんさん》・換気《かんき》

使い方 不良品《ふりょうひん》を交換《こうかん》する。

3級

101 隣

リン となる *となり

こざとへん 16画

意味 となり。となり合《あ》う。

言葉 隣人《りんじん》・隣接《りんせつ》・近隣《きんりん》・両隣《りょうどなり》・隣村《となりむら》

使い方 駅《えき》に隣接《りんせつ》した百貨店《ひゃっかてん》。

4級

102 乾

カン *かわく かわかす

おつ 11画

意味 かわく。かわかす。水分《すいぶん》がなくなる。

言葉 乾物《かんぶつ》・乾季《かんき》・乾電池《かんでんち》

使い方 サバンナに乾季《かんき》が訪《おとず》れる。

4級

102 慮

*リョ

こころ 15画

意味 あれこれと考《かんが》えをめぐらす。

言葉 考慮《こうりょ》・思慮《しりょ》・熟慮《じゅくりょ》・配慮《はいりょ》・遠慮《えんりょ》

使い方 熟慮《じゅくりょ》を重《かさ》ねて決断《けつだん》を下《くだ》す。

4級

103 撃

*ゲキ うつ

て 15画

意味 ①強《つよ》くうつ。たたく。②敵《てき》をうつ。せめる。

言葉 ①打撃《だげき》・目撃《もくげき》・直撃《ちょくげき》 ②攻撃《こうげき》・反撃《はんげき》・爆撃《ばくげき》

使い方 台風《たいふう》が関東地方《かんとうちほう》を直撃《ちょくげき》する。

4級

103 杉

*すぎ

きへん 7画

意味 スギ。葉《は》が小《ちい》さくて針《はり》のようにとがっている常緑樹《じょうりょくじゅ》。

言葉 杉板《すぎいた》・杉並木《すぎなみき》

使い方 杉板《すぎいた》で箱《はこ》を作《つく》る。

準2級

103 削

*サク けずる

りっとう 9画

意味 けずる。そぎ取《と》る。減《へ》らす。

言葉 削除《さくじょ》・削減《さくげん》・添削《てんさく》・掘削《くっさく》

使い方 経費削減《けいひさくげん》の努力《どりょく》をする。

3級

103 棺

*カン

きへん 12画

意味 死《し》んだ人《ひと》を入《い》れる箱《はこ》。ひつぎ。

言葉 納棺《のうかん》・石棺《せっかん》・出棺《しゅっかん》

使い方 式場《しきじょう》から出棺《しゅっかん》する。

準2級

*はここでの意味《いみ》。

重要語句のチェック

96ページ

真《ま》っ最中《さいちゅう》 いちばん盛《さか》んに行《おこな》われているとき。真《ま》っ盛《さか》り。文 そのころは期末試験《きまつしけん》の真《ま》っ最中《さいちゅう》だ。

真《ま》っ赤《か》 ①本当《ほんとう》に赤《あか》いこと。文 真《ま》っ赤《か》な夕焼《ゆうや》け。②顔《かお》が一面《いちめん》にひどく赤《あか》くなること。文 弟《おとうと》は、真《ま》っ赤《か》になって怒《おこ》った。

真《ま》っ暗《くら》 ①非常《ひじょう》に暗《くら》いこと。文 辺《あた》りが真《ま》っ暗《くら》になる。②全《まった》く希《き》望《ぼう》が持《も》てないこと。文 お先真《さきま》っ暗《くら》。

真《ま》っ先《さき》 いちばん先《さき》。最初《さいしょ》。先頭《せんとう》。文 真《ま》っ先《さき》に駆《か》けつける。

おちおち (下《した》に打《う》ち消《け》しの言葉《ことば》が来《き》て) 落《お》ち着《つ》いてすることができない様子《ようす》。文 弟《おとうと》のことが心配《しんぱい》で、**おちおち**眠《ねむ》れない。

98ページ

とうてい (下《した》に打《う》ち消《け》しの言葉《ことば》が来《き》て) いくら努力《どりょく》しても。どんなに手《て》を尽《つ》くしても。文 **とうてい**間《ま》に合《あ》わない。

99ページ

はるばる　距離《きょり》が遠《とお》くへだたっている様子《ようす》。文 **はるばる**ロシアからオペラ歌手《かしゅ》が来日《らいにち》する。

……なり　＊①前《まえ》のことをするとすぐに、後《あと》のことが起《お》こることを表《あらわ》す。……するやいなや。文 帰宅《きたく》する**なり**、机《つくえ》に向《む》かう。②前《まえ》の状態《じょうたい》のままで後《あと》の事柄《ことがら》が起《お》こることを表《あらわ》す。文 兄《あに》は音楽《おんがく》をかけた**なり**、寝《ね》てしまった。③その中《なか》からどれかを選《えら》んでほしい例《れい》であることを表《あらわ》す。……とか……とか。文 先生《せんせい》**なり**先輩《せんぱい》**なり**に聞《き》くといい。

101ページ

胸《むね》を弾《はず》ませる　喜《よろこ》びや期待《きたい》で、胸《むね》をわくわくさせる。文 初《はじ》めての海外旅行《かいがいりょこう》に**胸《むね》を弾《はず》ませる**。類 胸《むね》をときめかす・胸《むね》をおどらせる

胸《むね》が痛《いた》む　つらく悲《かな》しく思《おも》う。心《こころ》が痛《いた》む。文 被害者《ひがいしゃ》の家族《かぞく》の心《しん》境《きょう》を考《かんが》えると、**胸《むね》が痛《いた》む**。

胸《むね》がいっぱいになる　うれしさ・悲《かな》しさなどを強《つよ》く感《かん》じる。文 親友《しんゆう》の思《おも》いやりに**胸《むね》がいっぱいになる**。類 胸《むね》がつまる

胸《むね》を打《う》つ　人《ひと》の心《こころ》を揺《ゆ》り動《うご》かす。強《つよ》く感動《かんどう》させる。文 彼女《かのじょ》の行《おこな》いは、私《わたし》たちの**胸《むね》を打《う》**った。

102ページ

独特《どくとく》　そのものだけが特別《とくべつ》にもっている様子《ようす》。文 この曲《きょく》は、**独特《どくとく》**のリズムが印象的《いんしょうてき》だ。類 独自《どくじ》・特有《とくゆう》

103ページ

みとる　看病《かんびょう》する。病人《びょうにん》の世話《せわ》をする。文 祖母《そぼ》の最期《さいご》を**みとる**。

ひもじい　とても腹《はら》が減《へ》っている。文 **ひもじい**思《おも》いをさせない。

ここがポイント！ 教科書《きょうかしょ》の「学習《がくしゅう》」の 答《こた》えと考《かんが》え方《かた》

教科書 104〜105ページ

捉《とら》える❶　描写《びょうしゃ》に着目《ちゃくもく》して登場人物《とうじょうじんぶつ》の心情《しんじょう》を捉《とら》えよう。

① 「母《はは》」が食《た》べ物《もの》をあまり食《た》べなかったり、「僕《ぼく》」が「ヒロユキ」のミルクを盗《ぬす》み飲《の》みしてしまったりした理由《りゆう》を確《たし》かめよう。

答えの例

「母《はは》」が食《た》べ物《もの》をあまり食《た》べなかった理由《りゆう》

- 自分《じぶん》の空腹《くうふく》をがまんしても、子供《こども》には少《すこ》しでも多《おお》く食《た》べさせたかったから。
- 戦争中《せんそうちゅう》は、食《た》べ物《もの》が十分《じゅうぶん》にないため家族《かぞく》みんながおなかいっぱいになることは難《むずか》しく、家族《かぞく》に食《た》べさせたかったから。

「僕《ぼく》」が「ヒロユキ」のミルクを盗《ぬす》み飲《の》みした理由《りゆう》

- そのころは甘《あま》いものが全《まった》くなく、いつもおなかを減《へ》らしていた子《こ》供《ども》の「僕《ぼく》」にとって、ヒロユキのミルクは魅力的《みりょくてき》で、飲《の》むのをがまんすることができなかったから。

考え方

次《つぎ》の文章《ぶんしょう》などから、時代《じだい》や状況《じょうきょう》を読《よ》み取《と》って考《かんが》える。

「そのころは食《た》べ物《もの》が十分《じゅうぶん》になかったので、母《はは》は僕《ぼく》たちに食《た》べさせて、

自分《じぶん》はあまり食《た》べませんでした。」（P98・2）
「みんなにはとうていわからないでしょうが、そのころ、甘《あま》いものはぜんぜんなかったのです。」（P98・9）
「母《はは》は生《う》まれて初《はじ》めて田植《たう》えを手伝《てつだ》い、昼《ひる》に出《だ》されるご飯《はん》を僕《ぼく》たちに残《のこ》して、持《も》って帰《かえ》ってきました。」（P101・11）
「母《はは》は自分《じぶん》の着物《きもの》を持《も》っていき、近所《きんじょ》の農家《のうか》の人《ひと》たちにお願《ねが》いして、米《こめ》と交換《こうかん》してもらっていました。」（P101・13）

② 次《つぎ》の部分《ぶぶん》から読《よ》み取《と》れる、「僕《ぼく》」や「母《はは》」の気持《きも》ちを考《かんが》えよう。
・「僕《ぼく》はあんなに美《うつく》しい顔《かお》を見《み》たことはありません。」（99ページ10行目《ぎょうめ》）
・山《やま》あいの村《むら》に向《む》かう途中《とちゅう》の描写《びょうしゃ》（101ページ1〜3行目《ぎょうめ》）
・「そのとき、母《はは》は初《はじ》めて泣《な》きました。」（103ページ11行目《ぎょうめ》）

答えの例

・「僕《ぼく》はあんなに美《うつく》しい顔《かお》を見《み》たことはありません。」（P99・10）
〈「僕《ぼく》」の気持《きも》ち〉

「僕《ぼく》」は、母《はは》の自分《じぶん》たちを守《まも》ろうとする強《つよ》い気持《きも》ちと、もうだれにも頼《たよ》れないことを知《し》った母《はは》の、悲《かな》しみと強《つよ》い覚悟《かくご》を感《かん》じて、胸《むね》がいっぱいになっている。

〈「母《はは》」の気持《きも》ち〉

「母《はは》」は、なんとかして子供《こども》たちの命《いのち》を守《まも》りたいと引《ひ》っ越《こ》しの相談《そうだん》をしたのに、食《た》べ物《もの》をもらいに来《き》たと誤解《ごかい》され、状況《じょうきょう》の厳《きび》しさを思《おも》い知《し》らされた。もうだれも頼《たよ》りにできない、自分《じぶん》が子供《こども》たちを守《まも》るしかないのだと強《つよ》い覚悟《かくご》をしている。
・山《やま》あいの村《むら》に向《む》かう途中《とちゅう》の描写《びょうしゃ》（P101・1〜3）
〈「僕《ぼく》」の気持《きも》ち〉

「僕《ぼく》」はまだ幼《おさな》かったので、ただただその村《むら》の美《うつく》しさに心《こころ》をひかれ「桃源郷《とうげんきょう》」（地上《ちじょう》の楽園《らくえん》）とまで表現《ひょうげん》している。

〈「母《はは》」の気持《きも》ち〉

自分《じぶん》たちを取《と》り巻《ま》く状況《じょうきょう》が厳《きび》しいことがわかっていた。
・「そのとき、母《はは》は初《はじ》めて泣《な》きました。」（P103・11）
〈「僕《ぼく》」の気持《きも》ち〉

それまで強《つよ》い母《はは》として必死《ひっし》で働《はたら》き、泣《な》くことなどなかった母《はは》が初《はじ》めて見《み》せた涙《なみだ》である。「僕《ぼく》」は、母《はは》がそれまでさまざまな悲《かな》しみにたえてきたことを知《し》ると同時《どうじ》に、このときばかりは、涙《なみだ》をこらえられなかったことで、ほかのだれよりも母《はは》が悲《かな》しんでいることに気《き》づかされ、胸《むね》がいっぱいになっている。

〈「母《はは》」の気持《きも》ち〉

母《はは》の言葉《ことば》にあるように、空襲《くうしゅう》の爆撃《ばくげき》などで死《し》ぬことを考《かんが》えれば「幸《しあわ》せ」だと思《おも》わなければいけない。しかし、生《う》まれてからずっと食糧《しょくりょう》不足《ぶそく》が続《つづ》き、どうしてやることもできずに栄養失調《えいようしっちょう》で死なせてしまったこと、それでもいつのまにか「大《おお》きくなっていた」ことに死《し》んでから気《き》づき、無念《むねん》の思《おも》いでさすがに涙《なみだ》がこらえられなかった。

読《よ》み深《ふか》める❷

題名《だいめい》のもつ意味《いみ》について考《かんが》えよう。

作品《さくひん》の時代背景《じだいはいけい》をふまえて、「大人《おとな》になれなかった弟《おとうと》たちに……」

という題名《だいめい》のもつ意味《いみ》について話《はな》し合《あ》おう。

答えの例

・『大人《おとな》になれなかった弟《おとうと》たち』というのは、作者《さくしゃ》の弟《おとうと》の『ヒロユキ』のように、戦争中《せんそうちゅう》の食糧不足《しょくりょうぶそく》によって栄養失調《えいようしっちょう》で死《し》んだ幼《おさな》い子供《こども》たちのことだと思《おも》う。

・栄養失調《えいようしっちょう》だけでなく、空襲《くうしゅう》などにあっても幼《おさな》いと自分《じぶん》で逃《に》げられない。幼《おさな》い子供《こども》も含《ふく》めて一般《いっぱん》の人《ひと》たちもたくさん戦争《せんそう》の犠牲《ぎせい》になったことを、作者《さくしゃ》は言《い》いたかったのではないか。

・現代《げんだい》の日本《にっぽん》で、ヒロユキくんのように栄養失調《えいようしっちょう》で死《し》んでいく子供《こども》は、それほどいないと思《おも》う。戦争《せんそう》をするということは、守《まも》られなければならない幼《おさな》い人《ひと》が犠牲《ぎせい》になるということ、怒《いか》りを感《かん》じてもどうすることもできない状況《じょうきょう》になることだと教《おし》えられた。

・『僕《ぼく》』がヒロユキのミルクを盗《ぬす》み飲《の》みしたことは、戦争《せんそう》がいちばんの原因《げんいん》だが、自分《じぶん》にも責任《せきにん》があることを作者《さくしゃ》はわかっている。謝《あやま》りたいという気持《きも》ちは絶対《ぜったい》にあると思《おも》う。

考《かんが》えをもつ③ 思《おも》いを伝《つた》える朗読会《ろうどくかい》をしよう。

読《よ》み取《と》ったことをふまえ、場面《ばめん》の様子《ようす》や登場人物《とうじょうじんぶつ》の心情《しんじょう》がより伝《つた》わるように、グループで分担《ぶんたん》して朗読《ろうどく》しよう。

考え方

自分《じぶん》の分担《ぶんたん》が決《き》まったら、その登場人物《とうじょうじんぶつ》が置《お》かれている状況《じょうきょう》を想像《そうぞう》して、その人《ひと》になりきって読《よ》む。

言葉を広げる

●「ヒロユキ」や「ヒロシマ」「ナガサキ」を片仮名表記《かたかなひょうき》にした、作者《さくしゃ》の意図《いと》を考《かんが》えてみよう。

答えの例

・名前《なまえ》を漢字《かんじ》にすると、ある程度《ていど》その人《ひと》を特定《とくてい》できるが、片仮名《かたかな》にすると同《おな》じ呼《よ》び名《な》の人《ひと》をすべて指《さ》すことができ、戦争《せんそう》で犠牲《ぎせい》になった多《おお》くの幼《おさな》い子供《こども》たちのことを思《おも》い起《お》こさせることができる。

・「ヒロシマ」と「ナガサキ」も同《おな》じように、原子爆弾《げんしばくだん》の悲劇《ひげき》はどこでも起《お》こりうると警告《けいこく》している。

振り返る

●描写《びょうしゃ》に着目《ちゃくもく》することで、どんなことが読《よ》み取《と》れたか、自分《じぶん》の言葉《ことば》でまとめてみよう。

答えの例

私《わたし》たちが体験《たいけん》したことのない、悲惨《ひさん》な戦時中《せんじちゅう》の人々《ひとびと》の様子《ようす》と、その時々《ときどき》の心《こころ》の動《うご》きが読《よ》み取《と》れた。

●関連《かんれん》する本《ほん》を読《よ》んで、さらに考《かんが》えが深《ふか》まったことを挙《あ》げてみよう。

答えの例

出典《しゅってん》の絵本《えほん》には戦争《せんそう》の切実《せつじつ》な様子《ようす》を訴《うった》える絵《え》が多《おお》くあり、その悲惨《ひさん》さを知《し》った。戦争《せんそう》を二度《にど》と起《お》こしてはいけないと強《つよ》く思《おも》った。

テスト直前《ちょくぜん》にチェック!

大人《おとな》になれなかった弟《おとうと》たちに……

教科書 96~105ページ

僕たち疎開者には配給もありませんので、母は自分の着物を持っていき、近所の農家の人たちにお願いして、米と交換してもらっていました。

疎開しても、ヒロユキのお乳には困りました。隣村にやぎを飼っている農家があると聞いては、母が着物をふろしきに包んで出かけました。

①母の着物はなくなりました。

ヒロユキをおんぶして、僕はよく川へ遊びに出かけました。僕は弟が欲しかったので、よくかわいがりました。

ヒロユキは病気になりました。僕たちの村から三里くらい離れた町の病院に入院しました。僕は学校から帰ると、毎日、まきと食べ物を祖母に用意してもらい、母と弟のいる病院に、バスに乗って出かけました。

十日間くらい入院したでしょうか。

②ヒロユキは死にました。

暗い電気の下で、小さな小さな口に綿にふくませた水を飲ませた夜を、僕は忘れられません。泣きもせず、弟は静かに息をひきとりました。母と僕に見守られて、弟は死にました。病名はありません。栄養失調です……。

死んだ弟を母がおんぶして、僕は片手にやかん、そして片手にヒロユキの身の回りのものを入れた小さなふろしき包みを持って、家に帰りました。

1 ――線①「母の着物はなくなりました。」について答えなさい。

(1) なぜなくなったのか、文章中の言葉を使って書きなさい。

（　　　　）

(2) 着物がなくなったということは、何を意味していますか。適切なものを次から一つ選び、記号に○を付けなさい。

ア 疎開者に配給が始まり、お乳も手に入るようになったこと。
イ 着物ぐらいでは食べ物と交換してもらえなくなったこと。
ウ 食べ物やお乳と交換するものがなくなって、困ったこと。
エ 農家にも交換してもらう食べ物がなくなったこと。

2 ――線②「ヒロユキは死にました。」とありますが、ヒロユキの死因を文章中から四字で書き抜きなさい。

□□□□

3 ――線③「三人で……歩き続けました。」について答えなさい。

(1) 「三人」とはだれですか。

（　　　　）

(2) バスに乗らずに歩いたのはなぜですか。

（　　　　）

4 よく出る! ――線④「ヒロユキは幸せだった。」とありますが、こう言ったときの母について説明しているものを次から一つ選び、記号に○を付けなさい。

白い乾いた一本道を、③三人で山の村に向かって歩き続けました。バスがありましたが、母は弟が死んでいるのでほかの人に遠慮したのでしょう、三里の道を歩きました。

空は高く高く青く澄んでいました。ブウーンブウーンというB29の独特のエンジンの音がして、青空にきらっきらっと機体が美しく輝いています。道にも畑にも、人影はありませんでした。歩いているのは三人だけです。

母がときどきヒロユキの顔に飛んでくるはえを手ではらいながら、言いました。

「④ヒロユキは幸せだった。母と兄とお医者さん、看護婦さんにみとられて死んだのだから。空襲の爆撃で死ねば、みんなばらばらで死ぬから、もっとかわいそうだった。」

家では祖母と妹が、泣いて待っていました。部屋を貸してくださっていた農家のおじいさんが、杉板を削って小さな小さな棺を作ってくださいました。弟はその小さな小さな棺に、母と僕の手でねかされました。小さな弟でしたが、棺が小さすぎて入りませんでした。

母が、大きくなっていたんだね、とヒロユキのひざを曲げて棺に入れました。⑤そのとき、母は初めて泣きました。

父は、戦争に行ってすぐ生まれたヒロユキの顔を、とうとう見ないままでした。

弟が死んで九日後の八月六日に、⑥ヒロシマに原子爆弾が落とされました。その三日後に⑦ナガサキに――。

そして、六日たった一九四五年八月十五日に戦争は終わりました。

僕はひもじかったことと、弟の死は一生忘れません。

米倉斉加年「大人になれなかった弟たちに……」（光村図書『国語一年』101〜103ページ）

ア　母や兄の愛を一身に受けていたので、幼いながらも充実した日々を送ることができたろうと、それなりに納得している。

イ　空襲の爆撃で死なず、みんなにみとられて死んだからよかったと自分を納得させて、悲しみにたえている。

ウ　日々の食べ物さえ事欠く中で生きていくよりも、ひもじさを意識しない幼いうちに死んでよかった、とほっとしている。

エ　まがりなりにも病院で治療を受けることができて、戦争中の子供としては恵《めぐ》まれていた、と周囲の人々に感謝している。

5 よく出る！　――線⑤「そのとき、母は初めて泣きました。」とありますが、このとき「僕」が感じ取ったことを次から二つ選び、記号に○を付けなさい。

ア　母がそれまで必死に涙をこらえてがんばっていたこと。

イ　母が自分よりも弟のヒロユキのほうを愛していたこと。

ウ　母が戦争をにくむ気持ちを、これまで隠していたこと。

エ　成長に気づかないぐらい、母が弟に興味がなかったこと。

オ　弟の命を守れなかったことを母が深くくやんでいること。

6 ――線⑥「ヒロシマ」、⑦「ナガサキ」とありますが、「広島」「長崎」と書かずに、片仮名で書いたのはなぜですか。考えて、簡潔に書きなさい。

（　　　　　　　　　　）

解くコツ　文末が問いの文章と合っているか。

◀答えは165ページ

4

心《こころ》の動《うご》き

星《ほし》の花《はな》が降《ふ》るころに

安東《あんどう》みきえ

教科書 106~115ページ

あらすじ

「私《わたし》」は、去年《きょねん》の秋《あき》、夏実《なつみ》と二人《ふたり》で銀木犀《ぎんもくせい》の花《はな》が散《ち》るのを眺《なが》めたことを思《おも》い出《だ》していた。

ぼんやりしていると、机《つくえ》に戸部君《とべくん》がぶつかってきた。しかし、「私《わたし》」は、戸部君《とべくん》にはかまわず、最近《さいきん》疎遠《そえん》になっている夏実《なつみ》と仲直《なかなお》りするため、廊下《ろうか》に向《む》かった。

夏実《なつみ》に思《おも》い切《き》って声《こえ》をかけたが、彼女《かのじょ》は顔《かお》を背《そむ》けて行《い》ってしまった。戸部君《とべくん》がこちらを見《み》ているのに気《き》づき、「私《わたし》」は、きまりが悪《わる》くてその場《ば》を離《はな》れた。

放課後《ほうかご》、夏実《なつみ》とのことを見《み》られたのが気《き》になり、校庭《こうてい》で戸部君《とべくん》を探《さが》すと、戸部君《とべくん》は一人《ひとり》で黙々《もくもく》とサッカーボールを磨《みが》いていた。その姿《すがた》を見《み》た「私《わたし》」は、自分《じぶん》の考《かんが》えていたことがくだらなく思《おも》え、水道《すいどう》で顔《かお》を洗《あら》っていると、戸部君《とべくん》が話《はな》しかけてきた。戸部君《とべくん》の冗談《じょうだん》に笑《わら》ううち、涙《なみだ》がにじんできた。

学校《がっこう》からの帰《かえ》り、銀木犀《ぎんもくせい》のある公園《こうえん》に寄《よ》った。掃除《そうじ》のおばさんの言葉《ことば》から、常緑樹《じょうりょくじゅ》の銀木犀《ぎんもくせい》は、春先《はるさき》に古《ふる》い葉《は》を落《お》として代《か》わりに新《あたら》しい葉《は》を生《は》やしていることを知《し》る。「私《わたし》」は、夏実《なつみ》と集《あつ》めた去年《きょねん》の秋《あき》の銀木犀《ぎんもくせい》の花《はな》を土《つち》の上《うえ》に落《お》とし、銀木犀《ぎんもくせい》の木《き》の下《した》をくぐって出《で》た。

構成

1. 去年《きょねん》の秋《あき》、夏実《なつみ》と二人《ふたり》で銀木犀《ぎんもくせい》の花《はな》が散《ち》るのを眺《なが》めた。（初《はじ》め～P106・5）

2. 仲直《なかなお》りするために夏実《なつみ》に声《こえ》をかけたが彼女《かのじょ》は行《い》ってしまい、それを戸部君《とべくん》に見《み》られる。（P106・7～P109・11）

3. 戸部君《とべくん》と話《はな》す。（P109・13～P112・7）

4. 去年《きょねん》の銀木犀《ぎんもくせい》の花《はな》を捨《す》てる。（P112・9～終《お》わり）

新出漢字

漢字のチェック

*はここに出《で》てきた読《よ》み。

押 106

(オウ) *おす おさえる

てへん 8画

押押押押押押押押

意味 ①おす。②力《ちから》でおさえる。

言葉 ①押《お》し花《ばな》 ②押《お》し売《う》り・押《お》し問答《もんどう》

使い方 文章《ぶんしょう》の要点《ようてん》を押《お》さえる。

4級

俺 106

*おれ

にんべん 10画

俺俺俺俺俺俺俺俺俺俺

意味 自分《じぶん》。(主《おも》に男性《だんせい》がくだけた場面《ばめん》で使《つか》う一人称《いちにんしょう》。)

言葉 俺《おれ》・俺《おれ》たち

使い方 俺《おれ》の弟《おとうと》が来《く》る。

2級

塾 107

*ジュク

つち 14画

塾塾塾塾塾塾塾塾塾塾塾塾塾塾

意味 生徒《せいと》を集《あつ》めて、勉強《べんきょう》や技芸《ぎげい》などを教《おし》える所《ところ》。

言葉 学習塾《がくしゅうじゅく》・塾長《じゅくちょう》・私塾《しじゅく》・進学塾《しんがくじゅく》

使い方 彼女《かのじょ》は学習塾《がくしゅうじゅく》に通《かよ》っている。

準2級

輩 107

*ハイ

くるま 15画

輩輩輩輩輩輩輩輩輩輩輩輩輩輩輩

意味 ①仲間《なかま》。連中《れんちゅう》。②次々《つぎつぎ》と並《なら》ぶ。

言葉 ①後輩《こうはい》・先輩《せんぱい》・若輩《じゃくはい》 ②輩出《はいしゅつ》

使い方 優秀《ゆうしゅう》な人材《じんざい》を輩出《はいしゅつ》する学校《がっこう》。

4級

廊 107

*ロウ

まだれ 12画

廊廊廊廊廊廊廊廊廊廊廊廊

意味 建物《たてもの》の中《なか》の細長《ほそなが》い通路《つうろ》。

言葉 回廊《かいろう》・廊下《ろうか》・画廊《がろう》

使い方 学校《がっこう》の廊下《ろうか》を歩《ある》く。

3級

眺 107

チョウ *ながめる

めへん 11画

眺眺眺眺眺眺眺眺眺眺眺

意味 ながめる。遠《とお》くを見《み》る。

言葉 眺望《ちょうぼう》・よい眺《なが》め

使い方 山頂《さんちょう》からの眺望《ちょうぼう》はすばらしい。

準2級

挑 108

*チョウ いどむ

てへん 9画

挑挑挑挑挑挑挑挑挑

意味 いどむ。しかける。仕向《しむ》ける。

言葉 挑発《ちょうはつ》・挑戦《ちょうせん》

使い方 敵《てき》の挑発《ちょうはつ》に乗《の》らない。

準2級

誘 108

ユウ *さそう

ごんべん 14画

誘誘誘誘誘誘誘誘誘誘誘誘誘誘

意味 ①人《ひと》に勧《すす》める。②さそい出《だ》す。③引《ひ》き起《お》こす。

言葉 ①勧誘《かんゆう》・誘導《ゆうどう》 ②誘惑《ゆうわく》 ③誘発《ゆうはつ》

使い方 渋滞《じゅうたい》が事故《じこ》を誘発《ゆうはつ》した。

3級

騒 109

*ソウ さわぐ

うまへん 18画

騒騒騒騒騒騒騒騒騒騒騒騒騒騒騒騒騒騒

意味 さわぐ。さわがしい。さわぎ。

言葉 大騒《おおさわ》ぎ・騒音《そうおん》・騒動《そうどう》・物騒《ぶっそう》

使い方 教室《きょうしつ》に蜂《はち》が入《はい》ってきて、騒動《そうどう》になる。

4級

唇 109

(シン) *くちびる

くち 10画

唇唇唇唇唇唇唇唇唇唇

意味 くちびる。

言葉 唇《くちびる》をかむ

使い方 寒《さむ》さで唇《くちびる》が震《ふる》える。

準2級

駆 109

ク *かける かる

うまへん 14画

駆駆駆駆駆駆駆駆駆駆駆駆駆駆

意味 速《はや》く走《はし》る。追《お》い立《た》てる。

言葉 駆使《くし》・先駆《せんく》・駆動《くどう》・駆《か》け足《あし》

使い方 コンピュータを駆使《くし》する。

4級

遅 109

チ おくれる おくらす *おそい

しんにょう 12画

遅遅遅遅遅遅遅遅遅遅遅遅

意味 ①おくれる。②おそい。のろい。

言葉 ①遅刻《ちこく》・遅延《ちえん》・遅配《ちはい》 ②遅々《ちち》

使い方 遅刻《ちこく》しないよう気《き》をつける。

4級

魂 109

コン *たましい

おに 14画

魂魂魂魂魂魂魂魂魂魂魂魂魂魂

意味 ①たましい。②精神《せいしん》。心《こころ》。気力《きりょく》。

言葉 ①霊魂《れいこん》・鎮魂《ちんこん》 ②商魂《しょうこん》・精魂《せいこん》・闘魂《とうこん》

使い方 君《きみ》の魂胆《こんたん》はわかっている。

3級

110 憎
*ゾウ　にくむ　にくい　*にくらしい　にくしみ

りっしんべん　14画

意味　嫌《きら》う。にくむ。

言葉　愛憎《あいぞう》

使い方　愛憎《あいぞう》が渦巻《うずま》く物語《ものがたり》。

3級

110 陰
*イン　*かげ　かげる

こざとへん　11画

意味　①日《ひ》かげ。②消極的《しょうきょくてき》なほう。③隠《かく》れる。

言葉　①日陰《ひかげ》・物陰《ものかげ》・陰影《いんえい》　②陰性《いんせい》　③陰謀《いんぼう》

使い方　この写真《しゃしん》は陰影《いんえい》がはっきりしている。

4級

111 拭
（ショク）　*ふく　ぬぐう

てへん　9画

意味　ぬぐう。汚《よご》れを取《と》る。

言葉　拭《ふ》き取《と》る・手拭《てぬぐ》い

使い方　テーブルをきれいに拭《ふ》く。

2級

112 涙
*ルイ　なみだ

さんずい　10画

意味　なみだ。

言葉　感涙《かんるい》・くやし涙《なみだ》

使い方　感涙《かんるい》にむせぶ。

4級

112 丈
*ジョウ　たけ

いち　3画

意味　①長《なが》さや高《たか》さ。②強《つよ》い。③昔《むかし》の長《なが》さの単位《たんい》。

言葉　①背丈《せたけ》　②大丈夫《だいじょうぶ》・気丈《きじょう》　③十丈《じゅうじょう》

使い方　悲《かな》しみをこらえて気丈《きじょう》に振《ふ》るまう。

4級

112 刈
*かる

りっとう　4画

意味　かる。草《くさ》や髪《かみ》の毛《け》などを切《き》り取《と》る。

言葉　草刈《くさか》り・刈《か》り入《い》れ

使い方　六月《ろくがつ》は麦《むぎ》の刈《か》り入《い》れ時《どき》だ。

4級

112 掃
*ソウ　はく

てへん　11画

意味　①はく。ほうきではく。②きれいに取《と》り除《のぞ》く。

言葉　①清掃《せいそう》・掃除《そうじ》　②一掃《いっそう》

使い方　掃除用具《そうじようぐ》を片《かた》づける。

3級

112 厄
*ヤク

がんだれ　4画

意味　わざわい。

言葉　厄年《やくどし》・災厄《さいやく》・厄払《やくばら》い・厄介《やっかい》

使い方　神社《じんじゃ》で厄払《やくばら》いをする。

準2級

113 帽
*ボウ

はばへん　12画

意味　ぼうし。頭《あたま》にかぶるもの。

言葉　帽子《ぼうし》・制帽《せいぼう》・脱帽《だつぼう》

使い方　作品《さくひん》の見事《みごと》な出来映《できば》えに脱帽《だつぼう》した。

4級

113 抱
ホウ　だく　いだく　*かかえる

てへん　8画

意味　①だく。だきかかえる。②考《かんが》えや思《おも》いをもつ。

言葉　①介抱《かいほう》　②辛抱《しんぼう》・抱負《ほうふ》

使い方　今年《ことし》一年間《いちねんかん》の抱負《ほうふ》を述《の》べる。

4級

新出音訓

108　香水（コウスイ）

109　貧血（ヒンケツ）

112　掃除（ソウジ）

109　背ける（そむける）

110　探る（さぐる）

「背《そむ》ける」「探《さぐ》る」は、送《おく》りがなを間違《まちが》えないように注意《ちゅうい》しよう。

重要語句のチェック

＊はここでの意味《いみ》。

107ページ

こづき合《あ》い 指先《ゆびさき》などでつつき合《あ》うこと。軽《かる》くたたき合《あ》うこと。文軽《かる》い**こづき合《あ》い**が、いつの間《ま》にかけんかになった。

高《こう》じる 病気《びょうき》や物事《ものごと》の程度《ていど》がはなはだしくなる。「高《こう》ずる」ともいう。文趣味《しゅみ》が**高《こう》じて**画家《がか》になった。

あたかも （下《した》に「ようだ」「ごとく」などが来《き》て）よく似《に》た事柄《ことがら》にたとえるときの言葉《ことば》。文**あたかも**初《はつ》もうでのときのような人《ひと》の多《おお》さだ。類さながら

からむ ①物《もの》に巻《ま》きつく。文毛糸《けいと》が**からむ**。②互《たが》いに密接《みっせつ》な関係《かんけい》をもつ。文複雑《ふくざつ》な事情《じじょう》が**からむ**。＊③言《い》いがかりをつけて困《こま》らせる。文機嫌《きげん》の悪《わる》い姉《あね》に**からまれる**。

格好《かっこう》 ＊①形《かたち》や姿《すがた》。文**格好《かっこう》**のいいコート。②ふさわしい。手《て》ごろな。文演奏会《えんそうかい》に**格好《かっこう》**の衣装《いしょう》が見《み》つかる。

108ページ

誤解《ごかい》 間違《まちが》った理解《りかい》をすること。思《おも》い違《ちが》い。文友人《ゆうじん》の**誤解《ごかい》**を招《まね》く。

意地《いじ》を張《は》る 素直《すなお》になれず、無理《むり》にでも自分《じぶん》の考《かんが》えを押《お》し通《とお》そうとする。文弟《おとうと》は、**意地《いじ》を張《は》って**、とうとう謝《あやま》らなかった。

なだめる なぐさめて、気持《きも》ちをおだやかにさせる。文泣《な》いている友達《ともだち》を**なだめる**。

ぎこちない 話《はなし》の感《かん》じや動作《どうさ》がなめらかでない。文妹《いもうと》のダンスは、どこかぎ**こちない**。

109ページ

とまどう どうしていいかわからずに迷《まよ》う。まごつく。文新《あたら》しい練習方法《れんしゅうほうほう》に**とまどう**。

背《そむ》ける よそへ向《む》ける。文彼《かれ》からつい顔《かお》を**背《そむ》けて**しまった。

きまりが悪《わる》い 格好《かっこう》が悪《わる》いと思《おも》い、少《すこ》しはずかしい。照《て》れくさい。文先生《せんせい》からやたらにほめられて、**きまりが悪《わる》い**。

はじく ＊①指先《ゆびさき》で小《ちい》さなものをはね飛《と》ばす。文車《くるま》が小石《こいし》を**はじく**。②寄《よ》せつけない。文この上着《うわぎ》は、雨水《あまみず》を**はじく**素材《そざい》でできている。③指《ゆび》で動《うご》かして計算《けいさん》する。文そろばんを**はじく**。

白々《しらじら》 ①夜《よ》が明《あ》けていく様子《ようす》。文東《ひがし》の空《そら》が**白々《しらじら》**とする。②見《み》えすいている様子《ようす》。文**白々《しらじら》**とした表情《ひょうじょう》。＊③いかにも白《しろ》く見《み》える様子《ようす》。文波《なみ》が**白々《しらじら》**と光《ひか》る。

110ページ

繊細《せんさい》 ①ほっそりとして美《うつく》しい様子《ようす》。文**繊細《せんさい》**な指《ゆび》をしている。＊②感覚《かんかく》や感情《かんじょう》が、細《こま》やかでするどい様子《ようす》。デリケート。文姉《あね》は、神経《しんけい》が**繊細《せんさい》**だ。

かけらもない 全《まった》くない。少《すこ》しもない。文誠意《せいい》の**かけらもない**対《たい》応《おう》に怒《いか》りを覚《おぼ》える。

ほころびる ＊①ぬった所《ところ》の糸《いと》がほどける。文ズボンのすそが**ほころびる**。②つぼみが開《ひら》く。文梅《うめ》の花《はな》が**ほころびる**。③にっこりする。文口《くち》もとが**ほころびる**。

黙々《もくもく》と ものを言《い》わず、黙《だま》っている様子《ようす》。ものを言《い》わずに、物事《ものごと》に熱中《ねっちゅう》する様子《ようす》。文**黙々《もくもく》と**仕事《しごと》をこなす。

輪郭《りんかく》 ＊①周《まわ》りの線《せん》。文顔《かお》の**輪郭《りんかく》**を描《えが》く。②大体《だいたい》の内容《ないよう》。あらまし。文話《はなし》の**輪郭《りんかく》**を示《しめ》す。

111ページ

なじむ ＊①よく慣《な》れて親《した》しくなる。文新《あたら》しいクラスに**なじむ**。②慣《な》れて具合《ぐあい》がよくなる。文靴《くつ》が足《あし》に**なじむ**。

意外《いがい》 予想《よそう》と違《ちが》うこと、思《おも》いがけない様子《ようす》。文事件《じけん》は**意外《いがい》**な展開《てんかい》を見《み》せた。類案外《あんがい》・予想外《よそうがい》

112ページ

にじむ ①色《いろ》や油《あぶら》が布《ぬの》や紙《かみ》にしみて、広《ひろ》がる。文便箋《びんせん》にインクが**にじむ**。＊②うっすらと出《で》る。文作業着《さぎょうぎ》に汗《あせ》が**にじむ**。

厄介《やっかい》 ＊①手数《てすう》がかかること。面倒《めんどう》な様子《ようす》。文**厄介《やっかい》**な仕事《しごと》を頼《たの》まれる。②世話《せわ》をすること。文知人《ちじん》の家《いえ》に**厄介《やっかい》**になる。

113ページ

首《くび》をかしげる 首《くび》をちょっとまげて、おかしいなと考《かんが》え込《こ》む。文新聞《しんぶん》の記事《きじ》に**首《くび》をかしげる**。

首《くび》を縦《たて》に振《ふ》る 承知《しょうち》する。文兄《あに》は、私《わたし》の根気《こんき》に負《ま》け、ようやく首《くび》を縦《たて》に振《ふ》ってくれた。

首《くび》を横《よこ》に振《ふ》る 承知《しょうち》しない。文姉《あね》は、私《わたし》が何度《なんど》頼《たの》んでも、**首《くび》を横《よこ》に振《ふ》った**。

首《くび》をひねる 変《へん》だなと考《かんが》える。文彼女《かのじょ》の提案《ていあん》に**首《くび》をひねる**。

またたく ①まぶたをぱちぱちと閉《と》じたり開《あ》けたりする。まばたきをする。文まぶしくて、目《め》を**またたく**。＊②光《ひかり》がちかちかとついたり消《き》えたりするように見《み》える。文星《ほし》が**またたく**のが見《み》える。

ここがポイント！

教科書《きょうかしょ》の「学習《がくしゅう》」の答《こた》えと考《かんが》え方《かた》

教科書114～115ページ

捉《とら》える1

① 時《とき》や場所《ばしょ》、登場人物《とうじょうじんぶつ》の組《く》み合《あ》わせなどに注意《ちゅうい》して、作品《さくひん》をいくつかの場面《ばめん》に分《わ》けてみよう。「私《わたし》」を中心《ちゅうしん》に作品《さくひん》の内容《ないよう》を押《お》さえよう。

答えの例

場面《ばめん》1（初《はじ》め～106ページ5行目《ぎょうめ》）
去年《きょねん》の秋《あき》　銀木犀《ぎんもくせい》の木《き》の下《した》（回想《かいそう》）　登場人物《とうじょうじんぶつ》…「私《わたし》」と夏実《なつみ》
場面《ばめん》2（106ページ7行目《ぎょうめ》～109ページ11行目《ぎょうめ》）
昼休《ひるやす》み　教室《きょうしつ》・廊下《ろうか》　登場人物《とうじょうじんぶつ》…戸部君《とべくん》と「私《わたし》」・「私《わたし》」と夏実《なつみ》
場面《ばめん》3（109ページ13行目《ぎょうめ》～112ページ7行目《ぎょうめ》）
放課後《ほうかご》　校庭《こうてい》　登場人物《とうじょうじんぶつ》…戸部君《とべくん》と「私《わたし》」
場面《ばめん》4（112ページ9行目《ぎょうめ》～終《お》わり）
帰《かえ》り道《みち》　公園《こうえん》　登場人物《とうじょうじんぶつ》…「私《わたし》」と掃除《そうじ》のおばさん

考え方

行間《ぎょうかん》が空《あ》いているところで場面《ばめん》が変《か》わっている。「私《わたし》」がだれといつ、どこで関《かか》わっているかをまとめる。

② 場面《ばめん》の展開《てんかい》に沿《そ》って、「私《わたし》」の気持《きも》ちの変化《へんか》を表《ひょう》などにまとめよう。

答えの例

場面《ばめん》	「私《わたし》」の気持《きも》ち
場面《ばめん》1 （回想《かいそう》）	・けんかをしている夏実《なつみ》と仲直《なかなお》りがしたくて、楽《たの》しかったころのことを思《おも》い出《だ》している。
場面《ばめん》2 教室《きょうしつ》・廊下《ろうか》	・「今日《きょう》こそは仲直《なかなお》りをすると決《き》めてきた」（P107・15） ・「夏実《なつみ》だって、私《わたし》から言《い》いだすのをきっと待《ま》っているはずだ。」（P108・9） ・「私《わたし》は……足《あし》をふみ出《だ》した。」（P108・13） ↓仲直《なかなお》りのために勇気《ゆうき》を出《だ》そうとしている。 ・「音《おと》のないこま送《おく》りの映像《えいぞう》を見《み》ているように、変《へん》に長《なが》く感《かん》じられた。」（P109・3） ↓夏実《なつみ》に無視《むし》されたことにショックを感《かん》じて、気持《きも》ちの整理《せいり》ができていない。 ・「戸部君《とべくん》がこちらを見《み》ていることに気《き》づいた。私《わたし》はきっとひどい顔《かお》をしている。唇《くちびる》がふるえているし、目《め》のふちが熱《あつ》い。」（P109・4） ↓戸部君《とべくん》に見《み》られたこともショックだったが、これをきっかけに、夏実《なつみ》と仲直《なかなお》りができないことがはっきりわかり、改《あらた》めてショックを感《かん》じている。 ・「夏実《なつみ》の他《ほか》には友達《ともだち》とよびたい人《ひと》なんてだれもいない」（P109・11） ↓どうしていいかわからない。
場面《ばめん》3 校庭《こうてい》	・「だいたいなんであんな場面《ばめん》をのんびりと眺《なが》めていたのだろう。それを考《かんが》えると弱《よわ》みをにぎられた気分《きぶん》になり、八《や》つ当《あ》たりとわかっても憎《にく》らしくてしかたがなかった。」（P110・4） ↓戸部君《とべくん》に八《や》つ当《あ》たりしたい。 ・「黙々《もくもく》とボール磨《みが》きをしている戸部君《とべくん》を見《み》ていたら、なんだか急《きゅう》に自分《じぶん》の考《かんが》えていたことがひどく小《ちい》さく、くだらないことに思《おも》えてきた。」（P110・13） ↓八《や》つ当《あ》たりをしたいと思《おも》った自分《じぶん》がはずかしい。 ・「涙《なみだ》がにじんできたのはあんまり笑《わら》いすぎたせいだ、たぶん。」（P112・6） ↓戸部君《とべくん》のおかげで、落《お》ち込《こ》んでいた気分《きぶん》を切《き》りかえることができた。
場面《ばめん》4 公園《こうえん》	・「袋《ふくろ》の口《くち》を開《あ》けて、星形《ほしがた》の花《はな》を土《つち》の上《うえ》にぱらぱらと落《お》とした。」（P113・12） ↓夏実《なつみ》とのことにこだわるのはやめよう。 ・「大丈夫《だいじょうぶ》、きっとなんとかやっていける。」（P113・15）

考え方

直接挙《ちょくせつあ》げられている気持《きも》ちだけでなく、「私《わたし》」の様子《ようす》や表情《ひょうじょう》、たとえを使《つか》った表現《ひょうげん》なども挙《あ》げ、気持《きも》ちの変化《へんか》を追《お》っていく。

読《よ》み深《ふか》める❷　場面《ばめん》や描写《びょうしゃ》を結《むす》び付《つ》けて読《よ》もう。

この作品《さくひん》には、同《おな》じ物《もの》や場所《ばしょ》が出《で》てくる場面《ばめん》がある。次《つぎ》のそれぞれの場面《ばめん》や描写《びょうしゃ》を比《くら》べることで、どんなことが読《よ》み取《と》れるか、話《はな》し合《あ》ってみよう。

① 前半《ぜんはん》・「『あたかも』という言葉《ことば》を使《つか》って……私《わたし》だってわからない。」（107ページ7〜9行目《ぎょうめ》）
後半《こうはん》・「『あたかも』という言葉《ことば》を使《つか》って……わけがわからない。」（111ページ13行目《ぎょうめ》〜112ページ2行目《ぎょうめ》）

② 前半《ぜんはん》・「お守《まも》りみたいな小《ちい》さなビニール袋《ぶくろ》を……かまわない。」（108ページ5〜6行目《ぎょうめ》）
後半《こうはん》・「ポケットからビニール袋《ぶくろ》を……あせている。」（113ページ10〜11行目《ぎょうめ》）

答えの例

① 前半《ぜんはん》は「あたかも」という言葉《ことば》の問題《もんだい》について聞《き》いてくる戸部《とべ》君《くん》が、どうして自分《じぶん》ばかりにからむのか、戸部《とべ》君《くん》の気持《きも》ちがわからなかったのだが、後半《こうはん》は「あたかも」という言葉《ことば》を使《つか》った文《ぶん》章《しょう》で「私《わたし》」を笑《わら》わせてなぐさめてくれた戸部《とべ》君《くん》の気持《きも》ちはわかるものの、なぜこのやり方《かた》だったのかがわからないのである。このことから、「私《わたし》」は戸部《とべ》君《くん》の行動《こうどう》にはまだわからないところもあるが、戸部《とべ》君《くん》の気持《きも》ちは理解《りかい》でき、二人《ふたり》の距離《きょり》が縮《ちぢ》まったことが読《よ》み取《と》れる。

② ビニール袋《ぶくろ》の中《なか》には夏実《なつみ》と二人《ふたり》でとった銀木犀《ぎんもくせい》の花《はな》が入《はい》っている。前半《ぜんはん》は「香《かお》りはなくなっているけどかまわない。」とあることから、夏実《なつみ》にこだわっている「私《わたし》」の気持《きも》ちが、後半《こうはん》は「花《はな》びらは小《ちい》さく縮《ちぢ》んで、もう色《いろ》がすっかりあせている。」とあることから、夏実《なつみ》との思《おも》い出《で》が「色《いろ》あせる」、つまり、そこにこだわることはやめようという「私《わたし》」の気持《きも》ちが表《あらわ》れている。このことから「私《わたし》」の夏実《なつみ》に対《たい》する気持《きも》ちの変化《へんか》が読《よ》み取《と》れる。

考え方

「あたかも」を使《つか》った文作《ぶんづく》りを話題《わだい》にした戸部《とべ》君《くん》に対《たい》する「私《わたし》」の態度《たいど》や、ビニール袋《ぶくろ》に入《はい》った銀木犀《ぎんもくせい》の花《はな》びらに対《たい》する「私《わたし》」の捉《とら》え方《かた》が変化《へんか》していることを押《お》さえる。

考《かんが》えをもつ❸　印象《いんしょう》に残《のこ》った場面《ばめん》や描写《びょうしゃ》を語《かた》り合《あ》おう。

印象《いんしょう》に残《のこ》った箇所《かしょ》とその理由《りゆう》をグループで述《の》べ合《あ》おう。

答えの例

・戸部《とべ》君《くん》が「あたかも」という言葉《ことば》を使《つか》った文《ぶん》で「私《わたし》」をなぐさめている場面《ばめん》は、戸部《とべ》君《くん》の思《おも》いやりを感《かん》じる。直接的《ちょくせつてき》な表現《ひょうげん》でなくても相手《あいて》を思《おも》いやることができる方法《ほうほう》を、私《わたし》も身《み》につけたい。

・最後《さいご》の「どっちだっていい。大丈夫《だいじょうぶ》、きっとなんとかやっていける。」と「私《わたし》」が思《おも》っている場面《ばめん》は、夏実《なつみ》とのことにこだわっていた「私《わたし》」とはまるで違《ちが》う力強《ちからづよ》さを感《かん》じたので、これからの「私《わたし》」が強《つよ》く生《い》きていくことを暗示《あんじ》しているように思《おも》える。

言葉を広げる

●「雪《ゆき》が降《ふ》るように」のように、様子《ようす》や動《うご》きを何《なに》かにたとえた表現《ひょうげん》を探《さが》し、どんな情景《じょうけい》や気持《きも》ちを表《あらわ》しているか考《かんが》えよう。

答えの例

・「音《おと》のないこま送《おく》りの映像《えいぞう》を見《み》ているように」（P109・3）
→「私《わたし》」が、強《つよ》いショックを受《う》けている様子《ようす》。
・「どこも……色《いろ》が飛《と》んでしまったみたい。貧血《ひんけつ》を起《お》こしたときに見《み》える白々《しらじら》とした光景《こうけい》によく似《に》ている。」（P109・7）
→「私《わたし》」が、目《め》の前《まえ》が真《ま》っ白《しろ》になるほどの強《つよ》いショックを受《う》けている様子《ようす》。
・「毛穴《けあな》という毛穴《けあな》から魂《たましい》がぬるぬると溶《と》け出《だ》してしまいそう」（P109・15）
→人間《にんげん》らしさまで溶《と》け出《だ》してしまいそうな、普通《ふつう》ではない暑《あつ》さ。
・「溶《と》け出《だ》していた魂《たましい》がもう一度《いちど》引《ひ》っ込《こ》み、やっと顔《かお》の輪郭《りんかく》が戻《もど》ってきた」（P110・17）
→「私《わたし》」が気持《きも》ちを切《き》りかえ、回復《かいふく》していく様子《ようす》。
・「かたむいた陽《ひ》が葉《は》っぱの間《あいだ》からちらちらと差《さ》し、半円球《はんえんきゅう》の宙《そら》にまたたく星《ほし》みたいに光《ひか》っていた。」（P113・8）

考え方

→「私《わたし》」が気持《きも》ちの整理《せいり》をつけ、希望《きぼう》が生《う》まれ始《はじ》めている様子《ようす》。
たとえている言葉《ことば》の前後《ぜんご》からだれの何《なに》を表現《ひょうげん》したかを考《かんが》える。

振り返る

●複数《ふくすう》の場面《ばめん》や描写《びょうしゃ》を結《むす》び付《つ》けて読《よ》むと、どんなことが見《み》えてきたか、自分《じぶん》の言葉《ことば》でまとめてみよう。

答えの例

登場人物《とうじょうじんぶつ》の関係性《かんけいせい》が明《あき》らかになり、それぞれの気持《きも》ちの変化《へんか》がわかった。

●読《よ》み取《と》ったことをふまえ、この後《あと》、作品《さくひん》がどう続《つづ》いていくかを考《かんが》えて書《か》いてみよう。

答えの例

夏実《なつみ》にこだわらなくなった私《わたし》は、自分《じぶん》の方《ほう》から夏実《なつみ》に自然《しぜん》に明《あか》るく話《はな》しかけた。夏実《なつみ》は、「私《わたし》」を無視《むし》したことを気《き》にやんでいたのだが、「私《わたし》」の方《ほう》から明《あか》るく声《こえ》をかけたので、ほっとし、普通《ふつう》に言葉《ことば》をかわすことができるようになる。

戸部《とべ》君《くん》は、相変《あいか》わらず「私《わたし》」にかまってくるのだが、「私《わたし》」は前《まえ》のようにわけがわからないと思《おも》うのでなく、話《はな》かけられるのが少《すこ》しうれしくなっている。それぞれの関係《かんけい》は、だんだんとお互《たが》いを尊重《そんちょう》するようなものに変《か》わりつつある。

テスト直前《ちょくぜん》にチェック！

星《ほし》の花《はな》が降《ふ》るころに

教科書 106～115 ページ

（「私」は、親友の夏実《なつみ》と、去年の秋にいっしょに拾った銀木犀《ぎんもくせい》の花をビニール袋に入れ、お守りのようにポケットに入れている。）

やっぱり戸部《とべ》君《くん》って、わけがわからない。

二人で顔を見合わせてふき出した。中学生になってちゃんと向き合ったことがなかったから気づかなかったけれど、私より低かったはずの戸部君の背はいつのまにか私よりずっと高くなっている。

私はタオルを当てて笑っていた。涙がにじんできたのはあんまり笑いすぎたせいだ、たぶん。

学校からの帰り、少し回り道をして銀木犀のある公園に立ち寄った。銀木犀は常緑樹だから一年中葉っぱがしげっている。それをきれいに丸く刈り込むので、木の下に入れば丸屋根の部屋のようだ。夏実と私はここが大好きで、①二人だけの秘密基地と決めていた。ここにいれば大丈夫、どんなことからも木が守ってくれる。②そう信じていられた。

夕方に近くなっても日差しはまだ強い。木の下は陰になって涼しかった。

掃除をしているおばさんが、草むしりの手を休めて話しかけてきた。

「いい木だよねえ、こんな時期は木陰になってくれて。けど春先は、葉っぱが落ちて案外厄介なんだよ、掃除がさ。」

③私は首をかしげた。常緑樹は一年中葉っぱがしげっているはずな

よく出る！

1 ——線①「二人だけの秘密基地」とありますが、公園内のどの場所について「秘密基地」だと言っているのですか。文章中から七字で書き抜きなさい。

□□□□□□□

2 ——線②「そう信じていられた。」とありますが、どんなことを信じていられたのですか。文章中の言葉を使って書きなさい。

（　　　　　　　　）

3 ——線③「私は首をかしげた。」とありますが、「私」は、どんなことに対して首をかしげたのですか。適切なものを次から一つ選び、記号に○を付けなさい。

ア　夏実と「私」だけの場所のはずなのに、おばさんもこの木はいい木だと、銀木犀の価値を理解していたこと。

イ　銀木犀は常緑樹で一年中葉っぱがしげっているはずなのに、おばさんが春先に葉っぱが落ちると言ったこと。

ウ　夏の草むしりは日差しが強くて大変なのに、おばさんが春先の葉っぱの掃除のほうが厄介だと言ったこと。

エ　夕方に近くなっても日差しがまだ強いのに、おばさんがこんな時期は木陰になってくれていいと言ったこと。

4 ——線④「花びらは……すっかりあせている。」について述べた次の文の□に当てはまる言葉を、後から選んで記号で答えなさい。

銀木犀の花は、「私」と親友だった［A］をつなぐものであり、それが縮んで色あせてしまったという表現は、［B］だった二人

のに。

「え、葉っぱはずっと落ちないんじゃないんですか。」

「まさか。どんどん古い葉っぱを落っことして、その代わりに新しい葉っぱを生やすんだよ。そりゃそうさ。でなきゃあんた、いくら木だって生きていけないよ。」

帽子の中の顔は暗くてよくわからなかったけれど、笑った歯だけは白く見えた。おばさんは、よいしょと言って掃除道具を抱えると公園の反対側に歩いていった。

私は真下に立って銀木犀の木を見上げた。

かたむいた陽が葉っぱの間からちらちらと差し、半円球の宙にまたたく星みたいに光っていた。

ポケットからビニール袋を取り出した。④花びらは小さく縮んで、もう色がすっかりあせている。

⑤袋の口を開けて、星形の花を土の上にぱらぱらと落とした。

ここでいつかまた夏実と花を拾える日が来るかもしれない。それとも違うだれかと拾うかもしれない。あるいはそんなことはもうしないかもしれない。

どちらだっていい。大丈夫、きっとなんとかやっていける。

⑥私は銀木犀の木の下をくぐって出た。

安東みきえ「星の花が降るころに」（光村図書『国語一年』112～113ページ）

の C が変わってしまったことを示している。

ア 親友　イ おばさん　ウ 関係　エ 夏実　オ 秘密

A（　　）　B（　　）　C（　　）

5 ――線⑤「袋の口を開けて、星形の花を土の上にぱらぱらと落とした。」には、「私」のどんな思いが表れていますか。適切なものを次から一つ選び、記号に○を付けなさい。

ア 銀木犀が新しい花を咲かせるころには、夏実と仲直りしてまた拾おうという気持ち。

イ 銀木犀が新しい花を咲かせたら、夏実よりももっと優しい新しい友達と拾おうという気持ち。

ウ 銀木犀が新しい葉を出すように、自分も夏実との関係にとらわれるのをやめて、新しく踏み出そうという思い。

エ 古い葉が落ちないと新しい葉が生えないように、自分も夏実を忘れないと新しい友達ができないという思い。

6 ――線⑥「私は銀木犀の木の下をくぐって出た。」ときの、「私」の気持ちを、「つらいこと」「大丈夫」という言葉を入れて書きなさい。

（　　　　　　　　　　）

解くコツ 文末が問いの文章とあっているか。

◀答えは166ページ

4 心《こころ》の動《うご》き
聞《き》き上手《じょうず》になろう

教科書
116~117ページ

解説

聞《き》き上手《じょうず》な人《ひと》は、たくみな質問《しつもん》で相手《あいて》から話《はなし》を引《ひ》き出《だ》し、充実《じゅうじつ》した対話《たいわ》をすることができる。そんな聞《き》き上手《じょうず》になるために、話《はなし》を引《ひ》き出《だ》す質問《しつもん》のしかたやきき方《かた》の工夫《くふう》を学《まな》ぶ。

1 きき方《かた》の工夫《くふう》や質問《しつもん》の種類《しゅるい》を知《し》ろう。

【きき方《かた》の工夫《くふう》】

・相《あい》づちを打《う》ったり、聞《き》いたことをくり返《かえ》したりする。
話《はなし》をしっかりと受《う》け止《と》めていることが伝《つた》わるので、話《はな》し手《て》が話《はな》しやすくなる。

・相手《あいて》の言葉《ことば》を引用《いんよう》して質問《しつもん》する。
質問《しつもん》としてききたい内容《ないよう》やその意図《いと》が明《あき》らかになり、話《はな》し手《て》が答《こた》えやすくなる。

・他《ほか》の言葉《ことば》に置《お》き換《か》えて、内容《ないよう》を確《たし》かめる。
話《はなし》の内容《ないよう》を他《ほか》の言葉《ことば》で表《あらわ》すことで、聞《き》き手《て》が話《はなし》を十分《じゅうぶん》に理解《りかい》していることが、話《はな》し手《て》に伝《つた》わる。

【質問《しつもん》の種類《しゅるい》】

① 絞《しぼ》る質問《しつもん》（閉《と》じた質問《しつもん》・クローズド・クエスチョン）

・事実《じじつ》や考《かんが》えを確《たし》かめるときに使《つか》う。
答《こた》えが一《ひと》つに絞《しぼ》られる質問《しつもん》。
選択肢《せんたくし》を示《しめ》して選《えら》ばせる質問《しつもん》。

② 広《ひろ》げる質問《しつもん》（開《ひら》いた質問《しつもん》・オープン・クエスチョン）

・話題《わだい》を広《ひろ》げたり深《ふか》めたりするときに使《つか》う。
答《こた》え方《かた》を指定《してい》せずに自由《じゆう》に答《こた》えさせる質問《しつもん》。

※質問《しつもん》の順序《じゅんじょ》は、絞《しぼ》る質問《しつもん》から広《ひろ》げる質問《しつもん》へ展開《てんかい》すると、話《はな》し手《て》が答《こた》えやすい。

2 対話《たいわ》の練習《れんしゅう》をしよう。

① 二人一組《ふたりひとくみ》になり、話《はな》し手《て》と聞《き》き手《て》になる。
② 話《はな》し手《て》が一分程度《いっぷんていど》の簡単《かんたん》なスピーチをする。
③ 聞《き》き手《て》は、きき方《かた》や質問《しつもん》のしかたを工夫《くふう》し、話《はなし》を引《ひ》き出《だ》す。
・1の**【きき方《かた》の工夫《くふう》】**や**【質問《しつもん》の種類《しゅるい》】**を参考《さんこう》にする。
・五分程度《ごふんていど》、三往復以上《さんおうふくいじょう》のやり取《と》りができるとよい。
④ 話《はな》し手《て》と聞《き》き手《て》を交代《こうたい》して、②③をくり返《かえ》す。

3 学習《がくしゅう》を振《ふ》り返《かえ》ろう。

○相手《あいて》の話《はなし》に耳《みみ》をかたむけ、相《あい》づちを打《う》ったりうなずいたりして、誠実《せいじつ》な態度《たいど》で話《はなし》を聞《き》くことができたか。
○相手《あいて》が答《こた》えやすいように、質問《しつもん》の順序《じゅんじょ》などの工夫《くふう》をしたか。
○質問《しつもん》したときの声《こえ》の大《おお》きさや、間《ま》の取《と》り方《かた》は適当《てきとう》だったか。

4 心《こころ》の動《うご》き
項目《こうもく》を立《た》てて書《か》こう／［推敲《すいこう》］読《よ》み手《て》の立場《たちば》に立《た》つ

教科書 118~120ページ

項目《こうもく》を立《た》てて書《か》こう

解説

案内文《あんないぶん》を作成《さくせい》することを通《とお》して、相手《あいて》や目的《もくてき》に合《あ》わせて情報《じょうほう》を選《えら》び、項目《こうもく》ごとに整理《せいり》して、わかりやすく伝《つた》える方法《ほうほう》を考《かんが》える。

1 **案内文《あんないぶん》の書《か》き方《かた》を確《たし》かめよう。**

身《み》の回《まわ》りの案内文《あんないぶん》を参考《さんこう》に、必要《ひつよう》な情報《じょうほう》について考《かんが》える。

2 **案内《あんない》する事柄《ことがら》と相手《あいて》を決《き》め、情報《じょうほう》を整理《せいり》しよう。**

●「何《なに》を」「何《なん》のために」「だれに」伝《つた》えるのか。
・基本的《きほんてき》な情報《じょうほう》…日時《にちじ》・場所《ばしょ》・行事名《ぎょうじめい》など
・相手《あいて》にとって必要《ひつよう》な情報《じょうほう》　・案内《あんない》する側《がわ》が伝《つた》えたい情報《じょうほう》

3 **案内文《あんないぶん》を作成《さくせい》しよう。**

・出《だ》す日付《ひづけ》　・受取人《うけとりにん》　・差出人《さしだしにん》　・行事名《ぎょうじめい》
・挨拶《あいさつ》…季節《きせつ》や案内《あんない》する相手《あいて》に合《あ》った内容《ないよう》や表現《ひょうげん》にする。
・記《き》…日時《にちじ》・場所《ばしょ》・注意点《ちゅういてん》などを箇条書《かじょうが》きにし、「以上《いじょう》」でしめる。
※文字《もじ》の大《おお》きさを考《かんが》えたり、図表《ずひょう》を用《もち》いたりして相手《あいて》の立場《たちば》に立《た》ったわかりやすい紙面《しめん》になるような工夫《くふう》をする。

4 **学習《がくしゅう》を振《ふ》り返《かえ》ろう**

●相手《あいて》の立場《たちば》に立《た》った必要《ひつよう》な情報《じょうほう》が正確《せいかく》に伝《つた》わる紙面《しめん》になったか。

読《よ》み手《て》の立場《たちば》に立《た》つ

教科書の課題

（教科書《きょうかしょ》）119ページを参考《さんこう》に、★印《じるし》の部分《ぶぶん》（教科書《きょうかしょ》120ページ）を書《か》き改《あらた》め、わかりやすい案内文《あんないぶん》にしよう。必要《ひつよう》に応《おう》じて、情報《じょうほう》を補《おぎな》ったり削《けず》ったりしてもよい。

答えの例

①日時《にちじ》…10月《がつ》9日《か》（土《ど》）　8時開場《じかいじょう》　9時開会《じかいかい》　15時閉会《じへいかい》（予定《よてい》）
（雨天《うてん》の場合《ばあい》、10月《がつ》10日《か》（日《にち》）に延期《えんき》）
②場所《ばしょ》…南中学校校庭《みなみちゅうがっこうこうてい》
③注意点《ちゅういてん》…お車《くるま》でのご来場《らいじょう》はご遠慮《えんりょ》ください。
「南中総《みなみちゅうそう》おどり」は地域《ちいき》の皆様《みなさま》もご参加《さんか》いただけます。
参加希望《さんかきぼう》の方《かた》は12時《じ》45分《ふん》に「西門《にしもん》」にお集《あつ》まりください。

考え方

・いちばん大事《だいじ》な情報《じょうほう》である「日付《ひづけ》」が抜《ぬ》けているので補《おぎな》う。
・内容《ないよう》ごとに重要《じゅうよう》なポイントを箇条書《かじょうが》きにまとめる。
・線《せん》や記号《きごう》などを使《つか》って、大切《たいせつ》な部分《ぶぶん》を強調《きょうちょう》する。

言葉《ことば》2 方言《ほうげん》と共通語《きょうつうご》

教科書 121~122ページ

新出漢字

漢字のチェック

*はここに出《で》てきた読《よ》み。

猫

122

*ねこ (ビョウ)

けものへん 11画

意味 ネコ。

言葉 猫舌《ねこじた》・猫背《ねこぜ》・愛猫家《あいびょうか》

使い方 彼《かれ》は先生《せんせい》の前《まえ》では猫《ねこ》をかぶっている。

準2級

即

122

*ソク

ふしづくり 7画

意味 ①つく。地位《ちい》につく。②その場《ば》ですぐに。

言葉 ①即位《そくい》 ②即座《そくざ》・即答《そくとう》・即席《そくせき》

使い方 即座《そくざ》に質問《しつもん》に答《こた》える。

4級

互

122

*ゴ たがい

に 4画

意味 たがいに。かわるがわる。

言葉 互角《ごかく》・相互《そうご》・交互《こうご》・互《たが》い違《ちが》い

使い方 相互《そうご》に協力《きょうりょく》し合《あ》う。

4級

及

122

*キュウ およぶ および およぼす

はらいぼう 3画

意味 ①届《とど》く。達《たっ》する。②および。…も…も。

言葉 ①言及《げんきゅう》・波及《はきゅう》・普及《ふきゅう》 ②一年生及《いちねんせいおよ》び二年生《にねんせい》

使い方 インターネットが一般家庭《いっぱんかてい》に普及《ふきゅう》する。

4級

滑

122

*カツ コツ すべる なめらか

さんずい 13画

意味 ①すべる。②なめらか。

言葉 ①滑降《かっこう》・滑走《かっそう》 ②円滑《えんかつ》・潤滑《じゅんかつ》

使い方 挨拶《あいさつ》は人間関係《にんげんかんけい》の潤滑油《じゅんかつゆ》だ。

3級

湿

122

*シツ しめる しめす

さんずい 12画

意味 水気《みずけ》がある。しめる。しめす。

言葉 湿気《しっけ》・湿布《しっぷ》・陰湿《いんしつ》・多湿《たしつ》

使い方 エアコンで部屋《へや》を除湿《じょしつ》する。

3級

繊

122

*セン

いとへん 17画

意味 細《ほそ》い。細《こま》かい。

言葉 繊維《せんい》・繊細《せんさい》

使い方 彼女《かのじょ》は繊細《せんさい》な神経《しんけい》の持《も》ち主《ぬし》だ。

準2級

遣

122

*ケン つかう つかわす

しんにょう 13画

意味 ①つかわす。行《い》かせる。②つかう。つかい方《かた》。

言葉 ①派遣《はけん》・遣唐使《けんとうし》 ②仮名遣《かなづか》い・息遣《いきづか》い

使い方 県庁《けんちょう》から職員《しょくいん》を派遣《はけん》する。

4級

継

122

*ケイ つぐ

いとへん 13画

意味 ①受《う》けつぐ。②血《ち》のつながりのない間柄《あいだがら》をいう言葉《ことば》。

言葉 ①継承《けいしょう》・継続《けいぞく》・中継《ちゅうけい》 ②継父《けいふ》・継母《けいぼ》

使い方 故郷《こきょう》の伝統芸能《でんとうげいのう》を継承《けいしょう》する。

4級

解説

方言《ほうげん》とは、語句《ごく》・表現《ひょうげん》、文法《ぶんぽう》、発音《はつおん》などに、地域《ちいき》ごとに特色《とくしょく》が表《あらわ》れた言葉《ことば》、共通語《きょうつうご》とは、日本全国《にっぽんぜんこく》、どの地域《ちいき》の人《ひと》にも通用《つうよう》する言葉《ことば》であるので、共通語《きょうつうご》を習得《しゅうとく》するとともに、方言《ほうげん》も大切《たいせつ》にするとよい。

漢字《かんじ》2

漢字《かんじ》の音訓《おんくん》

教科書 123~124ページ

漢字のチェック

*はここに出《で》てきた読《よ》み。

新出漢字

123	
漢字	幾
読み	*キ　いく
部首	よう
画数	12画
意味	いくつ。いくら。
言葉	幾多《いくた》・幾度《いくど》・幾日《いくにち》・幾何《きか》
使い方	昨日《きのう》より体《からだ》の具合《ぐあい》が幾分《いくぶん》よくなった。
級	4級

124	
漢字	巧
読み	*コウ　たくみ
部首	たくみへん
画数	5画
意味	たくみ。上手《じょうず》。わざが優《すぐ》れている。
言葉	巧妙《こうみょう》・巧者《こうしゃ》・精巧《せいこう》・技巧《ぎこう》
使い方	巧妙《こうみょう》な手口《てぐち》で多《おお》くの人《ひと》をだます。
級	3級

124	
漢字	遮
読み	*シャ　さえぎる
部首	しんにょう
画数	14画
意味	さえぎる。じゃまをする。
言葉	遮光《しゃこう》・遮断《しゃだん》
使い方	車《くるま》の通行《つうこう》を遮断《しゃだん》する。
級	準2級

124	
漢字	企
読み	*キ　くわだてる
部首	ひとやね
画数	6画
意味	くわだてる。計画《けいかく》する。
言葉	企業《きぎょう》・企画《きかく》
使い方	ユニークな企画《きかく》を提案《ていあん》する。
級	3級

新出音訓

124	124	124	124	124
有無（ウム）	盛夏（セイカ）	首相（シュショウ）	街道（カイドウ）	申告（シンコク）
土砂（ドシャ）	夏至（ゲシ）	知己（チキ）	号泣（ゴウキュウ）	所望（ショモウ）

解説

音《おん》…漢字《かんじ》の中国語《ちゅうごくご》での発音《はつおん》を元《もと》にした読《よ》み方《かた》。中国《ちゅうごく》から日本《にっぽん》に漢字《かんじ》が入《はい》ってきた時期《じき》や中国《ちゅうごく》のどの地域《ちいき》から伝《つた》わってきたかによって、一《ひと》つの漢字《かんじ》でも複数《ふくすう》の「音《おん》」をもつことがある。

訓《くん》…漢字《かんじ》の意味《いみ》に当《あ》てはまる日本語《にほんご》の言葉《ことば》を読《よ》みとして当《あ》てはめた読《よ》み方《かた》。一《ひと》つの漢字《かんじ》でも複数《ふくすう》の「訓《くん》」をもつことがある。

複数《ふくすう》の読《よ》み方《かた》をする熟語《じゅくご》

同《おな》じ漢字《かんじ》を使《つか》った熟語《じゅくご》でも、複数《ふくすう》の読《よ》みがあり、読《よ》みごとに意味《いみ》が違《ちが》うので、文脈《ぶんみゃく》から意味《いみ》を捉《とら》え、読《よ》み分《わ》ける必要《ひつよう》がある。

ここがポイント!

教科書《きょうかしょ》の「練習問題《れんしゅうもんだい》」の答《こた》えと考《かんが》え方《かた》

教科書 124ページ

1

次《つぎ》の——線部《せんぶ》の漢字《かんじ》の音《おん》の違《ちが》いに注意《ちゅうい》して、それぞれの熟語《じゅくご》を読《よ》もう。

① 有益　有無
② 砂糖　土砂
③ 盛夏　夏至
④ 相互　首相
⑤ 自己　知己
⑥ 街灯　街道

答え

① ゆうえき・うむ
② さとう・どしゃ
③ せいか・げし
④ そうご・しゅしょう
⑤ じこ・ちき
⑥ がいとう・かいどう

2

次《つぎ》の熟語《じゅくご》を読《よ》もう。また、——線部《せんぶ》の漢字《かんじ》の訓《くん》を用《もち》いて短《みじか》い文《ぶん》を作《つく》ろう。

① 難解
② 号泣
③ 申告
④ 所望
⑤ 技巧
⑥ 迫力
⑦ 遮断
⑧ 企画

答えの例

① なんかい　文 二国間《にこくかん》には、いろいろと難《むずか》しい問題《もんだい》がある。
② ごうきゅう　文 昨日《きのう》、映画《えいが》を見《み》て泣《な》いてしまった。
③ しんこく　文 私《わたし》は山田《やまだ》と申《もう》します。
④ しょもう　文 最後《さいご》まで望《のぞ》みは捨《す》てないでいよう。
⑤ ぎこう　文 職人《しょくにん》は、巧《たく》みな手《て》つきで機械《きかい》を操《あやつ》った。
⑥ はくりょく　文 核心《かくしん》に迫《せま》る質問《しつもん》をする。
⑦ しゃだん　文 他《ほか》の人《ひと》の話《はなし》を遮《さえぎ》って発言《はつげん》する。
⑧ きかく　文 悪事《あくじ》を企《くわだ》てる。

3

次《つぎ》の熟語《じゅくご》は二通《ふたとお》りの読《よ》み方《かた》ができる。それぞれの読《よ》み方《かた》で短《みじか》い文《ぶん》を作《つく》ろう。

① 見物
② 大勢
③ 分別

答えの例

① けんぶつ　文 祭《まつ》りのみこしを見物《けんぶつ》する。
　みもの　文 彼女《かのじょ》の驚《おどろ》きぶりは見物《みもの》だった。
② たいせい　文 試合《しあい》の大勢《たいせい》が決《けっ》する。
　おおぜい　文 大勢《おおぜい》の市民《しみん》が公民館《こうみんかん》に集《あつ》まった。
③ ぶんべつ　文 ごみを分別《ぶんべつ》する。
　ふんべつ　文 分別《ふんべつ》のあるふるまいをする。

5 筋道《すじみち》を立《た》てて

「言葉《ことば》」をもつ鳥《とり》、シジュウカラ

鈴木俊貴《すずきとしたか》

教科書 126～135ページ

およその内容

シジュウカラはスズメほどの大《おお》きさの小鳥《ことり》で、その鳴《な》き声《ごえ》にはさまざまな種類《しゅるい》があり、筆者《ひっしゃ》はその鳴《な》き声《ごえ》の研究《けんきゅう》をしている。

ある日《ひ》筆者《ひっしゃ》は、シジュウカラがヘビに対《たい》してだけ「ジャージャー」と鳴《な》くのを知《し》り、その鳴《な》き声《ごえ》は「ヘビ」を意味《いみ》する「単語《たんご》」ではないかという仮説《かせつ》を立《た》てた。

一《ひと》つ目《め》の検証《けんしょう》では、「ジャージャー」という鳴《な》き声《ごえ》を聞《き》いたシジュウカラは、ヘビを警戒《けいかい》するしぐさを示《しめ》した。しかし筆者《ひっしゃ》は、この鳴《な》き声《ごえ》はもしかすると「地面《じめん》や巣箱《すばこ》を確認《かくにん》しろ。」という命令《めいれい》でしかないのかも知《し》れないと思《おも》い、もう一《ひと》つの検証《けんしょう》をすることにした。

シジュウカラに見間違《みまちが》いが観察《かんさつ》されれば、「ジャージャー」という鳴《な》き声《ごえ》からヘビの姿《すがた》をイメージしていると考《かんが》えた筆者《ひっしゃ》は、二《ふた》つ目《め》の検証《けんしょう》でそれを調《しら》べることにした。検証《けんしょう》の結果《けっか》、シジュウカラは、「ジャージャー」という鳴《な》き声《ごえ》から幹《みき》をはうヘビの姿《すがた》をイメージし、それに似《に》た動《うご》きをする小枝《こえだ》をヘビと見間違《みまちが》えたことがわかった。

これらの結果《けっか》から、シジュウカラの「ジャージャー」という鳴《な》き声《ごえ》は「ヘビ」を意味《いみ》する「単語《たんご》」であるということが結論付《けつろんづ》けられた。

構成

1 前提《ぜんてい》となる知識《ちしき》（初《はじ》め～P127・7）

・シジュウカラの生態《せいたい》。

2 研究《けんきゅう》のきっかけと仮説《かせつ》（P127・8～P128・8）

・仮説《かせつ》…「ジャージャー」という鳴《な》き声《ごえ》は、ヘビを意味《いみ》する「単語《たんご》」ではないか。

3 仮説《かせつ》の検証《けんしょう》1（P128・9～P130・9）

・「ジャージャー」という鳴《な》き声《ごえ》を聞《き》かせたらヘビを警戒《けいかい》した。

4 仮説《かせつ》の検証《けんしょう》2（P130・10～P132・4）

・ヘビに似《に》た動《うご》きをする小枝《こえだ》を、ヘビと見間違《みまちが》えた。

5 結論《けつろん》（P132・5～終《お》わり）

・シジュウカラの鳴《な》き声《ごえ》には「単語《たんご》」になっているものもある。

新出漢字

漢字のチェック

*はここに出《で》てきた読《よ》み。

127 頃

*ころ

おおがい　11画

意味：このごろ。時分《じぶん》。わずかの時間《じかん》。

言葉：頃合《ころあ》い・日頃《ひごろ》・手頃《てごろ》

使い方：幼少《ようしょう》の頃《ころ》。

2級

126 頬［頰］

*ほお

おおがい　15画

意味：ほほ。ほっぺ。

言葉：頬《ほお》づえ・頬《ほお》張る

使い方：照《て》れて頬《ほお》を赤《あか》らめる。

2級

126 繁

*ハン

いと　16画

意味：①草木《くさき》がしげる。盛《さか》んになる。②むやみに多《おお》い。

言葉：①繁《はん》茂《も》・繁栄《はんえい》　②繁雑《はんざつ》・繁忙《はんぼう》・繁殖期《はんしょくき》

使い方：国家《こっか》が繁栄《はんえい》する。

4級

127 殖

*ショク　ふえる　ふやす

がつへん　12画

意味：子供《こども》や財産《ざいさん》をふやす。数《かず》や量《りょう》がふえる。

言葉：殖産《しょくさん》・生殖《せいしょく》・繁殖期《はんしょくき》・養殖《ようしょく》・増殖《ぞうしょく》

使い方：公園《こうえん》の池《いけ》に魚《さかな》が繁殖《はんしょく》する。

4級

127 餌

（ジ）　*えさ　え

しょくへん　14画

意味：えさ。

言葉：餌《え》付《づ》け

使い方：飼《か》っているうさぎに餌《えさ》をやる。

2級

127 威

*イ

おんな　9画

意味：①勢《いきお》い。②いかめしい。

言葉：①威勢《いせい》・威嚇《いかく》　②威光《いこう》・威容《いよう》

使い方：権威《けんい》のある文学賞《ぶんがくしょう》を受賞《じゅしょう》する。

4級

127 嚇

*カク

くちへん　17画

意味：おどす。

言葉：威嚇《いかく》

使い方：鳥《とり》が羽《はね》を広《ひろ》げて威嚇《いかく》する。

準2級

128 析

*セキ

きへん　8画

意味：ばらばらにする。細《こま》かく分《わ》けて調《しら》べる。

言葉：分析《ぶんせき》・解析《かいせき》・析出《せきしゅつ》

使い方：集《あつ》めたデータを分析《ぶんせき》する。

準2級

128 戒

*カイ　いましめる

ほこがまえ　7画

意味：①いましめる。②いましめ。おきて。

言葉：①戒告《かいこく》・訓戒《くんかい》・警戒《けいかい》　②戒律《かいりつ》・破戒《はかい》

使い方：同《おな》じあやまちを繰《く》り返《かえ》さないよう自戒《じかい》する。

4級

128 況

*キョウ

さんずい　8画

意味：ようす。ありさま。

言葉：現況《げんきょう》・実況《じっきょう》・近況《きんきょう》・状況《じょうきょう》・不況《ふきょう》

使い方：友人《ゆうじん》から近況《きんきょう》を知《し》らせる手紙《てがみ》が届《とど》く。

4級

128 舞

ブ　*まう　まい

まいあし　15画

意味：①まう。踊《おど》り。②心《こころ》を弾《はず》ませる。

言葉：①舞台《ぶたい》・舞踊《ぶよう》・乱舞《らんぶ》　②鼓舞《こぶ》

使い方：隊員《たいいん》の士気《しき》を鼓舞《こぶ》する。

4級

128 詳

ショウ　*くわしい

ごんべん　13画

意味：①くわしい。②細《こま》かいところまで明《あき》らかである。

言葉：①詳報《しょうほう》・詳細《しょうさい》　②不詳《ふしょう》・未詳《みしょう》

使い方：詳細《しょうさい》な説明《せつめい》をする。

4級

130 払

（フツ）　*はらう

てへん　5画

意味：①はらいのける。②代金《だいきん》をはらう。

言葉：①払拭《ふっしょく》　②支払《しはら》い・前払《まえばら》い

使い方：会費《かいひ》を前払《まえばら》いする。

4級

新出音訓

133 盛ん（さかん）

130	132	133	133	133
誰 *だれ	釈 *シャク	脅 *キョウ（おびやかす） おどす おどかす	獲 *カク える	了 *リョウ
ごんべん 15画	のごめ 11画	にくづき 10画	けものへん 16画	はねぼう 2画
意味 だれ。	意味 ①解《と》き明《あ》かす。②自由《じゆう》にする。③疑《うたが》いなどが解《と》ける。	意味 おびやかす。恐《おそ》れさせる。おどす。	意味 える。動物《どうぶつ》を捕《つか》まえる。手《て》に入《い》れる。	意味 ①終《お》わる。終《お》える。②よくわかる・悟《さと》る。
言葉 誰《だれ》	言葉 ①解釈《かいしゃく》・注釈《ちゅうしゃく》 ②釈放《しゃくほう》・保釈《ほしゃく》 ③釈然《しゃくぜん》	言葉 脅威《きょうい》・脅迫《きょうはく》	言葉 捕獲《ほかく》・乱獲《らんかく》・獲得《かくとく》・獲物《えもの》	言葉 ①完了《かんりょう》・終了《しゅうりょう》・読了《どくりょう》 ②了解《りょうかい》・了承《りょうしょう》・魅了《みりょう》
使い方 部屋《へや》には誰《だれ》もいない。	使い方 本人《ほんにん》に釈明《しゃくめい》を求《もと》める。	使い方 脅迫《きょうはく》まがいの警告《けいこく》を受《う》けた。	使い方 虎《とら》が獲物《えもの》をねらう。	使い方 卒業式《そつぎょうしき》は十一時《じゅういちじ》に終了《しゅうりょう》した。
2級	4級	3級	4級	3級

重要語句のチェック

*はここでの意味《いみ》。

126ページ

分布《ぶんぷ》 あちこちに散《ち》らばっていること。また、その状態《じょうたい》。 文 人口《じんこう》の**分布《ぶんぷ》**。／日本全土《にっぽんぜんど》に**分布《ぶんぷ》**する植物《しょくぶつ》。

耳《みみ》を澄《す》ます 静《しず》かにじっと聞《き》く。 文 **耳《みみ》を澄《す》まして**虫《むし》の声《こえ》を聞《き》く。

レパートリー *①いつでも演奏《えんそう》や上演《じょうえん》ができるように準備《じゅんび》している曲目《きょくもく》・出《だ》し物《もの》。②その人《ひと》の得意《とくい》な分野《ぶんや》・範囲《はんい》。 文 姉《あね》は料理《りょうり》の**レパートリー**が広《ひろ》い。

豊富《ほうふ》 豊《ゆた》かであること。たくさんあること。 文 **豊富《ほうふ》**な経験《けいけん》を生《い》かす。／話題《わだい》が**豊富《ほうふ》**だ。

127ページ

うろ 中《なか》が空《から》になっている所《ところ》。空洞《くうどう》。 文 大木《たいぼく》の**うろ**。

つがい 二《ふた》つでひと組《くみ》になるもの。特《とく》に、動物《どうぶつ》のおすとめす。 文 鳥《とり》を**つがい**で飼《か》う。

繁殖《はんしょく》 動物《どうぶつ》や植物《しょくぶつ》が生《う》まれ育《そだ》って、どんどんふえること。 文 ネズミが**繁殖《はんしょく》**する。

転機《てんき》 状態《じょうたい》・状況《じょうきょう》が変《か》わるきっかけ。 文 病気《びょうき》が**転機《てんき》**となって生活《せいかつ》を変《か》えた。

威嚇《いかく》 力《ちから》のすごさを示《しめ》して、相手《あいて》を脅《おど》すこと。 文 ライオンがきばをむいて**威嚇《いかく》**する。

けたたましい びっくりするような強《つよ》く大《おお》きい音《おと》がして、騒《さわ》がしい様子《ようす》。 文 **けたたましい**サイレンの音《おと》。 類 やかましい。

128ページ

天敵《てんてき》　ある動物《どうぶつ》を好《この》んで食《た》べる、他《ほか》の動物《どうぶつ》のこと。文アリマキの**天敵**《てんてき》はテントウムシだ。

分析《ぶんせき》　①物質《ぶっしつ》を、要素《ようそ》・成分《せいぶん》に細《こま》かく分《わ》けて調《しら》べること。文井《い》戸水《どみず》の成分《せいぶん》を**分析**《ぶんせき》する。＊②こみ入《い》った物事《ものごと》を、幾《いく》つかのまとまりに分《わ》けて、その内容《ないよう》をはっきりさせること。文事故《じこ》の原因《げんいん》を**分析**《ぶんせき》する。対総合《そうごう》

警戒《けいかい》　悪《わる》いことが起《お》こらないように、用心《ようじん》すること。文大水《おおみず》を**警戒**《けいかい》する。

仮説《かせつ》　まだ証明《しょうめい》できていない事柄《ことがら》を、仮《かり》にそうだとすること。また、その考《かんが》え方《かた》。文**仮説**《かせつ》の正《ただ》しいことが証明《しょうめい》され、法則《ほうそく》となった。／**仮説**《かせつ》を立《た》てる。

定義《ていぎ》　ある言葉《ことば》の意味《いみ》をはっきりと決《き》めること。また、その内容《ないよう》。文三角形《さんかくけい》の**定義**《ていぎ》。

しぐさ　体《からだ》の動《うご》かし方《かた》。身《み》ぶり。文妹《いもうと》は、**しぐさ**が母《はは》に似《に》ている。

130ページ

侵入《しんにゅう》　他人《たにん》の家《いえ》や他国《たこく》に勝手《かって》に入《はい》ること。文不法**侵入**《ふほうしんにゅう》。

つき止《と》**める**　よくよく調《しら》べて、明《あき》らかにする。文故障《こしょう》の原因《げんいん》を**つき止**《と》**める**。

イメージ　見《み》たり、聞《き》いたり、読《よ》んだりしたときなどに、心《こころ》に描《えが》く姿《すがた》や形《かたち》。印象《いんしょう》。文大人《おとな》になった自分《じぶん》の姿《すがた》を**イメージ**する。

検証《けんしょう》　実際《じっさい》に調《しら》べること。また、調《しら》べて事実《じじつ》をはっきりさせること。文事件現場《じけんげんば》を**検証**《けんしょう》する。

思《おも》**わず**　自分《じぶん》ではそうするつもりはないのに、自然《しぜん》に。つい。無《む》意識《いしき》に。文おいしいケーキを食《た》べて、**思**《おも》**わず**笑顔《えがお》になった。

身構《みがま》**える**　相手《あいて》の出方《でかた》に対《たい》して姿勢《しせい》を整《ととの》えて待《ま》つ。準備《じゅんび》して待《ま》つ。文どこからでもかかってこいと**身構**《みがま》**える**。

証拠《しょうこ》　本当《ほんとう》であることを明《あき》らかにするしるし。裏《うら》づけとなるもの。文この写真《しゃしん》が確《たし》かな**証拠**《しょうこ》です。

131ページ

接近《せっきん》　近《ちか》づくこと。近寄《ちかよ》ってくること。文台風《たいふう》が日本《にっぽん》に**接近**《せっきん》する。

132ページ

解釈《かいしゃく》　文章《ぶんしょう》や物事《ものごと》の意味《いみ》を理解《りかい》すること。また、わかりやすく説《せつ》明《めい》すること。文人《ひと》の話《はなし》を正《ただ》しく**解釈**《かいしゃく》する。

133ページ

脅威《きょうい》　相手《あいて》を脅《おど》して、おそれさせること。文核兵器《かくへいき》は、世界《せかい》の人々《ひとびと》に**脅威**《きょうい》を与《あた》える。

過程《かてい》　物事《ものごと》が始《はじ》まってから、ある結果《けっか》になるまでの道筋《みちすじ》。文結果《けっか》のよしあしではなく、決《き》めるまでの**過程**《かてい》が大切《たいせつ》だ。

獲得《かくとく》　努力《どりょく》して手《て》に入《い》れること。文権利《けんり》を**獲得**《かくとく》する。／優勝《ゆうしょう》して賞金《しょうきん》を**獲得**《かくとく》した。

メッセージ　①あいさつの言葉《ことば》。また、声明《せいめい》。文**メッセージ**を読《よ》み上《あ》げる。＊②伝言《でんごん》。言《こと》づて。文**メッセージ**を残《のこ》して出《で》かける。

実証《じっしょう》　確《たし》かな事実《じじつ》を挙《あ》げて証明《しょうめい》すること。また、確《たし》かな証拠《しょうこ》。文裁判《さいばん》で、無実《むじつ》を**実証**《じっしょう》する。

ここがポイント！

教科書《きょうかしょ》の「学習《がくしゅう》」の答《こた》えと考《かんが》え方《かた》

教科書 134〜135ページ

捉《とら》える❶ 文章《ぶんしょう》の構成《こうせい》と内容《ないよう》を捉《とら》えよう。

① 本文《ほんもん》を、役割《やくわり》によって次《つぎ》の五《いつ》つの部分《ぶぶん》に分《わ》けてみよう。

㋐前提《ぜんてい》となる知識《ちしき》　㋑研究《けんきゅう》のきっかけと仮説《かせつ》　㋒仮説《かせつ》の検証《けんしょう》1　㋓仮説《かせつ》の検証《けんしょう》2　㋔結論《けつろん》

答えの例

㋐前提《ぜんてい》となる知識《ちしき》…1・2・3段落《だんらく》（初《はじ》め〜P127・7）
㋑研究《けんきゅう》のきっかけと仮説《かせつ》…4・5段落《だんらく》（P127・8〜P128・8）
㋒仮説《かせつ》の検証《けんしょう》1…6・7・8・9・10段落《だんらく》（P128・9〜P130・9）
㋓仮説《かせつ》の検証《けんしょう》2…11・12・13・14段落《だんらく》（P130・10〜P132・4）
㋔結論《けつろん》…15・16・17段落《だんらく》（P132・5〜終《お》わり）

考え方

それぞれの段落《だんらく》の内容《ないよう》は、次《つぎ》のとおりである。
1段落《だんらく》…シジュウカラの特徴《とくちょう》
2段落《だんらく》…シジュウカラの鳴《な》き声《ごえ》
3段落《だんらく》…シジュウカラの子育《こそだ》て
4段落《だんらく》…シジュウカラの鳴《な》き声《ごえ》を研究《けんきゅう》するきっかけ
5段落《だんらく》…仮説《かせつ》
6段落《だんらく》…検証《けんしょう》1の目的《もくてき》
7段落《だんらく》…検証《けんしょう》1の方法《ほうほう》
8段落《だんらく》…検証《けんしょう》1の結果《けっか》
9段落《だんらく》…検証《けんしょう》1の考察《こうさつ》
10段落《だんらく》…検証《けんしょう》1の問題点《もんだいてん》
11段落《だんらく》…検証《けんしょう》2の目的《もくてき》
12段落《だんらく》…検証《けんしょう》2の方法《ほうほう》
13段落《だんらく》…検証《けんしょう》2の結果《けっか》
14段落《だんらく》…検証《けんしょう》2の解釈《かいしゃく》
15段落《だんらく》…二《ふた》つの検証《けんしょう》から導《みちび》かれた結論《けつろん》
16段落《だんらく》…結論《けつろん》から筆者《ひっしゃ》が考《かんが》えたこと
17段落《だんらく》…まとめ

② ㋑の部分《ぶぶん》を読《よ》み、筆者《ひっしゃ》が、どのような事実《じじつ》を基《もと》に、どのような仮説《かせつ》を立《た》てたかを確《たし》かめよう。

答えの例

事実《じじつ》…巣箱《すばこ》に迫《せま》るヘビに対《たい》し、親鳥《おやどり》が「ジャージャー」と鳴《な》いた。
仮説《かせつ》…シジュウカラの「ジャージャー」という鳴《な》き声《ごえ》は警戒《けいかい》すべき対象《たいしょう》としての「ヘビ」を意味《いみ》する「単語《たんご》」ではないか。

考え方

事実《じじつ》は4段落《だんらく》から、仮説《かせつ》は5段落《だんらく》から探《さが》す。

読《よ》み深《ふか》める❷ 論《ろん》の展開《てんかい》に着目《ちゃくもく》し、その効果《こうか》を考《かんが》えよう。

① 仮説《かせつ》の検証《けんしょう》1・2について、次《つぎ》の五《いつ》つの観点《かんてん》で内容《ないよう》を読《よ》み取《と》り、表《ひょう》にまとめよう。

答えの例

観点《かんてん》	仮説《かせつ》の検証《けんしょう》1	仮説《かせつ》の検証《けんしょう》2
検証《けんしょう》の目的《もくてき》	「ジャージャー」というシジュウカラの鳴《な》き声《ごえ》が、ヘビを示《しめ》す単語《たんご》であるかどうかを調《しら》べる。	「ジャージャー」という鳴《な》き声《こえ》を聞《き》いたシジュウカラが、ヘビの姿《すがた》を実際《じっさい》にイメージしていたか検証《けんしょう》する。
検証《けんしょう》の方法《ほうほう》	「ジャージャー」という鳴《な》き声《ごえ》の音声《おんせい》をヘビのいない状況《じょうきょう》で流《なが》して、行動変《こうどうへん》化《か》を観察《かんさつ》する。	「ジャージャー」という鳴《な》き声《ごえ》の音声《おんせい》とともに、ひもを付《つ》けた小枝《こえだ》をヘビのように動《うご》かす。
結果《けっか》	巣箱《すばこ》が掛《か》かった木《き》の周辺《しゅうへん》で地面《じめん》を見下《みお》ろしたり、巣箱《すばこ》の穴《あな》をのぞいたりという普段《ふだん》とは明《あき》らかに異《こと》なるしぐさを示《しめ》した。	小枝《こえだ》に近《ちか》づき確認《かくにん》した。
考察《こうさつ》・解釈《かいしゃく》	「ジャージャー」という鳴《な》き声《ごえ》を聞《き》いて、地面《じめん》や巣《す》箱《ばこ》を確認《かくにん》しに行《い》くことは、ヘビの居場所《いばしょ》をつき止《と》めるうえで役立《やくだ》つ。	「ジャージャー」という鳴《な》き声《ごえ》から幹《みき》をはうヘビの姿《すがた》をイメージし、それに似《に》た動《うご》きをする小枝《こえだ》をヘビと見間違《みまちが》えた。
問題点《もんだいてん》	「ジャージャー」という鳴《な》き声《ごえ》は、「地面《じめん》や巣箱《すばこ》を確《かく》認《にん》しろ。」といった命令《めいれい》なのかもしれない。	なし。

考え方

それぞれの内容《ないよう》は、次《つぎ》の段落《だんらく》にある。

検証《けんしょう》1　目的《もくてき》…6段落《だんらく》　方法《ほうほう》…7・8段落《だんらく》　結果《けっか》…8段落《だんらく》
考察《こうさつ》…9段落《だんらく》　問題点《もんだいてん》…10段落《だんらく》

検証《けんしょう》2　目的《もくてき》…11段落《だんらく》　方法《ほうほう》…12・13段落《だんらく》　結果《けっか》…13段落《だんらく》
解釈《かいしゃく》…14段落《だんらく》　問題点《もんだいてん》…なし

② 筆者《ひっしゃ》が行《おこな》った実験《じっけん》や観察《かんさつ》により、なぜ仮説《かせつ》が証明《しょうめい》されたといえるのだろうか。表《ひょう》を基《もと》に話《はな》し合《あ》おう。

答えの例

検証《けんしょう》1で、「ジャージャー」という鳴《な》き声《ごえ》を聞《き》いたシジュウカラがヘビを探《さが》す際《さい》に役立《やくだ》つ特別《とくべつ》な行動《こうどう》をとることがわかり、検証《けんしょう》2で、その行動《こうどう》はまぎれもなくヘビの姿《すがた》をイメージして行《おこな》っていることがわかったから。

考え方

検証《けんしょう》1、2でわかったことを確認《かくにん》したうえで考《かんが》える。

考《かんが》えをもつ 3　考《かんが》えたことを文章《ぶんしょう》にまとめよう。

結論《けつろん》に説得力《せっとくりょく》をもたせるために、筆者《ひっしゃ》はどのような工夫《くふう》をしているだろうか。本文《ほんもん》の記述《きじゅつ》や図表《ずひょう》などを根拠《こんきょ》として、自分《じぶん》の考《かんが》えを文章《ぶんしょう》にまとめよう。

答えの例

・仮説《かせつ》を検証《けんしょう》する過程《かてい》であがった問題点《もんだいてん》に対《たい》しても再度《さいど》検証《けんしょう》を行《おこな》い、結論《けつろん》を確《たし》かなものにしている。
・検証《けんしょう》の実験時《じっけんじ》に他《ほか》の鳴《な》き声《ごえ》の場合《ばあい》なども行《おこな》い、それらをグラフで比較《ひかく》することで、視覚化《しかくか》して結果《けっか》を示《しめ》している。
・結果《けっか》を他《ほか》の鳴《な》き声《ごえ》と同時《どうじ》に表《ひょう》にまとめることで、はっきりと違《ちが》いがわかるようにしている。

考え方

検証《けんしょう》のしかたやデータの活用方法《かつようほうほう》などに着目《ちゃくもく》して考《かんが》える。

言葉を広げる

● 次《つぎ》に挙《あ》げた言葉《ことば》の意味《いみ》や使《つか》い方《かた》の違《ちが》いを考《かんが》えよう。

① 仮説《かせつ》・仮定《かてい》・予想《よそう》　② 検証《けんしょう》・証明《しょうめい》・裏《うら》づけ

答えの例

① 仮説《かせつ》…まだ証明《しょうめい》できていない事柄《ことがら》を、仮《かり》にそうだとすること。また、その考《かんが》え方《かた》。学問《がくもん》の世界《せかい》でよく使《つか》われる。
仮定《かてい》…何《なに》かを考《かんが》えるときに、仮《かり》にそうだと決《き》めること。
予想《よそう》…これから先《さき》のことを、前《まえ》もって思《おも》い描《えが》くこと。

② 検証《けんしょう》…実際《じっさい》に調《しら》べること。調《しら》べて事実《じじつ》をはっきりさせること。
証明《しょうめい》…正《ただ》しい考《かんが》えであること、事実《じじつ》であることを、証拠《しょうこ》を示《しめ》してはっきりさせること。
裏《うら》づけ…それが確《たし》かであることを証明《しょうめい》できる証拠《しょうこ》。

振り返る

● 筆者《ひっしゃ》の論《ろん》の展開《てんかい》の特徴《とくちょう》を、説明《せつめい》しよう。
→「事実《じじつ》と意見《いけん》」という言葉《ことば》を使《つか》って書《か》こう。

答えの例

・筆者《ひっしゃ》は、「事実《じじつ》と意見《いけん》」を書《か》き分《わ》けている。観察《かんさつ》や実験《じっけん》の結果《けっか》など事実《じじつ》を先《さき》に提示《ていじ》し、それに基《もと》づいて意見《いけん》を述《の》べている。

● 説得力《せっとくりょく》のある文章《ぶんしょう》を書《か》くために使《つか》ってみたい工夫《くふう》を挙《あ》げよう。

答えの例

・自分《じぶん》の意見《いけん》の根拠《こんきょ》となる事実《じじつ》を提示《ていじ》した後《あと》で意見《いけん》を述《の》べる。
・違《ちが》いを明《あき》らかにするために、他《ほか》のデータもいっしょにのせたグラフなど、視覚《しかく》に訴《うった》えるものを用意《ようい》する。

テスト直前《ちょくぜん》にチェック!
「言葉《ことば》」をもつ鳥《とり》、シジュウカラ

教科書 126~135ページ

①シジュウカラの「ジャージャー」という鳴き声がヘビを示す「単語」であるかどうかを調べるには、どうすればよいのでしょうか。鳴き声を発する状況を記録するのはもちろんですが、それだけでは意味を確かめることはできません。ヘビの存在をつがい相手に伝えるために「ジャージャー」と鳴いているのか、それとも単なる恐怖《きょうふ》心から鳴き声を発しているのかが区別できないからです。そこで私は、鳴き声を聞いたシジュウカラが、どのように振る舞うのかを詳しく調べてみることにしました。もし「ジャージャー」という鳴き声がヘビを意味する「単語」であるならば、それを聞いたシジュウカラはヘビを警戒するようなしぐさを示すかもしれないと考えたのです。

まず、あらかじめ録音しておいた「ジャージャー」という鳴き声を基に、三分の長さの音声ファイルを作成しました。シジュウカラのつがいのうち一羽が、ヘビを見つけてくり返し「ジャージャー」と鳴いている状況をまねたのです。そして、その音声をヘビのいない状況でスピーカーから流して聞かせ、シジュウカラの行動変化を観察しました。

シジュウカラは、「ジャージャー」という鳴き声を聞くと、巣箱が掛かった木の周辺で地面をじっと見下ろしたり、時には巣箱の穴をのぞいたり、普段とは明らかに異なるしぐさを示しました。いっぽう、カラスやネコなどを警戒するときの②「ピーツピ」という鳴き声を聞かせても、これらの行動は見られず、首を左右に振り、周囲を警戒するだけでした。また、鳴き声を流さない場合には、どのような種類の

1 ——線①「シジュウカラの『ジャージャー』という鳴き声がヘビを示す『単語』であるかどうかを調べる」ために筆者は、まずどのような検証をしましたか。簡潔に書きなさい。

(　　　　)

2 よく出る! 1の結果、どのようなことがわかりましたか。それを表している段落を文章中から探し、初めの十字を書き抜きなさい。(句読点も含む)

□□□□□□□□□□

3 よく出る! 2のことから、筆者はどのようなことを考えましたか。それを説明した次の□に当てはまる言葉を、文章中から十二字で書き抜きなさい。

「ジャージャー」という鳴き声を聞いて、シジュウカラがする行動は、□□□□□□□□□□□□ために役立つものである。

4 ——線②「『ピーツピ』という鳴き声」をシジュウカラに聞かせたのは、何のためですか。適切なものを次から一つ選び、記号に○を付けなさい。

ア 「ジャージャー」という鳴き声は、ヘビだけに対する反応であ

警戒行動もほとんど示しませんでした。

ヘビは地面から木をはい上り、巣箱に侵入《しんにゅう》して卵やひなを襲います。親鳥が卵やひなを守るためには、ヘビをいち早く見つけ出し、追い払わなければなりません。「ジャージャー」という鳴き声を聞いて地面や巣箱を確認しに行くことは、親鳥がヘビの居場所をつき止めるうえで大いに役立つと考えられます。

しかし、③この実験結果から、シジュウカラの「ジャージャー」という鳴き声がヘビを示す「単語」であると、十分に主張できるでしょうか。もしかしたら、「ジャージャー」という鳴き声は、「地面や巣箱を確認しろ。」といった命令であり、それを聞いたシジュウカラはヘビの姿をイメージすることなく、それらの行動を取ったのかもしれません。

そこで今度は、「ジャージャー」という鳴き声を聞いたシジュウカラが、実際にヘビの姿をイメージしているのか検証しようと考えました。私たちの場合、単語から得たイメージによって、物の見え方が変わってしまうことがあります。例えば、道路に落ちた木の枝でも、誰かがそれを指して「ヘビだ！」と言ったら、周りの人は思わず身構えることでしょう。これは、「ヘビ」という単語からその姿をイメージし、枝を一瞬、本物のヘビと見間違えてしまうからです。同じように、シジュウカラにも見間違いが観察されれば、「ジャージャー」という鳴き声からヘビの姿をイメージした証拠になると考えられます。

鈴木俊貴「「言葉」をもつ鳥、シジュウカラ」（光村図書『国語一年』128〜130ページ）

ることを確かめるため。

イ 「ピーツピ」という鳴き声で、本当にカラスや猫を警戒するかを確かめるため。

ウ シジュウカラがどんな鳴き声に反応するかを探るため。

エ シジュウカラの鳴き声とその反応の様子をまとめるため。

5 ――線③「この実験結果から、……十分に主張できるでしょうか。」について答えなさい。

(1) このように筆者が思ったのはなぜですか。簡潔に書きなさい。

（　　　　　　　　）

(2) この疑問を解決するために筆者はどのような検証方法を考えましたか。それを説明した次の□に当てはまる言葉を、Aは九字、Bは四字で文章中から書き抜きなさい。

シジュウカラが実際に[A]しているかどうかを確かめるために、シジュウカラの[B]を観察するという方法。

A □□□□□□□□□

B □□□□

解くコツ 検証の目的と方法は何か。

◀答えは166ページ

思考《しこう》のレッスン2 原因《げんいん》と結果《けっか》

教科書 136~137ページ

漢字のチェック

新出漢字

*はここに出《で》てきた読み。

踏（136）

トウ / *ふむ / ふまえる

あしへん　15画

- 意味：ふむ。足《あし》ぶみをする。
- 言葉：踏破《とうは》・雑踏《ざっとう》・人跡未踏《じんせきみとう》・踏《ふ》み絵《え》
- 使い方：雑踏《ざっとう》の中《なか》を歩《ある》く。

4級

隔（136）

*カク / へだてる / へだたる

こざとへん　13画

- 意味：①間《あいだ》を離《はな》す。遠《とお》ざける。②へだて。へだたり。
- 言葉：①隔離《かくり》・隔日《かくじつ》・遠隔《えんかく》 ②間隔《かんかく》
- 使い方：感染症《かんせんしょう》の患者《かんじゃ》を隔離《かくり》する。

3級

環（136）

*カン

おうへん　17画

- 意味：①輪《わ》。輪《わ》の形《かたち》をしたもの。②めぐる。囲《かこ》む。
- 言葉：①環状《かんじょう》 ②循環《じゅんかん》・環境《かんきょう》・環視《かんし》
- 使い方：環境問題《かんきょうもんだい》に関心《かんしん》をもつ。

4級

偶（137）

*グウ

にんべん　11画

- 意味：①人形《にんぎょう》。②たまたま。
- 言葉：①土偶《どぐう》・偶像《ぐうぞう》 ②偶然《ぐうぜん》
- 使い方：二《に》で割《わ》り切《き》れるのが偶数《ぐうすう》だ。

3級

隠（137）

イン / *かくす / かくれる

こざとへん　14画

- 意味：①かくす。知《し》られないようにする。②かくれる。
- 言葉：①隠滅《いんめつ》・隠蔽《いんぺい》 ②隠者《いんじゃ》・隠居《いんきょ》・隠《かく》れ家《が》
- 使い方：娘《むすめ》に会社《かいしゃ》を任《まか》せて、隠居《いんきょ》する。

4級

教科書の課題

問題《もんだい》1　次《つぎ》の文章《ぶんしょう》には、幾《いく》つの事実《じじつ》が示《しめ》されているだろう。それは、どのような言葉《ことば》で、どのような関係《かんけい》でつながっているだろう。

答えの例

（事実1）小笠原諸島《おがさわらしょとう》は、一度《いちど》も大陸《たいりく》と陸続《りくつづ》きになったことがない火山《かざん》島《とう》である。（原因）隔離《かくり》された環境《かんきょう》によって、（事実2 結果 原因）島《しま》の生《い》き物《もの》たちは独自《どくじ》に進化《しんか》した。そのため、（事実3 結果）小笠原諸島《おがさわらしょとう》には、姿《すがた》、形《かたち》、性質《せいしつ》が本州《ほんしゅう》とは異《こと》なる生《い》き物《もの》が数多《かずおお》くいる。

・三《みっ》つの事実《じじつ》が示《しめ》されている。
・二《ふた》つの原因《げんいん》と結果《けっか》がつながっている。

問題《もんだい》2　次《つぎ》の文章《ぶんしょう》は、話《はなし》の筋道《すじみち》に無理《むり》がある。どのような反論《はんろん》が考《かんが》えられるか、話《はな》し合《あ》ってみよう。

答えの例

① 絵《え》が上達《じょうたつ》したのは偶然《ぐうぜん》ではないか。
② 水質《すいしつ》が良《よ》いからイワナが生息《せいそく》しているのはないか。
③ 本《ほん》が好《す》きだから本《ほん》を買《か》う機会《きかい》が増《ふ》え、また、図書館《としょかん》も利用《りよう》するのではないか。

5 筋道《すじみち》を立《た》てて
根拠《こんきょ》を示《しめ》して説明《せつめい》しよう／漢字《かんじ》に親《した》しもう３

教科書 138~144ページ

新出漢字

漢字のチェック

＊はここに出《で》てきた読《よ》み。

苗
144
(ビョウ) ＊なえ なわ
くさかんむり 8画
意味 なえ。種《たね》から芽《め》を出《だ》して間《ま》もない植物《しょくぶつ》。
言葉 苗床《なえどこ》・苗代《なわしろ》・苗木《なえぎ》・早苗《さなえ》
使い方 稲《いね》を苗代《なわしろ》から植《う》え替《か》える。
3級

齢
144
＊レイ
は 17画
意味 生《う》まれてから今《いま》までの長《なが》さ。とし。
言葉 高齢《こうれい》・樹齢《じゅれい》・年齢《ねんれい》
使い方 樹齢《じゅれい》千年《せんねん》にもなる古木《こぼく》。
4級

江
144
コウ ＊え
さんずい 6画
意味 ①大《おお》きな川《かわ》。②海《うみ》や湖《みずうみ》が陸地《りくち》に入《はい》り込《こ》んだ所《ところ》。
言葉 ①江湖《こうこ》・江南《こうなん》 ②入《い》り江《え》
使い方 中国《ちゅうごく》を流《なが》れる長江《ちょうこう》。
準2級

菌
144
＊キン
くさかんむり 11画
意味 ①キノコ。②カビ。ばいきん。
言葉 ①菌糸《きんし》・菌類《きんるい》 ②細菌《さいきん》・雑菌《ざっきん》
使い方 まな板《いた》を熱湯《ねっとう》で殺菌《さっきん》する。
準2級

虹
144
＊にじ
むしへん 9画
意味 にじ。
言葉 虹色《にじいろ》
使い方 雨上《あめあ》がりの空《そら》に虹《にじ》が出《で》る。
2級

酵
144
＊コウ
ひよみのとり 14画
意味 酒《さけ》を作《つく》るもとになるもの。
言葉 酵素《こうそ》・酵母《こうぼ》・発酵《はっこう》
使い方 パン生地《きじ》を発酵《はっこう》させる。
3級

披
144
＊ヒ
てへん 8画
意味 開《ひら》く。開《ひら》いて見《み》せる。
言葉 披見《ひけん》・披露《ひろう》
使い方 いとこの結婚《けっこん》披露宴《ひろうえん》に出席《しゅっせき》する。
準2級

摩
144
＊マ
て 15画
意味 ①こする。②迫《せま》る。近《ちか》づく。
言葉 ①摩擦《まさつ》・摩滅《まめつ》 ②摩天楼《まてんろう》
使い方 摩擦《まさつ》で熱《ねつ》が生《しょう》じる。
準2級

還
144
＊カン
しんにょう 16画
意味 元《もと》へ戻《もど》る。また、返《かえ》す。
言葉 帰還《きかん》・生還《せいかん》・返還《へんかん》・還元《かんげん》
使い方 宇宙《うちゅう》飛行士《ひこうし》が地球《ちきゅう》に帰還《きかん》する。
準2級

144	144	144	144	144
肯 *コウ	挿 *ソウ さす	陪 *バイ	媒 *バイ	駐 *チュウ
にくづき 8画	てへん 10画	こざとへん 11画	おんなへん 12画	うまへん 15画
意味 うなずく。承知《しょうち》する。	意味 さす。中《なか》にさし入《い》れる。	意味 ①従《したが》う。供《とも》をする。②家来《けらい》の、そのまた家来《けらい》。	意味 ①なこうど。②仲立《なかだ》ちをする。	意味 とどまる。とめる。
言葉 肯定《こうてい》・首肯《しゅこう》	言葉 挿《さ》し木《き》・挿入《そうにゅう》	言葉 ①陪席《ばいせき》・陪審《ばいしん》 ②陪臣《ばいしん》	言葉 ①媒酌《ばいしゃく》 ②媒介《ばいかい》・媒体《ばいたい》・触媒《しょくばい》	言葉 駐在《ちゅうざい》・駐車《ちゅうしゃ》・駐留《ちゅうりゅう》・常駐《じょうちゅう》
使い方 彼《かれ》は肯定《こうてい》も否定《ひてい》もしなかった。	使い方 彼《かれ》には愉快《ゆかい》な挿話《そうわ》が多《おお》い。	使い方 裁判《さいばん》の陪審員《ばいしんいん》に選《えら》ばれる。	使い方 病原菌《びょうげんきん》を媒介《ばいかい》する動物《どうぶつ》もいる。	使い方 記者《きしゃ》としてローマに駐在《ちゅうざい》する。
準2級	準2級	3級	準2級	3級

新出音訓

144 度重なる（たびかさなる）

144 境内（ケイダイ）

144 納豆（ナットウ）

144 仲介（チュウカイ）

144 出荷（シュッカ）

144 海の幸（うみのさち）

144 黄砂（コウサ）

解説

1 課題《かだい》を決《き》め、調査《ちょうさ》を行《おこな》おう。
決《き》めた課題《かだい》に対《たい》して仮説《かせつ》を立《た》てて、調査《ちょうさ》を行《おこな》う。

2 調査結果《ちょうさけっか》を整理《せいり》し、構成《こうせい》を考《かんが》えよう。
情報《じょうほう》を正確《せいかく》に捉《とら》え、比較《ひかく》・分析《ぶんせき》し、レポートの構成《こうせい》を考《かんが》える。

3 図表《ずひょう》などを引用《いんよう》して、レポートを作成《さくせい》しよう。
課題《かだい》に関連《かんれん》する資料《しりょう》を引用《いんよう》し、構成《こうせい》に沿《そ》ってまとめる。

4 レポートを読《よ》み合《あ》い、お互《たが》いに評価《ひょうか》しよう。

「漢字《かんじ》に親《した》しもう3」の答《こた》え

〈小学校《しょうがっこう》で習《なら》った漢字《かんじ》〉

1 例 温暖化《おんだんか》の影響《えいきょう》を受《う》ける樹木《じゅもく》の中《なか》には、かれてしまうものも出《で》てくる。そうなると生態系《せいたいけい》がくずれて、他《ほか》の生物《せいぶつ》にも影響《えいきょう》が出《で》てくる。温暖化《おんだんか》を防止《ぼうし》するために私《わたし》たちができること、例《たと》えば、ゴミを減《へ》らすために資源《しげん》のむだ使《づか》いはしないことなどに、積極的《せっきょくてき》に取《と》り組《く》まなければならないと思《おも》う。

〈中学校《ちゅうがっこう》で習《なら》う漢字《かんじ》〉

2 ①なえ ②じゅれい ③いりえ ④さいきん ⑤にじ ⑥はっこう

3 ①(ア)披 (イ)彼 ②(ア)磨 (イ)摩 ③(ア)環 (イ)還 ④(ア)黄 (イ)肯 ⑤(ア)挿 (イ)掃 ⑥(ア)陪 (イ)媒 ⑦(ア)仲 (イ)駐

5 筋道《すじみち》を立《た》てて
話《はな》し合《あ》いの展開《てんかい》を捉《とら》える／話題《わだい》や展開《てんかい》を捉《とら》えて話《はな》し合《あ》おう

教科書 145~149ページ

話《はな》し合《あ》いの展開《てんかい》を捉《とら》える

教科書の課題

上《うえ》の話《はな》し合《あ》い（教科書《きょうかしょ》145ページ上段《じょうだん》）の参加者《さんかしゃ》になったつもりで、①②の発言《はつげん》を考《かんが》えてみよう。

答えの例

① 私《わたし》も、俳句《はいく》にするという北島《きたじま》さんの意見《いけん》に賛成《さんせい》です。

② 今《いま》の話題《わだい》は、見《み》た目《め》についてなので、見《み》た目《め》に関《かん》する意見《いけん》を出《だ》し合《あ》いませんか。はい、小林《こばやし》さん。

考え方

① 山田《やまだ》さんの意見《いけん》は、前《まえ》にある北島《きたじま》さんの意見《いけん》に対《たい》して、賛成《さんせい》しているのか、反対《はんたい》しているのかを、①に続《つづ》く部分《ぶぶん》にある「ただ」という言葉《ことば》を手掛《てが》かりにして考《かんが》える。

② 前《まえ》にある安田《やすだ》さんの意見《いけん》は、「俳句《はいく》の内容《ないよう》」について述《の》べられていて、話題《わだい》である「見《み》た目《め》」とは異《こと》なっているので、司会者《しかいしゃ》として話題《わだい》を戻《もど》す言葉《ことば》を考《かんが》える。

話題《わだい》や展開《てんかい》を捉《とら》えて話《はな》し合《あ》おう

解説

話《はな》し合《あ》いを充実《じゅうじつ》したものにするために、グループ・ディスカッションを通《とお》して、よりよい話《はな》し合《あ》いを進《すす》めていく方法《ほうほう》を考《かんが》える。

1 **話題《わだい》を決《き》め、目的《もくてき》を明確《めいかく》にしよう。**

① 学校生活《がっこうせいかつ》や日常生活《にちじょうせいかつ》の中《なか》から、話《はな》し合《あ》いたい話題《わだい》を選《えら》ぶ。

② 話《はな》し合《あ》う目的《もくてき》と話題《わだい》に使《つか》われている言葉《ことば》の意味《いみ》を共有《きょうゆう》し、話《はな》し合《あ》いの方向性《ほうこうせい》を明確《めいかく》にする。

2 **自分《じぶん》の考《かんが》えをまとめよう。**

自分《じぶん》の意見《いけん》を付箋《ふせん》や小《ちい》さなカードに書《か》き出《だ》して、その意見《いけん》の根拠《こんきょ》も考《かんが》える。

3 **司会《しかい》と書記《しょき》を決《き》め、グループ・ディスカッションをしよう。**

① 話題《わだい》や目的《もくてき》を確《たし》かめて、それぞれの意見《いけん》を出《だ》す。

② 模造紙《もぞうし》や付箋《ふせん》を使《つか》って、出《で》た意見《いけん》を整理《せいり》する。

③ 意見《いけん》を結《むす》び付《つ》けて、グループとしての結論《けつろん》をまとめる。

4 **グループでの話《はな》し合《あ》いの結果《けっか》をクラス全体《ぜんたい》に報告《ほうこく》しよう。**

結論《けつろん》が出《で》ていなくても、途中経過《とちゅうけいか》を伝《つた》える。

5 **話《はな》し合《あ》いを振《ふ》り返《かえ》ろう。**

音読《おんどく》を楽《たの》しもう 大阿蘇《おおあそ》

三好達治《みよしたつじ》

教科書 150~151ページ

およその内容

●雨《あめ》にたたずむ馬《うま》たちの様子《ようす》。（初《はじ》め~P150・9）

・雨《あめ》が物寂《ものさび》しい様子《ようす》で降《ふ》っている中《なか》、大阿蘇《おおあそ》の草千里浜《くさせんりはま》の丘《おか》にいる一《いち》、二頭《にとう》の子馬《こうま》をまじえた馬《うま》たちは、尻尾《しっぽ》も背中《せなか》も鬣《たてがみ》も、ぐっしょり濡《ぬ》れながらいっしんに草《くさ》をたべている。草《くさ》もたべずにいる馬《うま》は、きょとんとしてうなじを垂《た》れてたっている。

●山《やま》と空《そら》の様子《ようす》。（P150・10~P151・3）

・中岳《なかだけ》の頂《いただき》から黄《き》いろい噴煙《ふんえん》が重苦《おもくる》しくあがり、あたりに立《た》ちこめている。空《そら》にはいちめんに雨雲《あまぐも》が広《ひろ》がっている。

●雨《あめ》にたたずむ馬《うま》たちの様子《ようす》と作者《さくしゃ》の感想《かんそう》。（P151・4~終《お》わり）

・馬《うま》たちはぐっしょりと雨《あめ》に濡《ぬ》れて、いつまでもひとつところに静《しず》かに集《あつ》まっている。もしも百年《ひゃくねん》が、この一瞬《いっしゅん》の間《あいだ》にたったとしても、この光景《こうけい》は変《か》わらないだろう。何《なん》の不思議《ふしぎ》もないぐらい、時《とき》が止《と》まっているようだ。

解説

この詩《し》は、口語自由詩《こうごじゆうし》で、阿蘇《あそ》の情景《じょうけい》を描《えが》いている。「雨《あめ》が（蕭々《しょうしょう》と）降《ふ》っている」という言葉《ことば》がくり返《かえ》されていることで、永久《えいきゅう》にその状態《じょうたい》が続《つづ》いていくように感《かん》じさせる効果《こうか》がある。

漢字のチェック

新出漢字

150 煙
エン　けむる　*けむり　けむい
ひへん　13画
意味：①けむり。②もやもや立《た》ち上《のぼ》るもの。③たばこ。
言葉：①煙突《えんとつ》・煙幕《えんまく》・噴煙《ふんえん》　②砂煙《すなけむり》・煙雨《えんう》　③喫煙《きつえん》
使い方：この場所《ばしょ》は全面的《ぜんめんてき》に禁煙《きんえん》だ。
4級

151 噴
*フン　ふく
くちへん　15画
意味：ふく。ふき出《だ》す。
言葉：噴煙《ふんえん》・噴火《ふんか》・噴出《ふんしゅつ》・噴水《ふんすい》
使い方：強力《きょうりょく》な殺虫剤《さっちゅうざい》を噴射《ふんしゃ》する。
4級

151 丘
キュウ　*おか
いち　5画
意味：おか。小高《こだか》い所《ところ》。
言葉：丘《おか》に登《のぼ》る・丘陵《きゅうりょう》・段丘《だんきゅう》
使い方：鳥取砂丘《とっとりさきゅう》を訪《おとず》れる。
4級

＊はここに出《で》てきた読《よ》み。

6 いにしえの心《こころ》にふれる

いろは歌《うた》

教科書 154~155ページ

およその内容

美《うつく》しく咲《さ》きほこっていた花《はな》も、いつかは散《ち》ってしまうものである。この世《よ》のどんな命《いのち》も、決《けっ》して永久《えいきゅう》に続《つづ》くということはない。いろいろなことがあるこの世《よ》を今日《きょう》も生《い》きていくが、浅《あさ》はかなことを夢《ゆめ》に見《み》たり、心《こころ》を惑《まど》わされたりすることはよそう。

よく耳《みみ》にする「いろはにほへと」は、もともと「いろは歌《うた》」という歌《うた》の最初《さいしょ》の七《しち》字《じ》なんだね。

解説

いろは歌《うた》…四十七《よんじゅうしち》文字《もじ》の仮名《かな》を一回《いっかい》ずつ使《つか》って作《つく》られたもの。仮名《かな》を学《まな》ぶ手本《てほん》や、物《もの》の順序《じゅんじょ》を示《しめ》すものとして使《つか》われた。作者《さくしゃ》は不明《ふめい》。

仏教《ぶっきょう》の根本《こんぽん》思想《しそう》を表《あらわ》しているともいわれているんだよ。

いろは歌《うた》

いろはにほへと	色《いろ》はにほ《(オ)》へ《(エ)》ど	七
ちりぬるを	散《ち》りぬるを	五
わかよたれそ	我《わ》が世《よ》たれぞ	六(字足《じた》らず)
つねならむ	常《つね》ならむ《(ン)》	五
うゐのおくやま	有《う》為《ゐ(イ)》の奥山《おくやま》	七
けふこえて	今日《けふ(キョウ)》越《こ》えて	五
あさきゆめみし	浅《あさ》き夢《ゆめ》見《み》じ	七
ゑひもせす	酔《ゑ(エ)》ひ《(イ)》もせず	五

上段《じょうだん》は原文《げんぶん》、下段《げだん》は漢字《かんじ》と濁点《だくてん》を当《あ》てたものだよ。何度《なんど》も読《よ》んで、古文《こぶん》のリズムに慣《な》れよう。

6 いにしえの心《こころ》にふれる

蓬萊《ほうらい》の玉《たま》の枝《えだ》——「竹取物語《たけとりものがたり》」から

教科書 158~169ページ

およその内容

昔《むかし》、竹取《たけとり》の翁《おきな》という人《ひと》がいた。ある日《ひ》、竹《たけ》の中《なか》に小《ちい》さな子供《こども》を見《み》つけ、大切《たいせつ》に育《そだ》てた。子供《こども》は美《うつく》しい娘《むすめ》に成長《せいちょう》し、「なよ竹《たけ》のかぐや姫《ひめ》」と名《な》づけられた。多《おお》くの男《おとこ》たちが求婚《きゅうこん》したが、姫《ひめ》はことごとく断《ことわ》る。姫《ひめ》は、特《とく》に熱心《ねっしん》な五人《ごにん》の貴公子《きこうし》には難題《なんだい》を出《だ》して退《しりぞ》けようとした。くらもちの皇子《みこ》は、にせの蓬萊《ほうらい》の玉《たま》の枝《えだ》を作《つく》らせたが、玉《たま》の枝探《えださが》しの架空《かくう》の冒険談《ぼうけんだん》を語《かた》る中《なか》、玉作《たまつく》りの匠《たくみ》たちが現《あらわ》れ、策略《さくりゃく》が破《やぶ》れてしまう。他《ほか》の四人《よにん》の求婚《きゅうこん》も失敗《しっぱい》に終《お》わる。

かぐや姫《ひめ》は帝《みかど》のお召《め》しにも応《おう》じず、さらに三年後《さんねんご》、姫《ひめ》は自分《じぶん》は月《つき》の都《みやこ》の者《もの》だと翁《おきな》に打《う》ち明《あ》け、中秋《ちゅうしゅう》の名月《めいげつ》の夜《よる》、天《てん》に昇《のぼ》ってしまう。帝《みかど》は姫《ひめ》のいないこの世《よ》にいつまでもとどまる気《き》がせず、姫《ひめ》から贈《おく》られた不死《ふし》の薬《くすり》と手紙《てがみ》を山《やま》で燃《も》やしてしまった。

「かぐや姫《ひめ》」のお話《はなし》の基《もと》となった「竹取物語《たけとりものがたり》」は、日本最古《にほんさいこ》の物語《ものがたり》だといわれているんだよ。

漢字のチェック

新出漢字

158	159	159	159
筒 トウ *つつ	冒 *ボウ おかす	籠 (ロウ) *かご こもる	娘 *むすめ
たけかんむり 12画	め 9画	たけかんむり 22画	おんなへん 10画
意味 つつ。細長《ほそなが》くて中《なか》が空《から》になっているもの。	意味 ①おかす。押《お》し切《き》ってする。②上《うえ》にかぶさる。	意味 ①かご。②閉《と》じこもる。	意味 ①未婚《みこん》の若《わか》い女《おんな》の人《ひと》。②親《おや》から見《み》た自分《じぶん》の女《おんな》の子供《こども》。
言葉 竹筒《たけづつ》・水筒《すいとう》・封筒《ふうとう》・筒先《つつさき》	言葉 ①冒険《ぼうけん》 ②冒頭《ぼうとう》	言葉 ①鳥籠《とりかご》。②部屋《へや》に籠《こ》もる。	言葉 ①娘心《むすめごころ》 ②一人娘《ひとりむすめ》・娘婿《むすめむこ》
使い方 遠足《えんそく》には水筒《すいとう》を持参《じさん》してください。	使い方 その技《わざ》に挑戦《ちょうせん》するのは冒険《ぼうけん》だ。	使い方 竹《たけ》で編《あ》んだ籠《かご》に入《い》れる。	使い方 娘心《むすめごころ》は変《か》わりやすい。
準2級	4級	2級	4級

*はここに出《で》てきた読《よ》み。

姫
159 ＊ひめ
おんなへん 10画
意味 ①身分《みぶん》の高《たか》い人《ひと》の娘《むすめ》。②女《おんな》の人《ひと》をほめていう言葉《ことば》。
言葉 ①姫君《ひめぎみ》 ②歌姫《うたひめ》
使い方 国王《こくおう》には二人《ふたり》の姫君《ひめぎみ》がいる。
3級

婚
159 ＊コン
おんなへん 11画
意味 縁組《えんぐ》みをする。夫婦《ふうふ》になる。
言葉 婚約《こんやく》・婚礼《こんれい》・新婚《しんこん》・未婚《みこん》・結婚《けっこん》
使い方 先生《せんせい》が最近婚約《さいきんこんやく》されたそうだ。
4級

諦
159 テイ ＊あきらめる
ごんべん 16画
意味 あきらめる。
言葉 諦観《ていかん》・諦念《ていねん》
使い方 高価《こうか》な本《ほん》の入手《にゅうしゅ》を諦《あきら》める。
2級

恐
160 キョウ おそれる ＊おそろしい
こころ 10画
意味 ①おそれる。こわい。②脅《おど》す。③おそれいる。
言葉 ①恐怖《きょうふ》・恐竜《きょうりゅう》 ②恐喝《きょうかつ》 ③恐縮《きょうしゅく》
使い方 お時間《じかん》を割《さ》いていただきまして、恐縮《きょうしゅく》です。
4級

尋
161 ジン ＊たずねる
すん 12画
意味 ①たずねる。②普通《ふつう》。
言葉 ①尋問《じんもん》 ②尋常《じんじょう》
使い方 尋常《じんじょう》でない暑《あつ》さに参《まい》ってしまった。
4級

斜
161 ＊シャ ななめ
とます 11画
意味 ななめ。かたむいている。
言葉 斜線《しゃせん》・斜陽《しゃよう》・斜面《しゃめん》・傾斜《けいしゃ》
使い方 傾斜《けいしゃ》のきつい坂道《さかみち》を上《のぼ》る。
4級

裾
161 ＊すそ
ころもへん 13画
意味 ①衣服《いふく》の下《した》の縁《ふち》。②山《やま》のふもと。
言葉 ①裾上《すそあ》げ。②山裾《やますそ》・裾野《すその》
使い方 山《やま》の裾《すそ》を巡《めぐ》り歩《ある》く。
2級

奪
162 ＊ダツ うばう
だい 14画
意味 うばう。うばい取《と》る。
言葉 争奪《そうだつ》・強奪《ごうだつ》・奪取《だっしゅ》・奪回《だっかい》
使い方 首位《しゅい》を奪回《だっかい》する。
3級

迎
162 ゲイ ＊むかえる
しんにょう 7画
意味 ①むかえる。②他人《たにん》の気持《きも》ちに合《あ》わせる。
言葉 ①送迎《そうげい》・歓迎《かんげい》・出迎《でむか》え ②迎合《げいごう》
使い方 多数《たすう》の意見《いけん》に迎合《げいごう》する。
4級

召
162 ショウ ＊めす
くち 5画
意味 ①「食《た》べる・飲《の》む・着《き》る」などの尊敬語《そんけいご》。②まねく。
言葉 ①召《め》しあがる ②召集《しょうしゅう》・応召《おうしょう》
使い方 国会《こっかい》を召集《しょうしゅう》する。
4級

添
163 テン ＊そえる そう
さんずい 11画
意味 そう。そえる。付《つ》け加《くわ》える。
言葉 添加《てんか》・添付《てんぷ》・添削《てんさく》
使い方 荷物《にもつ》にメモを添《そ》えて送《おく》る。
4級

贈
163 ゾウ ソウ ＊おくる
かいへん 18画
意味 おくる。人《ひと》に物《もの》やお金《かね》をおくる。おくり物《もの》。
言葉 贈答《ぞうとう》・寄贈《きぞう》・贈与《ぞうよ》
使い方 県立美術館《けんりつびじゅつかん》に絵画《かいが》を寄贈《きぞう》する。
4級

新出音訓

159 授かる（さずかる）

164 文（ふみ）

160 訪れる（おとずれる）

164 承る（うけたまわる）

重要語句のチェック

＊はここでの意味《いみ》。

158ページ

翁《おきな》 「おじいさん」の古《ふる》い言《い》い方《かた》。文 竹取《たけとり》の翁《おきな》とよばれる人《ひと》。

159ページ

最古《さいこ》 いちばん古《ふる》いこと。文 世界最古《せかいさいこ》の木造建築《もくぞうけんちく》。

授《さず》かる 神様《かみさま》や目上《めうえ》の人《ひと》からいただく。たまわる。授《さず》けられる。文 女《おんな》の子《こ》を授《さず》かる。

すくすく 体《からだ》などが勢《いきお》いよく成長《せいちょう》する様子《ようす》。文 娘《むすめ》がすくすくと育《そだ》つ。

なよ竹《たけ》 細《ほそ》くしなやかな竹《たけ》。若竹《わかたけ》。

貴公子《きこうし》 身分《みぶん》の高《たか》い家《いえ》の若《わか》い男子《だんし》。

求婚《きゅうこん》 結婚《けっこん》を申《もう》し込《こ》むこと。プロポーズ。文 幼《おさな》なじみに求婚《きゅうこん》する。

難題《なんだい》 ①難《むずか》しい問題《もんだい》。文 入社試験《にゅうしゃしけん》に難題《なんだい》を出《だ》す。＊②人《ひと》を困《こま》らせるような無理《むり》な要求《ようきゅう》。

至難《しなん》 このうえなく難《むずか》しい様子《ようす》。文 それは至難《しなん》の業《わざ》だ。

160ページ

挑《いど》む 戦《たたか》いや争《あらそ》いを仕掛《しか》ける。挑戦《ちょうせん》する。文 真剣勝負《しんけんしょうぶ》を挑《いど》む。

皇子《みこ》 天皇《てんのう》の息子《むすこ》。おうじ。

かねて 前々《まえまえ》から。以前《いぜん》から。文 かねてからの望《のぞ》みがかなう。

人目《ひとめ》につかぬ 人目《ひとめ》につかない。目立《めだ》たない。

寝食《しんしょく》 寝《ね》ることと食《た》べること。文 寝食《しんしょく》を忘《わす》れて模型製作《もけいせいさく》に没頭《ぼっとう》する。

よそおう ①身《み》なりを整《ととの》える。文 パーティーに備《そな》えて美《うつく》しくよそおう。＊②そういうふりをする。文 平常心《へいじょうしん》をよそおう。

架空《かくう》 事実《じじつ》でなく、想像《そうぞう》で作《つく》り上《あ》げること。文 架空《かくう》の人物《じんぶつ》が主人公《しゅじんこう》の小説《しょうせつ》。対 実在《じつざい》

161ページ

まことしやか いかにも本当《ほんとう》らしい様子《ようす》。文 まことしやかなうそ。

登《のぼ》りよう 登《のぼ》る方法《ほうほう》。

見劣《みおと》り 他《ほか》のものより悪《わる》く見《み》える。文 僕《ぼく》の絵《え》は、友達《ともだち》の絵《え》よりも見劣《みおと》りするように思《おも》える。

162ページ

得意《とくい》げ 得意《とくい》そうな様子《ようす》。文 弟《おとうと》は優勝《ゆうしょう》したことを得意《とくい》げに話《はな》した。

策略《さくりゃく》 はかりごと。計略《けいりゃく》。文 敵《てき》の策略《さくりゃく》を見破《みやぶ》る。

時《とき》の その時《とき》の。文 時《とき》の政権《せいけん》は、政策判断《せいさくはんだん》を誤《あやま》った。

帝《みかど》 （古《ふる》い言《い》い方《かた》で）天皇《てんのう》のこと。

宮中《きゅうちゅう》 皇居《こうきょ》の中《なか》。文 宮中《きゅうちゅう》で晩餐会《ばんさんかい》が催《もよお》される。

召《め》す ①「食《た》べる」「飲《の》む」「着《き》る」「乗《の》る」などの尊敬語《そんけいご》。文 女王《じょおう》は赤《あか》いドレスをお召《め》しになった。＊②「呼《よ》ぶ」「招《まね》く」の尊敬語《そんけいご》。文 天皇《てんのう》は使《つか》いの者《もの》をお召《め》しになった。

163ページ

涙《なみだ》ながらに 涙《なみだ》を流《なが》しながら。文 涙《なみだ》ながらに身《み》の上《うえ》を語《かた》る。

打《う》ち明《あ》ける 隠《かく》さずすっかり話《はな》す。文 秘密《ひみつ》を打《う》ち明《あ》ける。

遣《つか》わす ＊①使《つか》いとして人《ひと》を行《い》かせる。文 首相《しゅしょう》が隣国《りんごく》に親善大使《しんぜんたいし》を遣《つか》わした。②やる。与《あた》える。文 ほうびを遣《つか》わす。

164ページ

旨《むね》 ＊①事柄《ことがら》の内容《ないよう》。文 明日欠席《あすけっせき》する旨《むね》を先生《せんせい》に伝《つた》えてください。②大切《たいせつ》にしていること。中心《ちゅうしん》となること。文 笑顔《えがお》を旨《むね》とする。

ここがポイント！
教科書《きょうかしょ》の「学習《がくしゅう》」の答《こた》えと考《かんが》え方《かた》
教科書 168ページ

捉《とら》える・読《よ》み深《ふか》める

❶ 古典《こてん》の文章《ぶんしょう》を、リズムを味《あじ》わいながらくり返《かえ》し音読《おんどく》しよう。

考え方
- 言葉《ことば》の切《き》れ目《め》を考《かんが》えながら読《よ》む。
- どこで区切《くぎ》ればいいかわからないときは、古文《こぶん》と現代語訳《げんだいごやく》を照《て》らし合《あ》わせながら読《よ》むと、区切《くぎ》り方《かた》のヒントになる。

最初《さいしょ》は独特《どくとく》の言《い》い回《まわ》しにとまどったけど、くり返《かえ》し読《よ》んでいるうちに、だんだん古典《こてん》の文章特有《ぶんしょうとくゆう》のリズムが心地《ここち》よくなってきた……。

❷ 古典《こてん》の文章《ぶんしょう》について、現代《げんだい》の文章《ぶんしょう》との違《ちが》いを確《たし》かめよう。
現代語訳《げんだいごやく》や次《じ》ページ（教科書《きょうかしょ》169ページ）の「古典《こてん》の言葉《ことば》」を参考《さんこう》にしよう。

① 「いふもの」「よろづ」「思《おも》ひて」など、仮名遣《かなづか》いが違《ちが》う部分《ぶぶん》の読《よ》み方《かた》。

答えの例

〈仮名遣《かなづか》いの違《ちが》い〉 ※↓の下《した》が読《よ》み方《かた》。

1 語頭以外《ごとういがい》の「は・ひ・ふ・へ・ほ」→「ワ・イ・ウ・エ・オ」

例 いふもの→いうもの
使《つか》ひけり→つかいけり
いひける→いいける
思《おも》ひて→おもいて
よそほひ→よそおい
問《と》ふ→とう
答《こた》へていはく→こたえていわく
のたまひし→のたまいし
違《たが》はましかば→たがわましかば
仰《おほ》せたまふ→おおせたもう
うけたまはりて→うけたまわりて
つはもの（士）→つわもの
言《い》ひ伝《つた》へたる→いいつたえたる

2 「ぢ・づ」→「じ・ず」

例 よろづ→よろず

3 「む」→「ん」

例 さぬきのみやつことなむ→さぬきのみやつことなん
竹《たけ》なむ→たけなん　山《やま》ならむ→やまならん
登《のぼ》りけるよりなむ→のぼりけるよりなん

4　母音《ぼいん》の「au・iu・eu」→「ô・yû・yô」

「au」→「ô」　例 答《こた》ふ（→こたう）→ことう
登《のぼ》るべきやうなし→のぼるべきようなし
まうで来《き》たりしは→もうできたりしは
仰《おほ》せたまふ（→おおせたまう）→おおせたもう

「iu」→「yû」　例 うつくしうて→うつくしゅうて

「eu」→「yô」　例 けふ（→けう）→きょう（今日）

5　「ゐ・ゑ・を」→「い・え・お」

例 うつくしうてゐたり→うつくしゅうていたり

〈参考《さんこう》〉ちゑ→ちえ　をかし→おかし

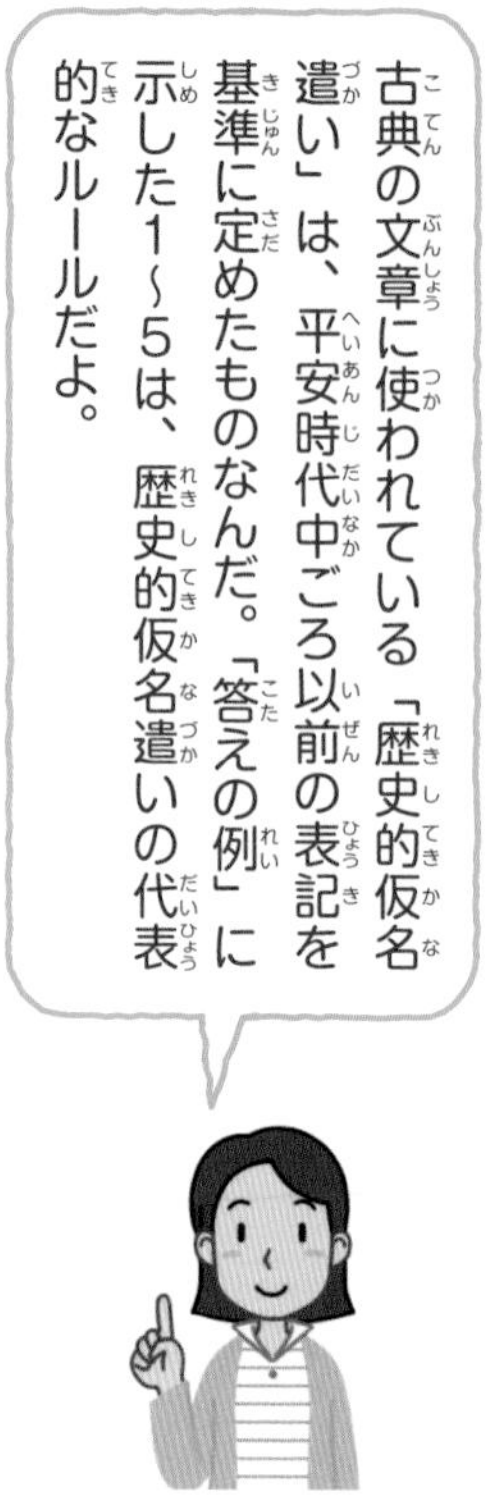

答えの例

②　「けり」「たり」「なり」など、文末《ぶんまつ》の言葉《ことば》の違《ちが》い。

〈文末《ぶんまつ》の言葉《ことば》の違《ちが》い〉

「けり」＝現代語《げんだいご》の「…た」「…たそうだ」などに当《あ》たる。過去《かこ》や人《ひと》から聞《き》いた過去《かこ》の事柄《ことがら》を表《あらわ》す。

例 ありけり（いた）　使《つか》ひけり（使《つか》っていた）

「たり」「り」＝現代語《げんだいご》の「…ている」「…ていた」などに当《あ》たる。動作《どうさ》が続《つづ》いていることや完了《かんりょう》したことを表《あらわ》す。

例 光《ひか》りたり（光《ひか》っている）　ゐたり（座《すわ》っていた）
立《た》てり（立《た》っている）　渡《わた》せり（架《か》かっている）

「なり」＝現代語《げんだいご》の「…である」などに当《あ》たる。断定《だんてい》の意味《いみ》を表《あらわ》す。

例 蓬莱《ほうらい》の山《やま》なり（蓬莱《ほうらい》の山《やま》である）
まうで来《き》たるなり（まいったのである）

③　「あやし」「いと」「わろし」など、現代《げんだい》とは違《ちが》う意味《いみ》で使《つか》われている言葉《ことば》や、現代《げんだい》では使《つか》われなくなった言葉《ことば》の意味《いみ》。

答えの例

〈現代《げんだい》とは違《ちが》う意味《いみ》で使《つか》われている言葉《ことば》〉

古典語《こてんご》	意味《いみ》	現代《げんだい》の意味《いみ》
まじる（まじりて）	分《わ》け入《い》る	一《ひと》つになる
あやし（あやしがりて）	不思議《ふしぎ》に思《おも》う	変《へん》だと思《おも》う
うつくし（うつくしうて）	かわいらしい	きれいだ
ゐる（ゐたり）	座《すわ》る	存在《そんざい》する
おぼゆ（おぼえて）	思《おも》われる	記憶《きおく》する

〈現代《げんだい》では使《つか》われなくなった言葉《ことば》〉

古典語《こてんご》	意味《いみ》
よろづ	いろいろ・さまざま
いと	とても・まことに

めぐり	周囲《しゅうい》
そばひら	斜面《しゃめん》
わろし（わろかり）	よくない・見劣《みおと》りする
のたまふ（のたまひ）	おっしゃる
まうで来《く》（まうで来《き》たり）	参《まい》る・参上《さんじょう》する
士《つはもの》	兵士《へいし》
あまた	たくさん・数多《かずおお》く
具《ぐ》す（具《ぐ》して）	引《ひ》き連《つ》れる・ともなう

考《かんが》えをもつ③　描《えが》かれている古典《こてん》の世界《せかい》を想像《そうぞう》してみよう。

「蓬莱《ほうらい》の玉《たま》の枝《えだ》」に登場《とうじょう》する人々《ひとびと》の思《おも》いや行動《こうどう》について考《かんが》えてみよう。喜《よろこ》びや悲《かな》しみなど、現代《げんだい》の人々《ひとびと》に通《つう》じるところはないだろうか。

答えの例

〈かぐや姫《ひめ》〉　月《つき》に帰《かえ》るかぐや姫《ひめ》が翁《おきな》との別《わか》れを悲《かな》しむ姿《すがた》は、現代《げんだい》の人《ひと》が大切《たいせつ》な人《ひと》との別《わか》れを惜《お》しむ気持《きも》ちに通《つう》じると感《かん》じた。

〈翁《おきな》〉　翁《おきな》は子供《こども》を授《さず》かったと喜《よろこ》び、かぐや姫《ひめ》を大切《たいせつ》に育《そだ》てたり、月《つき》に帰《かえ》る日《ひ》が近《ちか》づいて嘆《なげ》いていた姫《ひめ》を気遣《きづか》ったりしている。翁《おきな》の姫《ひめ》に対《たい》する思《おも》いや行動《こうどう》は、現代《げんだい》の親《おや》や祖父母《そふぼ》たちが子供《こども》を大切《たいせつ》にする姿《すがた》と重《かさ》なる。

〈くらもちの皇子《みこ》〉　くらもちの皇子《みこ》は、かぐや姫《ひめ》を手《て》に入《い》れようとして策略《さくりゃく》を用《もち》いた。皇子《みこ》の行動《こうどう》は身勝手《みがって》でずるがしこく、現代《げんだい》の私《わたし》たちから見《み》ても許《ゆる》せないものだが、姫《ひめ》への思《おも》いがあまりにも強《つよ》かったためにこんな行動《こうどう》をしたのかもしれない。思《おも》い入《い》れが強《つよ》いものほど、さまざまな手段《しゅだん》を用《もち》いて手《て》に入《い》れようとすることは、現代《げんだい》でもよくあることだ。

〈帝《みかど》〉　帝《みかど》は、愛《あい》する人《ひと》のいない世《よ》で生《い》きていてもしかたがないと、不死《ふし》の薬《くすり》を焼《や》いてしまった。心《こころ》からかぐや姫《ひめ》を愛《あい》していたのだろう。手紙《てがみ》や薬《くすり》をいちばん天《てん》に近《ちか》い富士山《ふじさん》で焼《や》かせたのは、少《すこ》しでも姫《ひめ》のそばに近《ちか》づきたかったからではないか。帝《みかど》の行動《こうどう》は、人《ひと》を愛《あい》する気持《きも》ちが昔《むかし》も今《いま》も変《か》わらないことを示《しめ》していると思《おも》う。

学習を振り返る

● 現代《げんだい》の文章《ぶんしょう》と古典《こてん》とを比《くら》べ、どんな違《ちが》いに気《き》がついたか挙《あ》げてみよう。

答えの例

・冒頭《ぼうとう》の「今《いま》は昔《むかし》」のような古典《こてん》の文章独特《ぶんしょうどくとく》の言葉《ことば》によって、現代《げんだい》の文章《ぶんしょう》とは違《ちが》う独特《どくとく》のリズムが生《う》み出《だ》されている。

● 古典《こてん》の物語《ものがたり》を読《よ》んで、興味《きょうみ》をもったことや、もっと知《し》りたいと思《おも》ったことを、友達《ともだち》と伝《つた》え合《あ》おう。

答えの例

・古典《こてん》の文章《ぶんしょう》に描《えが》かれている人々《ひとびと》の思《おも》いは、現代《げんだい》の私《わたし》たちとあまり変《か》わらないものであるところに興味《きょうみ》をもった。

テスト直前《ちょくぜん》にチェック!

蓬《ほう》莱《らい》の玉《たま》の枝《えだ》

教科書 158~169ページ

今は昔、①竹取の翁と ａいふものありけり。野山にまじりて竹を取りつつ、ｂよろづのことに使ひけり。名をば、さぬきのみやつこと ｃなむいひける。

その竹の中に、もと光る竹なむ一筋ありける。ｄあやしがりて、②寄りて見るに、筒の中光りたり。それを見れば、三寸ばかりなる人、ｅいと ｆうつくしうて③ゐたり。

今ではもう昔のことだが、竹取の翁とよばれる人がいた。野や山に分け入って竹を取っては、いろいろな物を作るのに使っていた。名前を、さぬきのみやつこといった。

（ある日のこと、）その竹林の中に、④根元の光る竹が一本あった。不思議に思って、近寄って見ると、筒の中が光っている。それを見ると、（背丈）三寸ほどの人が、まことにかわいらしい様子で座っていた。

＊

いよいよ中秋の名月の夜、帝《みかど》は、二千人の兵士を遣わして翁の家を守るようお命じになった。しかし、月の都の人々に対しては、兵士たちも全く無力であった。かぐや姫は、翁には着ていた衣《きぬ》を、帝には天人の持参した不死の薬を、それぞれ手紙を添えて残し、人々の悲しみ

1 ――線①「竹取の翁」は、⑴なんという名前で、⑵どんな仕事をしていましたか。（⑵は現代語で答えなさい。）

⑴（　　　）

⑵（　　　）

2 〰線a・b・cをそれぞれ現代仮名遣いに直しなさい。

a いふもの（　　　）　b よろづ（　　　）

c なむいひける（　　　）

3 ‖線d・e・fの意味を書きなさい。

d あやしがりて（　　　）

e いと（　　　）

f うつくしうて（　　　）

4 ――線②「寄りて見るに」、③「ゐたり」の主語に当たるものを、それぞれ古文中の言葉で書きなさい。

②（　　　）　③（　　　）

を後に⑤天に昇っていってしまった。

帝は、かぐや姫から不死の薬を贈られていたが、かぐや姫のいないこの世にいつまでもとどまる気がしない。そこで、「どの山が天に近いか。」とお尋ねになると、ある人が、駿河《するが》の国にある山が、都からも近く天にも近いとお返事申しあげたので、その山に使者をお遣わしになった。

御文《おんふみ》、不死の薬の壺《つぼ》並べて、火をつけて燃やすべきよし

（帝は）⑥お手紙と、不死の薬の壺を並べて、火をつけて燃やすようにと、

仰《おほ》せたまふ。

ご命令になった。

そのよしうけたまはりて、士《つはもの》どもあまた具して

その旨《むね》を承って、（使者が）兵士たちをたくさん引き連れて

山へ登りけるよりなむ、⑦その山を「ふじの山」とは

山に登ったということから、その山を（「士に富む山」、つまり）「ふじの山」と

名づける。

名づけたのである。

その煙《けぶり》、いまだ雲の中へ立ち上るとぞ、言ひ伝へたる。

その煙《けむり》は、いまだに雲の中へ立ち上っていると、言い伝えられている。

「蓬萊の玉の枝—『竹取物語』から」（光村図書『国語一年』158・163〜164ページ）

5 ——線④「根元の光る竹が一本あった。」の部分に当たる古文を書き抜きなさい。

（　　　　　）

6 ——線⑤「天に昇っていってしまった。」とあるが、誰が、どこへ行ってしまったのか、文章中の言葉で書きなさい。

（　　　　）が、（　　　　）へ行ってしまった。

7 よく出る！ 帝が、——線⑥「お手紙と、不死の薬の壺を並べて、火をつけて燃やすようにと、ご命令になった。」のは、なぜですか。文章中の言葉を使って書きなさい。

（　　　　　）

8 ——線⑦「その山を『ふじの山』とは名づけける。」とありますが、「ふじの山」と名づけられた理由として適切なものを次から一つ選び、記号に○を付けなさい。

ア　都からも近く天にも近い山だと、ある人から聞いたから。
イ　帝が、手紙と不死の薬の壺を受け取った山だから。
ウ　帝の使者がたくさんの兵士を引き連れて山に登ったから。
エ　手紙と薬を燃やした煙がいまだに立ち上っているから。

解くコツ　「ふじの山」＝「富士山」である。

◀答えは166ページ

6 いにしえの心《こころ》にふれる 今《いま》に生《い》きる言葉《ことば》

教科書 170～174ページ

およその内容

故事成語《こじせいご》…中国《ちゅうごく》の古典《こてん》などに由来《ゆらい》する言葉《ことば》のうち、歴史的《れきしてき》な事実《じじつ》や古《ふる》くから伝《つた》えられているたとえ話《ばなし》、エピソードなどの故事《こじ》を背景《はいけい》にもつもの。

例 矛盾《むじゅん》・推敲《すいこう》・蛇足《だそく》・四面楚歌《しめんそか》・漁夫《ぎょふ》の利《り》
五十歩百歩《ごじっぽひゃっぽ》・杞憂《きゆう》・塞翁《さいおう》が馬《うま》・背水《はいすい》の陣《じん》　など

故事成語《こじせいご》は、本《ほん》や新聞《しんぶん》などの文章《ぶんしょう》や、人《ひと》の会話《かいわ》の中《なか》でもよく使《つか》われているよ。

矛盾《むじゅん》
盾《たて》と矛《ほこ》を売《う》る人《ひと》が、自分《じぶん》の盾《たて》について「この盾《たて》をつき通《とお》せるものはない。」と言《い》い、また、矛《ほこ》について「この矛《ほこ》はどんなものでもつき通《とお》せる。」と言《い》った。それを聞《き》いていた人《ひと》が「その矛《ほこ》でその盾《たて》をついたらどうなるか。」と尋《たず》ねると、その人《ひと》は答《こた》えられなかった。商品《しょうひん》を自慢《じまん》したいあまり、言《い》っていることのつじつまが合《あ》わなくなってしまったのだ。

漢字のチェック

新出漢字

*はここに出《で》てきた読《よ》み。

170 銘 *メイ
かねへん　14画
意味：①金属《きんぞく》などに刻《きざ》む。②心《こころ》に刻《きざ》み付《つ》ける。③有名《ゆうめい》な。
言葉：①銘文《めいぶん》②感銘《かんめい》・銘記《めいき》③銘柄《めいがら》・銘菓《めいか》
使い方：先生《せんせい》の言葉《ことば》に感銘《かんめい》を受《う》ける。
準2級

170 矛 *ム　ほこ
ほこ　5画
意味：ほこ。両側《りょうがわ》が刃《は》になった剣《けん》に長《なが》い柄《え》を付《つ》けた武器《ぶき》。
言葉：矛先《ほこさき》・矛盾《むじゅん》
使い方：批判《ひはん》の矛先《ほこさき》を政治家《せいじか》に向《む》ける。
4級

170 盾 *ジュン　たて
め　9画
意味：たて。矢《や》や、やりなどから身《み》を守《まも》るための道具《どうぐ》。
言葉：矛盾《むじゅん》・後《うし》ろ盾《だて》
使い方：盾《たて》で矢《や》の攻撃《こうげき》を防《ふせ》ぐ。
4級

170 蛇 *ダ　*ジャ　へび
むしへん　11画
意味：①ヘビ。②ヘビのように曲《ま》がりくねる。
言葉：①大蛇《だいじゃ》・蛇足《だそく》②蛇口《じゃぐち》・蛇行《だこう》
使い方：山道《やまみち》はこの先《さき》で蛇行《だこう》している。
準2級

171

堅

ケン
＊かたい

つち
12画

堅 堅 堅 堅 堅 堅 堅 堅 堅 堅 堅 堅

意味　かたい。つよい。しっかりしている。
言葉　堅固《けんご》・堅実《けんじつ》・堅持《けんじ》・中堅《ちゅうけん》
使い方　堅実《けんじつ》な方法《ほうほう》を取《と》る。

4級

重要語句のチェック

＊はここでの意味《いみ》。

170ページ

由来《ゆらい》　物事《ものごと》が今《いま》のようになってきた筋道《すじみち》。いわれ。文ことわざの由来《ゆらい》を調《しら》べる。

座右《ざゆう》　身近《みぢか》な所《ところ》。身辺《しんぺん》。文彼《かれ》は「論語《ろんご》」を座右《ざゆう》の書《しょ》としている。

銘《めい》　①器《うつわ》や石《いし》などに刻《きざ》み付《つ》けた言葉《ことば》。文銘《めい》を打《う》つ。＊②自分《じぶん》の心《こころ》の中《なか》にいつもある、いましめの言葉《ことば》。文座右《ざゆう》の銘《めい》。

故事《こじ》　昔《むかし》あった事実《じじつ》。昔《むかし》から伝《つた》わる物事《ものごと》のいわれ。文故事《こじ》を引用《いんよう》して自説《じせつ》を述《の》べる。

背景《はいけい》　①写真《しゃしん》や絵《え》で、中心《ちゅうしん》になるものの後《うし》ろや、まわりの部分《ぶぶん》。文富士山《ふじさん》を背景《はいけい》にして写真《しゃしん》をとる。②劇《げき》などで、舞台《ぶたい》の後《うし》ろに描《えが》かれた景色《けしき》。＊③物事《ものごと》の、隠《かく》れた事情《じじょう》。また、かげで支《ささ》えているもの。文事件《じけん》の背景《はいけい》を調《しら》べる。

171ページ

楚《そ》　中国《ちゅうごく》の戦国時代《せんごくじだい》に存在《そんざい》した大国《たいこく》の名《な》。

盾《たて》　敵《てき》の刀《かたな》・やり・矢《や》などを防《ふせ》ぐ道具《どうぐ》。文人《ひと》の弱《よわ》みを盾《たて》に取《と》る。

矛《ほこ》　昔《むかし》の武器《ぶき》の一《ひと》つ。両側《りょうがわ》が刃《は》になった剣《けん》に、長《なが》い柄《え》が付《つ》いたもの。

ここがポイント！ 教科書《きょうかしょ》の「学習《がくしゅう》」の答《こた》えと考《かんが》え方《かた》

教科書 172ページ

捉《とら》える・読《よ》み深《ふか》める

❶ 漢文《かんぶん》を音読《おんどく》し、独特《どくとく》のリズムや言《い》い回《まわ》しに親《した》しもう。
「矛盾《むじゅん》」上段《じょうだん》の漢文《かんぶん》をくり返《かえ》し音読《おんどく》し、読《よ》み慣《な》れよう。

「漢文《かんぶん》」は、中国《ちゅうごく》の古典《こてん》の文章《ぶんしょう》だから、原文《げんぶん》は「白文《はくぶん》」といって、漢字《かんじ》のみで書《か》かれているんだ。教科書《きょうかしょ》に載《の》っている「矛盾《むじゅん》」の上段《じょうだん》は、漢文《かんぶん》を日本語《にほんご》の文章《ぶんしょう》として読《よ》むために、漢字仮名交《かんじかなま》じりの文語文《ぶんごぶん》（「書《か》き下《くだ》し文《ぶん》」という）にしたものなんだよ。

「〇〇〇曰《い(ワ)》はく、『……』と。」は、「〇〇〇が『……』と言《い》った。」という意味《いみ》で、漢文《かんぶん》の会話《かいわ》を表《あらわ》す形《かたち》だよ。覚《おぼ》えておこう。

❷ 本文《ほんもん》を読《よ》み、故事成語《こじせいご》について理解《りかい》しよう。

① 「矛盾《むじゅん》」という言葉《ことば》が、どんな故事《こじ》に由来《ゆらい》し、どんな意味《いみ》で使《つか》われるようになったかを説明《せつめい》しよう。

答えの例

楚《そ》の国《くに》の盾《たて》と矛《ほこ》を売《う》る人《ひと》が、自分《じぶん》の盾《たて》を自慢《じまん》して、「私《わたし》の盾《たて》の堅《かた》いことといったら、これをつき通《とお》せるものはない。」と言《い》った。また矛《ほこ》を自慢《じまん》して「私《わたし》の矛《ほこ》が鋭《するど》いことといったら、どんなものでもつき通《とお》せないものはない。」と言《い》った。すると、ある人《ひと》に「あなたの矛《ほこ》で、あなたの盾《たて》をつき通《とお》すとどうなるのか。」と尋《たず》ねられ、言葉《ことば》につまってしまった。

この故事《こじ》から、筋道《すじみち》の通《とお》らないこと、つじつまの合《あ》わないことを、「矛盾《むじゅん》」というようになった。

考え方

盾《たて》と矛《ほこ》を売《う》る人《ひと》が質問《しつもん》に答《こた》えられなかった理由《りゆう》を押《お》さえて、説明《せつめい》する。

② 「推敲《すいこう》」「蛇足《だそく》」「四面楚歌《しめんそか》」の言葉《ことば》の意味《いみ》や、基《もと》になった故事《こじ》を調《しら》べてみよう。

答えの例

推敲《すいこう》

〈意味《いみ》〉詩《し》や文《ぶん》をよりよく直《なお》すこと。

〈故事《こじ》〉唐《とう》の詩人《しじん》の賈島《かとう》が、「僧《そう》は推《お》す月下《げっか》の門《もん》」という句《く》の「推《お》す」を「敲《たた》く」にしようか迷《まよ》いながら歩《ある》くうち、身分《みぶん》の高《たか》い役人《やくにん》の韓愈《かんゆ》の行列《ぎょうれつ》にぶつかってしまった。事情《じじょう》を聞《き》いた韓愈《かんゆ》は「敲《たた》く」がよいと答《こた》えた。

文 学級新聞《がっきゅうしんぶん》の記事《きじ》を**推敲《すいこう》**する。

●**蛇足《だそく》**

〈意味《いみ》〉よけいなもの。無駄《むだ》なこと。

〈故事《こじ》〉中国《ちゅうごく》の楚《そ》の国《くに》で、数名《すうめい》の者《もの》が地面《じめん》に蛇《へび》の絵《え》を描《か》いて、いちばん早《はや》く描《か》けたものが酒《さけ》を飲《の》めるという競争《きょうそう》を始《はじ》めた。先《さき》に描《か》き終《お》えた人《ひと》が、調子《ちょうし》に乗《の》って蛇《へび》の足《あし》まで描《か》いていると、次《つぎ》に描《か》き終《お》わった人《ひと》に「蛇《へび》にはもともと足《あし》はない。」と言《い》われて、結局競争《けっきょくきょうそう》に負《ま》けてしまった。

文 **蛇足《だそく》**かもしれませんが、一《ひと》つ補足《ほそく》させてください。

●**四面楚歌《しめんそか》**

〈意味《いみ》〉周囲《しゅうい》が敵《てき》や反対者《はんたいしゃ》ばかりで、味方《みかた》がないこと。

〈故事《こじ》〉楚《そ》の項羽《こうう》の軍《ぐん》が、垓下《がいか》において敵方《てきがた》の漢軍《かんぐん》に幾重《いくえ》にも取《と》り囲《かこ》まれた。夜《よる》、四方《しほう》の漢軍《かんぐん》の中《なか》で楚《そ》の歌《うた》が聞《き》こえてきたので、項羽《こうう》は、漢《かん》がすでに楚《そ》を手中《しゅちゅう》に収《おさ》め、多《おお》くの楚《そ》の人《ひと》が漢軍《かんぐん》に降伏《こうふく》したのかと驚《おどろ》き嘆《なげ》いた。

文 **四面楚歌《しめんそか》**の状態《じょうたい》で、身動《みうご》きがとれない。

考え方

国語辞典《こくごじてん》の他《ほか》、故事成語辞典《こじせいごじてん》などを使《つか》って調《しら》べる。

故事成語《こじせいご》の基《もと》になっている故事《こじ》は、漢字《かんじ》のみで書《か》かれた漢文《かんぶん》だよ。故事成語《こじせいご》は、その故事《こじ》から漢字《かんじ》を抜《ぬ》き出《だ》してできているんだ。辞典《じてん》などで調《しら》べるとき、基《もと》の漢文《かんぶん》がのっていたら、確《たし》かめてみるといいよ。

考《かんが》えをもつ③

自分《じぶん》の生活《せいかつ》と結《むす》び付《つ》けて考《かんが》えよう。

自分《じぶん》の体験《たいけん》を思《おも》い出《だ》し、「矛盾《むじゅん》」という言葉《ことば》を使《つか》って短《みじか》い文章《ぶんしょう》を作《つく》ってみよう。

答えの例

〈例《れい》1〉

団地《だんち》の壁《かべ》に、「この壁《かべ》にはり紙《がみ》をしないでください。」と書《か》いた紙《かみ》がはってあった。そう書《か》いてあるこの紙《かみ》は「はり紙《がみ》」ではないのだろうか。この文《ぶん》の表現《ひょうげん》では矛盾《むじゅん》しているように思《おも》われてしまうだろう。

〈例《れい》2〉

私《わたし》は「案《あん》ずるより産《う》むが易《やす》し」ということわざを知《し》って以来《いらい》、これを座右《ざゆう》の銘《めい》とすることにした。しかし普段《ふだん》の生活《せいかつ》では、「明日《あす》の試合《しあい》でミスしたらどうしよう。」と心配《しんぱい》で夜《よる》ねむれなかったり、思《おも》っていることがあるのになかなか言《い》い出《だ》せずに後《あと》で悩《なや》んだりすることが多《おお》い。自分《じぶん》でも、思《おも》うことと実際《じっさい》の行動《こうどう》が矛盾《むじゅん》していると思《おも》う。

考え方

今《いま》までの体験《たいけん》や見聞《みき》きしたことから、筋道《すじみち》の通《とお》らないことや、つじつまの合《あ》わないことを探《さが》してみる。

学習を振り返る

● 音読《おんどく》の中《なか》で気《き》づいた、漢文独特《かんぶんどくとく》の言《い》い回《まわ》しを挙《あ》げてみよう。

答えの例

・「……曰《い（ワ）》はく、『……なり』と。」のような会話文《かいわぶん》の表現《ひょうげん》があった。

● 挙《あ》げられている故事成語《こじせいご》は、日常生活《にちじょうせいかつ》の中《なか》でどのように使《つか》われているか考《かんが》えよう。

答えの例

・故事成語《こじせいご》は、言《い》い表《あらわ》すことが難《むずか》しい状況《じょうきょう》を簡潔《かんけつ》に伝《つた》えたり、言《い》いにくいことを遠回《とおまわ》しに表現《ひょうげん》したりするときに使《つか》われている。

テスト直前《ちょくぜん》にチェック！

今《いま》に生《い》きる言葉《ことば》

教科書 170～174ページ

私たちが普段、使っている言葉には、中国の古典に由来するものがたくさんある。古くから中国の書物を多く受け入れてきた日本では、そこから名句・名言を取り出して、座右の銘にしたり、話や文章に引用したりすることが、よく行われた。それらの言葉の中には、長い年月を超え、今も私たちの生活の中に息づいているものがある。

中国の古典に由来する言葉には、歴史的な事実や古くから伝えられているたとえ話、エピソードなど、①故事を背景にもっているものがある。「矛盾」「推敲《すいこう》」「蛇足」「四面楚歌」などのように、故事から生まれた言葉を故事成語という。

「②」という言葉は、今から二千年以上も前に「韓非子」という書物に書かれた次のような故事が基になっている。

②

③楚人《そひと》に盾と矛とを鬻《ひさ》ぐ者有り。之《これ》を誉めて A曰《い》はく、「吾《わ》が盾の堅きこと、能《よ》く B陥《とほ》すもの莫《な》きなり。」と。

又《また》、其《そ》の矛を誉めて曰く、「吾が矛の C利なること、物に於《お》いて陥さざる無きなり。」と。

ア或《あ》るひと曰く、「イ子《し》の矛を以《もっ》て、子の盾を陥さば D如何《いかん》。」と。

ウ其の人、応ふること能《あた》はざるなり。

1 ――線①「故事」とは、どのような言葉ですか。文章中からそれを表す部分を三十字で探し、初めと終わりの五字を書き抜きなさい。（句読点も含む）

□□□□□ ～ □□□□□

2 ② に当てはまる適切な故事成語を書きなさい。

（　　　）

3 ～～線A・Bをそれぞれ現代仮名遣いに直し、すべて平仮名で書きなさい。

A 曰はく（　　　）

B 陥す（　　　）

解くコツ　どう発音するかを考える。

4 ……線C・Dの意味をそれぞれ書きなさい。

C 利なる（　　　）

D 如何（　　　）

5 ――線③「楚人」は、何をしている人ですか。現代語訳の言葉を使って書きなさい。

〔現代語訳〕

楚の国の人で、盾と矛を売る者がいた。

（その人が）盾をほめて、「私の盾の堅いことといったら、（これを）つき通せるものはない。」と言った。

また、矛をほめて、「私の矛のするどいことといったら、［④］。」と言った。

（そこで、）ある人が、「あなたの矛で、あなたの盾をつき通すとどうなるのかね。」と尋ねた。

その人は⑤答えることができなかったのである。

「今に生きる言葉」（光村図書『国語一年』170〜171ページ）

6 ——線ア「或るひと」、イ「子」、ウ「其の人」のうち、「楚人」とは違う人物を指すものを一つ選び、記号で答えなさい。

（　　）

7 ［④］に当てはまるものを次から一つ選び、記号に○を付けなさい。

ア　どんなものでもつき通すことはできない

イ　どんなものでもつき通せないものはない

ウ　場合によってはつき通せないものもある

エ　動かなければどんなものでもつき通せる

8 よく出る！ ——線⑤「答えることができなかったのである。」とありますが、なぜ答えることができなかったのですか。

（　　）

9 次の故事成語の意味を後から一つ選んで、記号で答えなさい。

(1)推敲（　　）　(2)蛇足（　　）　(3)四面楚歌（　　）

ア　周りを敵に囲まれ、孤立すること。

イ　文章や詩を作るのに、内容や言葉を練り上げること。

ウ　心配する必要のないことをあれこれ心配すること。

エ　余計な付け足し、あっても無駄になるもの。

◀答えは167ページ

7 「不便《ふべん》」の価値《かち》を見《み》つめ直《なお》す

価値《かち》を見《み》いだす

川上浩司《かわかみひろし》

教科書 176〜185ページ

およその内容

今《いま》の世《よ》の中《なか》は便利《べんり》であることがもてはやされている。筆者《ひっしゃ》も長《なが》い間《あいだ》、便利《べんり》を追求《ついきゅう》し、設計《せっけい》の自動化《じどうか》について研究《けんきゅう》していたのだが、あるとき、全《すべ》てを自動化《じどうか》したら自分《じぶん》で考《かんが》えることによって得《え》られる達《たっ》成感《せいかん》や喜《よろこ》び、技術《ぎじゅつ》の向上《こうじょう》も望《のぞ》めないということに気《き》づいた。筆者《ひっしゃ》はこれで本当《ほんとう》に私《わたし》たちの生活《せいかつ》や社会《しゃかい》が豊《ゆた》かになるのだろうかという疑《ぎ》問《もん》をもった。

筆者《ひっしゃ》は、「不便《ふべん》」の価値《かち》を見直《みなお》そうと考《かんが》えた。「不便《ふべん》」とは、何《なに》かをするときにかかる労力《ろうりょく》が多《おお》いことであるが、その「不便《ふべん》」の中《なか》には「悪《わる》い面《めん》」ばかりではなく「よい面《めん》」があり、また、「便利《べんり》」の中《なか》にも「よい面《めん》」ばかりでなく「悪《わる》い面《めん》」があると筆者《ひっしゃ》は考《かんが》えている。その「不便《ふべん》のよい面《めん》」、つまり「不便益《ふべんえき》」の具体例《ぐたいれい》を挙《あ》げると、発見《はっけん》や出会《であ》いの機会《きかい》が増《ふ》えること、体力《たいりょく》や知力《ちりょく》、技術力《ぎじゅつりょく》の維持《いじ》や向上《こうじょう》を促《うなが》すこと、人間《にんげん》の意欲《いよく》を向上《こうじょう》させることなどがあり、一《ひと》つの「不便《ふべん》」の事例《じれい》の中《なか》に複数《ふくすう》の「不便益《ふべんえき》」があることも少《すく》なくない。

私《わたし》たちはこれら「不便益《ふべんえき》」を認識《にんしき》し、日常生活《にちじょうせいかつ》の中《なか》でそれを生《い》かして常識《じょうしき》とは異《こと》なる別《べつ》の視点《してん》をもつようにすると、世界《せかい》をもっと多《た》様《よう》に見《み》ることができるようになるだろう。

構成

1 筆者《ひっしゃ》が不便《ふべん》の価値《かち》を見直《みなお》すことにした経緯《けいい》
（初《はじ》め〜P177・12）

▶

2 筆者《ひっしゃ》の「便利《べんり》」「不便《ふべん》」の捉《とら》え方《かた》
・「不便益《ふべんえき》」と「不便《ふべん》」の定義《ていぎ》（P177・13〜P178・5）
・「不便《ふべん》のよい面《めん》」と「便利《べんり》の悪《わる》い面《めん》」（P178・6〜P178・13）
・「不便益《ふべんえき》」の事例《じれい》（P178・14〜P181・12）
・事例《じれい》から考《かんが》えられる「不便益《ふべんえき》」（P181・13〜P182・8）
・「不便《ふべん》」の価値《かち》を見落《みお》とすことへの警告《けいこく》（P182・9〜P183・5）

▶

3 筆者《ひっしゃ》の「不便益《ふべんえき》」に対《たい》する考《かんが》え方《かた》
（P183・6〜終《お》わり）

新出漢字

漢字のチェック

＊はここに出《で》てきた読《よ》み。

178 般
＊ハン
ふねへん　10画
意味　全体《ぜんたい》の様子《ようす》。いろいろなこと。
言葉　一般《いっぱん》・諸般《しょはん》・全般《ぜんぱん》
使い方　諸般《しょはん》の事情《じじょう》により閉店《へいてん》いたします。
4級

179 途
＊ト
しんにょう　10画
意味　道《みち》。道筋《みちすじ》。
言葉　途上《とじょう》・途中《とちゅう》・前途《ぜんと》・別途《べっと》・途方《とほう》
使い方　兄《あに》は、途方《とほう》もないことを言《い》いだした。
4級

179 施
＊シ（セ）　ほどこす
かたへん　9画
意味　①広《ひろ》く行《ゆ》き渡《わた》らせる。②恵《めぐ》み与《あた》える。
言葉　①施行《しこう》・実施《じっし》・施設《しせつ》　②布施《ふせ》
使い方　市《し》のスポーツ施設《しせつ》を利用《りよう》する。
3級

180 繰
＊くる
いとへん　19画
意味　①細長《ほそなが》いものを引《ひ》き出《だ》して巻《ま》き取《と》る。②順《じゅん》に送《おく》る。
言葉　①糸《いと》を繰《く》る　②繰越金《くりこしきん》・繰《く》り言《ごと》・繰《く》り返《かえ》し
使い方　好《す》きな歌手《かしゅ》の曲《きょく》を繰《く》り返《かえ》し聴《き》く。
4級

182 促
ソク　＊うながす
にんべん　9画
意味　①急《いそ》がせる。せき立《た》てる。②縮《ちぢ》める。詰《つ》まる。
言葉　①促進《そくしん》・催促《さいそく》　②促音《そくおん》
使い方　販売《はんばい》を促進《そくしん》する。
3級

182 遂
スイ　＊とげる
しんにょう　12画
意味　成《な》しとげる。
言葉　遂行《すいこう》・完遂《かんすい》・未遂《みすい》
使い方　強盗《ごうとう》未遂《みすい》事件《じけん》が発生《はっせい》した。
3級

新出音訓

183 援
＊エン
てへん　12画
意味　①助《たす》ける。救《すく》う。②引《ひ》っ張《ぱ》る。引《ひ》き抜《ぬ》く。
言葉　①援軍《えんぐん》・援助《えんじょ》・応援《おうえん》・声援《せいえん》・支援《しえん》　②援用《えんよう》
使い方　山小屋《やまごや》に避難《ひなん》して救援《きゅうえん》を待《ま》つ。
4級

183 倒
＊トウ　たおれる　たおす
にんべん　10画
意味　①たおれる。②さかさま。③物事《ものごと》の激《はげ》しさを表《あらわ》す。
言葉　①転倒《てんとう》・倒産《とうさん》　②倒立《とうりつ》　③圧倒《あっとう》・面倒《めんどう》
使い方　彼《かれ》の実力《じつりょく》は他《ほか》のメンバーを圧倒《あっとう》している。
4級

176
要る（いる）

182
下（もと）

重要語句のチェック

＊はここでの意味《いみ》。

176ページ

けげん　わけがわからず、不思議《ふしぎ》に思《おも》う様子《ようす》。納得《なっとく》がいかない様子《ようす》。
文 **けげん**な顔《かお》をする。

もてはやす　多《おお》くの人《ひと》が口々《くちぐち》にほめたたえる。文 絵《え》が上手《じょうず》だと、**もてはやされた**。

追求《ついきゅう》　目的《もくてき》を達成《たっせい》するために、追《お》い求《もと》めること。文 利益《りえき》を**追求《ついきゅう》**する。／平和《へいわ》を**追求《ついきゅう》**する。

177ページ

指針《ししん》　①時計《とけい》やはかりなどの、目盛《めも》りを指《さ》す針《はり》。＊②目指《めざ》す方向《こう》。方針《ほうしん》。文 人生《じんせい》の**指針《ししん》**となる話《はなし》。

複雑《ふくざつ》　いろいろなことが入《い》り組《く》んでいて、わかりにくいこと。文**複雑《ふくざつ》**な仕組《しく》みのおもちゃ。／**複雑《ふくざつ》**な表情《ひょうじょう》をする。対簡単《かんたん》・単純《たんじゅん》

確《たし》かに、……しかし、……　（確《たし》か）①信用《しんよう》できて、絶対《ぜったい》にまちがいがない様子《ようす》。文**確《たし》かな**証拠《しょうこ》。／君《きみ》は、**確《たし》かに**そう言《い》った。＊②たぶん。おそらく。文**確《たし》かに**、僕《ぼく》も見《み》た気《き》がする。（しかし）前《まえ》の話《はなし》の内容《ないよう》と反対《はんたい》のことを続《つづ》けて言《い》うときに使《つか》う言葉《ことば》。けれども。だが。文君《きみ》の気《き》持《も》ちはわかる。**しかし**、規則《きそく》は規則《きそく》だ。文**確《たし》かに**、今外《いまそと》に出《で》ると危険《きけん》かもしれない。**しかし**、今《いま》すぐに向《む》かわないと間《ま》に合《あ》わないので出《しゅっ》発《ぱつ》する。

側面《そくめん》　①立体《りったい》の上下《じょうげ》以外《いがい》の面《めん》。横《よこ》の面《めん》。文箱《はこ》の**側面《そくめん》**。②わきのほう。かたわら。文人《ひと》を**側面《そくめん》**から助《たす》ける。＊③いろいろな性質《せいしつ》のうちの一《ひと》つ。文父《ちち》の意外《いがい》な**側面《そくめん》**を知《し》る。

一様《いちよう》に　どれも同《おな》じで、変《か》わったところがない様子《ようす》。同様《どうよう》。文みな**一様《いちよう》に**うなずいた。対多様《たよう》

見過《みす》ごす　①見《み》ていながら、気《き》がつかない。文道路標識《どうろひょうしき》を**見過《みす》ごす**。＊②見《み》たのに、わざと気《き》がつかないふりをする。文いたずらを**見過《みす》ごす**。類見《み》のがす

見落《みお》とす　そこを見《み》たのに、気《き》がつかずにいる。文注意書《ちゅういが》きを**見落《みお》とした**。類見《み》のがす

見《み》のがす　①見《み》たのに、気《き》がつかずにいる。文書《か》きまちがいを**見《み》のがす**。類見落《みお》とす　②見《み》て気《き》づいていながら許《ゆる》す。文いたずらを**見《み》のがす**。類見過《みす》ごす　③見《み》る機会《きかい》をのがす。文映画《えいが》を**見《み》のがす**。

見誤《みあやま》る　見《み》まちがえる。また、まちがった判断《はんだん》をする。文信号《しんごう》を**見誤《みあやま》る**。／相手《あいて》の力量《りきりょう》を**見誤《みあやま》る**。

178ページ

一般《いっぱん》に　①広《ひろ》く行《い》きわたっていて、普通《ふつう》であること。文**一般《いっぱん》**の学《がく》生《せい》。対特殊《とくしゅ》　＊②例外《れいがい》はあっても、全体《ぜんたい》として。多《おお》くの場《ば》合《あい》。文今年《ことし》も**一般《いっぱん》に**景気《けいき》が悪《わる》い。

具体的《ぐたいてき》　物事《ものごと》の形《かたち》や様子《ようす》がはっきりわかる様子《ようす》。文資料《しりょう》をもとに**具体的《ぐたいてき》**に話《はな》す。／問題解決《もんだいかいけつ》の**具体的《ぐたいてき》**な方法《ほうほう》を探《さぐ》る。対抽象《ちゅうしょう》的《てき》

179ページ

やむをえず　しかたなく。どうしようもなくて。やむなく。文台《たい》風《ふう》が来《き》そうなので**やむをえず**下山《げざん》した。

180ページ

普及《ふきゅう》　世《よ》の中《なか》に広《ひろ》く行《い》きわたること。文パソコンが**普及《ふきゅう》**する。

実践《じっせん》　自分《じぶん》で実際《じっさい》に行《おこな》うこと。文教《おそ》わったことをすぐ**実践《じっせん》**する。類実行《じっこう》・実施《じっし》

181ページ

負担《ふたん》　①引《ひ》き受《う》けること。文費用《ひよう》を**負担《ふたん》**する。＊②責任《せきにん》や仕事《しごと》が重《おも》すぎること。文**負担《ふたん》**がかかる。

丸《まる》ごと　そのまま全部《ぜんぶ》。もとの形《かたち》のまま。文リンゴを**丸《まる》ごと**かじる。

余地《よち》　①余《あま》った土地《とち》。空《あ》いている場所《ばしょ》。文駐車場《ちゅうしゃじょう》にする**余地《よち》**がない。＊②あることをするゆとり。よゆう。文考《かんが》える**余地《よち》**もない。

ここがポイント！
教科書《きょうかしょ》の「学習《がくしゅう》」の答《こた》えと考《かんが》え方《かた》
教科書 184〜185ページ

捉《とら》える❶ 文章《ぶんしょう》の内容《ないよう》を捉《とら》えよう。

① 「不便益《ふべんえき》」とは何《なん》だろうか。筆者《ひっしゃ》の定義《ていぎ》を確《たし》かめよう。

答えの例
不便《ふべん》だからこそ得《え》られるよさ。

考え方
教科書《きょうかしょ》177ページ14行目《ぎょうめ》に「不便《ふべん》だからこそ得《え》られるよさを『不便《ふべん》益《えき》』とよび」とある。

② 筆者《ひっしゃ》は、「不便《ふべん》のよい面《めん》」と「便利《べんり》の悪《わる》い面《めん》」という新《あたら》しい視《し》点《てん》を示《しめ》している。（178ページ12行目《ぎょうめ》・図《ず》1②）

・筆者《ひっしゃ》が、「不便《ふべん》のよい面《めん》」として、どんな事例《じれい》を基《もと》に、どのような点《てん》を挙《あ》げているか捉《とら》えよう。

答えの例
事例《じれい》1　移動方法《いどうほうほう》についての事例《じれい》
↓出会《であ》いや発見《はっけん》の機会《きかい》が広《ひろ》がる点《てん》。
事例《じれい》2　施設《しせつ》のデザインの事例《じれい》
↓身体能力《しんたいのうりょく》の低下《ていか》を防《ふせ》いだり、身体能力《しんたいのうりょく》を向上《こうじょう》させたりする点《てん》。
事例《じれい》3　工場《こうじょう》での生産方式《せいさんほうしき》の事例《じれい》
↓作業者《さぎょうしゃ》のモチベーションや技術力《ぎじゅつりょく》を高《たか》める点《てん》。

考え方
「不便《ふべん》のよい面《めん》」とは「不便益《ふべんえき》」のことであるから、それぞれの事例《じれい》にある「不便益《ふべんえき》」をまとめる。

・「不便《ふべん》のよい面《めん》」と対比《たいひ》する形《かたち》で挙《あ》げられた事例《じれい》を基《もと》に、「便利《べんり》の悪《わる》い面《めん》」を考《かんが》えてみよう。

答えの例
事例《じれい》1　移動方法《いどうほうほう》についての事例《じれい》の「便利《べんり》」＝タクシー
↓・出会《であ》いや新《あたら》しい発見《はっけん》がない。
・運動能力《うんどうのうりょく》が低下《ていか》する。
事例《じれい》2　施設《しせつ》のデザインの事例《じれい》の「便利《べんり》」＝バリアフリー
↓・身体能力《しんたいのうりょく》が低下《ていか》する。
事例《じれい》3　工場《こうじょう》での生産方式《せいさんほうしき》の事例《じれい》の「便利《べんり》」＝ライン生産方式《せいさんほうしき》
↓・作業者《さぎょうしゃ》のモチベーションが上《あ》がらない。
・技術力《ぎじゅつりょく》が高《たか》まらない。

考え方
それぞれの事例《じれい》の便利《べんり》なものとして挙《あ》げられている「タクシー」

「バリアフリー」「ライン生産方式《せいさんほうしき》」の悪《わる》い面《めん》は、不便《ふべん》なものとして挙《あ》げられている「徒歩《とほ》」「バリアフリーでないこと」「セル生産方《せいさんほう》式《しき》」のよい面《めん》の裏返《うらがえ》しである。

読《よ》み深《ふか》める❷　筆者《ひっしゃ》の考《かんが》えを要約《ようやく》しよう。

① この文章《ぶんしょう》を読《よ》んだことのない人《ひと》に説明《せつめい》するつもりで、筆者《ひっしゃ》の考《かんが》えを二百字程度《にひゃくじていど》で要約《ようやく》してみよう。

答えの例

筆者《ひっしゃ》は、「便利《べんり》はよいこと」で「不便《ふべん》は悪《わる》いこと」という固定観《こていかん》念《ねん》にとらわれずに、「不便《ふべん》」だからこそ得《え》られる「不便益《ふべんえき》」というものがあるとしている。たとえば、タクシーに乗《の》らずに歩《ある》いてみると新《あたら》しい出会《であ》いがあったり、身体能力《しんたいのうりょく》の低下《ていか》を防《ふせ》いだりすることがそれであるが、これらは「便利《べんり》」を追求《ついきゅう》していては知《し》ることができない。私《わたし》たちの周《まわ》りにはどんな「不便益《ふべんえき》」があるのだろうか。筆者《ひっしゃ》はそれらにもっと目《め》を向《む》けてみようと促《うなが》しているのである。（206字《じ》）

考え方

この文章《ぶんしょう》の結論《けつろん》は、最終段落《さいしゅうだんらく》であるが、「不便益《ふべんえき》」という、耳慣《みみな》れない言葉《ことば》が出《で》てきているので、その説明《せつめい》と具体例《ぐたいれい》もいっしょに述《の》べるようにする。

② 友達《ともだち》どうしで要約《ようやく》を読《よ》み合《あ》い、必要《ひつよう》な情報《じょうほう》が抜《ぬ》けていないか確《たし》かめよう。また、短《みじか》くまとめるための工夫《くふう》について、話《はな》し合《あ》おう。

考え方

・必要《ひつよう》な情報《じょうほう》は、筆者《ひっしゃ》の考《かんが》えである、不便《ふべん》だからこそ得《え》られるよさ、つまり「不便益《ふべんえき》」を見直《みなお》そうというものである。「不便益《ふべんえき》」という言葉《ことば》は、耳慣《みみな》れない言葉《ことば》なので、要約《ようやく》の中《なか》で使用《しよう》した場合《ばあい》には、その説明《せつめい》や具体例《ぐたいれい》も必要《ひつよう》である。
・文章《ぶんしょう》を短《みじか》くまとめるためには、結論《けつろん》の書《か》かれている段落《だんらく》をまず探《さが》す。その後《あと》、文章中《ぶんしょうちゅう》で何度《なんど》も出《で》てきている言葉《ことば》（キーワード）を中心《ちゅうしん》にまとめる。

考《かんが》えをもつ❸　根拠《こんきょ》を明確《めいかく》にして、意見《いけん》をまとめよう。

次《つぎ》のような条件《じょうけん》で、筆者《ひっしゃ》の主張《しゅちょう》に対《たい》する自分《じぶん》の考《かんが》えを書《か》いてみよう。

・筆者《ひっしゃ》の考《かんが》えに賛成《さんせい》か反対《はんたい》か、立場《たちば》を明確《めいかく》にする。
・筆者《ひっしゃ》の文章《ぶんしょう》の何《なに》に対《たい》する意見《いけん》であるかを、要約《ようやく》や引用《いんよう》で明確《めいかく》に示《しめ》す。要約《ようやく》や引用《いんよう》と自分《じぶん》の意見《いけん》は分《わ》けて書《か》く。
・自分《じぶん》の考《かんが》えの根拠《こんきょ》となる事例《じれい》を挙《あ》げる。

答えの例

私《わたし》は、筆者《ひっしゃ》の「不便《ふべん》」だからこそ得《え》られるよさ、つまり「不便《ふべん》益《えき》」があるという考《かんが》えに賛成《さんせい》です。とくに、「不便益《ふべんえき》」の特徴《とくちょう》として挙《あ》げられている「成《な》し遂《と》げたときの達成感《たっせいかん》が大《おお》きくなる」（P182・5）という意見《いけん》には共感《きょうかん》しました。家族旅行《かぞくりょこう》でのキャンプで体《たい》験《けん》したことを思《おも》い出《だ》したからです。

キャンプでの夕食作《ゆうしょくづく》りでは、新聞紙《しんぶんし》や小枝《こえだ》、薪《まき》を使《つか》って火《ひ》をおこし、飯《はん》ごうで米《こめ》を炊《た》きました。家《いえ》であれば、炊飯器《すいはんき》に米《こめ》と水《みず》を入《い》れ、スイッチを押《お》すだけです。いつもの夕食作《ゆうしょくづく》りに比《くら》べると、やはり「不便《ふべん》」です。

しかし、だからこそ、無事《ぶじ》に夕食《ゆうしょく》ができあがったときの達成感《たっせいかん》は、とても大《おお》きいものでした。私《わたし》は、この体験《たいけん》から、筆者《ひっしゃ》の「不便益《ふべんえき》」という考《かんが》えに賛成《さんせい》します。

考え方

身《み》の回《まわ》りにある不便《ふべん》なことを、あえてやってみた経験《けいけん》を思《おも》い出《だ》し、そのとき自分《じぶん》がその不便《ふべん》なことに対《たい》してどう思《おも》ったかを書《か》くとまとめやすい。

言葉を広げる

●「便利《べんり》」・「不便《ふべん》」に関連《かんれん》する語句《ごく》を、本文《ほんもん》から抜《ぬ》き出《だ》そう。また、自分《じぶん》でも考《かんが》えてみよう。

答えの例

「便利《べんり》」…手間《てま》要《い》らず（P176・7）・自動化《じどうか》・効率的《こうりつてき》・高機能化《こうきのうか》（P177・2）・役立《やくだ》つ・使《つか》いやすい　など

「不便《ふべん》」…手間《てま》がかかる（P178・3）・面倒《めんどう》くさい（P183・7）・不《ふ》自由《じゆう》・不都合《ふつごう》　など

振り返る

●「不便《ふべん》の価値《かち》」のように、固定観念《こていかんねん》にとらわれずに考《かんが》えたとき、価値《かち》が見《み》いだせるものを挙《あ》げてみよう。

答えの例

遠足《えんそく》のお菓子《かし》を決《き》まった予算内《よさんない》で買《か》わなければならないこと…買《か》える数《かず》に限《かぎ》りはあるが、工夫《くふう》して組《く》み合《あ》わせを考《かんが》えることができる。

考え方

あたりまえだと思《おも》っているものの中《なか》で、そうでない場合《ばあい》の方《ほう》がよかったり、助《たす》かったりしたことがなかったかを考《かんが》える。

●日常生活《にちじょうせいかつ》や他教科《たきょうか》の学習《がくしゅう》の中《なか》で、要約《ようやく》が役立《やくだ》てられる場面《ばめん》を考《かんが》えてみよう。

答えの例

・理科《りか》の実験結果《じっけんけっか》や社会《しゃかい》の調《しら》べ学習《がくしゅう》の内容《ないよう》をまとめて発表《はっぴょう》するとき。
・話《はな》し合《あ》いの内容《ないよう》を、その場《ば》に居《い》ない人《ひと》に伝《つた》えるとき。

考え方

内容《ないよう》が多《おお》く複雑《ふくざつ》なものを、短《みじか》い時間《じかん》で伝《つた》えたり、少《すこ》ししかないスペースに書《か》いたりする場合《ばあい》、要約《ようやく》が役《やく》に立《た》つことから考《かんが》える。

テスト直前《ちょくぜん》にチェック！

「不便《ふべん》」の価値《かち》を見《み》つめ直《なお》す

教科書 176～185ページ

「①不便のよい面」には、具体的にどんなものがあるだろうか。私はこれまで、冒頭の問いをたくさんの人に投げかけ、「不便のよい面」、つまり「不便益」の事例を集めてきた。初めこそけげんな顔をしている人も、「不便」の定義や事例を伝えると、自分なりの「不便益」の事例を教えてくれることが多い。以下では、そうして集めた事例の中から、「不便益」の具体例をいくつか見てみよう。

一つ目は、②移動方法についての事例である。ある地点から目的地まで、徒歩で移動する場合と乗り物で移動する場合を比較してみよう。例えば、タクシーと徒歩とを比べると、徒歩のほうが時間がかかったり疲れたりするので「不便」だ。その点、タクシーのほうは、目的地を伝えれば、あとは座っていられるのだから「便利」である。とはいえ、③旅行のときなどには、タクシーよりも徒歩を好む人も多い。タクシーに乗っていれば気づかずに通り過ぎたであろう場所にふらっと立ち寄り、人や景色との出会いを楽しむことができるからだ。同じように、普段、大学までバイクで通学していたある学生は、バイクが壊れてしまい、やむをえず徒歩で通学したことがきっかけで、その後、何度も訪れることになるお気に入りのお店に出会えたという。つまり、途中の道のりがあるからこそ、出会いや発見の機会が広がるというよさがあるのだ。

二つ目は、施設のデザインの事例である。施設のデザインについては、段差をなくすバリアフリーという考え方が広く知られている。バリアフリーは、足腰《こし》の不自由な人、車椅子やベビーカーを使う人など

1 よく出る！ ――線①「不便のよい面」を文章中ではどのような言葉で表していますか。文章中から三字で書き抜きなさい。

2 ――線②「移動方法についての事例」とありますが、文章中にある⑴「便利」な移動方法と⑵「不便」な移動方法の具体例を、その理由とともに簡潔に書きなさい。

(1)「便利」な移動方法（　　）

(理由)（　　）

(2)「不便」な移動方法（　　）

(理由)（　　）

3 ――線③「旅行のときなどには、タクシーよりも徒歩を好む人も多い。」とありますが、筆者はこの理由をどのように考えていますか。「……から。」につながるように、文章中から十九字で書き抜きなさい。

から。

4 ――線④「あえて……設けたりしている介護施設」とありますが、

にとって、必要なデザインである。社会全体にバリアフリーを普及するのは、もちろん望ましいことだ。ところが、④あえて段差や坂、階段などのバリアを生かしたり、わざわざ設けたりしている介護施設がある。バリアがあることで、入居者の労力は増える、しかし、バリアを克服《こくふく》しながら日常生活を送ることが、入居者にとっては、そのまま身体能力の低下を防ぐ実践《じっせん》になるというのである。同様に、園庭をわざとでこぼこに設計している幼稚園《ようちえん》もある。このように、「身体能力の低下を防ぐ」「身体能力を向上させる」というのも、「不便益」の一つと考えられる。

三つ目は、⑤工場での生産方式の事例である。工場で何らかの製品を作るときの代表的なやり方としては、「ライン生産方式」と「セル生産方式」がある。ライン生産方式は分業型だ。組み立てる製品が目の前を次から次へと流れて来て、各作業者は自分が担当する作業を繰り返す。限られた作業を繰り返すので、覚えなければならない手順や作業量は比較的少なく、作業者の負担はセル生産方式よりも軽くなることが多い。これに対してセル生産方式では、一人あるいは少人数で、複雑な製品を初めから最後まで作り上げる。作業の内容はライン生産方式よりも多様で複雑になるので、作業者一人一人にかかる負担は重くなる。しかし、自分の力で一つの製品を丸ごと組み立てるということは、全体を見渡すことができ、自分なりに工夫できる余地が大きくなるということでもある。それは、作業者のモチベーションを高めるとともに、技術力を高めることにもつながる。

川上浩司「『不便』の価値を見つめ直す」（光村図書『国語一年』178〜181ページ）

何のためにこのようにするのですか。適切なものを次から一つ選び、記号に○を付けなさい。

ア　バリアフリーという考え方を広く世の中に知らせるため。
イ　社会全体にバリアフリーが普及することに反対するため。
ウ　入居者の労力を増やすため。
エ　入居者の身体能力の低下を防ぐため。

5　——線⑤「工場での生産方式の事例」とありますが、「不便益」があると筆者が考える方式は、何という生産方式ですか。

（　　　　）

6　筆者は、文章中の三つの事例にはそれぞれどのような「不便益」があると考えていますか。次の文に合うように書きなさい。

① 徒歩で移動することの不便益。
（　　　　）

② 施設であえてバリアを設けることの不便益。
（　　　　）

③ 一人あるいは少人数で、複雑な製品を作り上げることの不便益。
（　　　　）

解くコツ　それぞれの段落の後半に注目する。

◀答えは167ページ

7 価値《かち》を見《み》いだす
助言《じょげん》を自分《じぶん》の文章《ぶんしょう》に生《い》かそう／漢字《かんじ》に親《した》しもう4

教科書 186~188ページ

新出漢字 漢字のチェック

＊はここに出《で》てきた読《よ》み。

忙（188）
ボウ　＊いそがしい
りっしんべん　6画
- 意味　いそがしい。せわしい。
- 言葉　忙殺《ぼうさつ》・多忙《たぼう》
- 使い方　一年中《いちねんじゅう》仕事《しごと》に忙殺《ぼうさつ》されている。

4級

斬（188）
＊ザン　きる
きん　11画
- 意味　①きる。②きわだつ。
- 言葉　①刀《かたな》で斬《き》る　②斬新《ざんしん》
- 使い方　斬新《ざんしん》な発想《はっそう》が評価《ひょうか》される。

2級

祈（188）
＊キ　いのる
しめすへん　8画
- 意味　神《かみ》や仏《ほとけ》にお願《ねが》いする。
- 言葉　祈願《きがん》・祈念《きねん》
- 使い方　神社《じんじゃ》で必勝《ひっしょう》祈願《きがん》をする。

4級

旺（188）
＊オウ
ひへん　8画
- 意味　物事《ものごと》が盛《さか》んな様子《ようす》。
- 言葉　旺盛《おうせい》
- 使い方　旺盛《おうせい》な好奇心《こうきしん》をもった少年《しょうねん》。

2級

肝（188）
＊カン　きも
にくづき　7画
- 意味　①きも。②心《こころ》。気力《きりょく》。③大切《たいせつ》なところ。
- 言葉　①牛《うし》の肝《きも》・肝油《かんゆ》　②肝《きも》っ玉《たま》・肝胆《かんたん》　③肝心《かんじん》・肝要《かんよう》
- 使い方　先生《せんせい》の教《おし》えを肝《きも》に銘《めい》じる。

3級

璧（188）
＊ヘキ
たま　18画
- 意味　玉《たま》のように美《うつく》しいもの。
- 言葉　完璧《かんぺき》・双璧《そうへき》
- 使い方　彼《かれ》の考《かんが》えた計画《けいかく》は完璧《かんぺき》だ。

2級

稼（188）
（カ）　＊かせぐ
のぎへん　15画
- 意味　かせぐ。お金《かね》を得《え》るために働《はたら》く。
- 言葉　稼業《かぎょう》・稼働《かどう》
- 使い方　設備《せつび》の稼働率《かどうりつ》を上《あ》げる。

準2級

渇（188）
（カツ）　＊かわく
さんずい　11画
- 意味　①喉《のど》がかわく。②水《みず》がかれる。③欲《ほ》しがる。
- 言葉　①飢渇《きかつ》　②渇水《かっすい》・枯渇《こかつ》　③渇望《かつぼう》
- 使い方　風呂《ふろ》上《あ》がりに喉《のど》が渇《かわ》く。

準2級

滞（188）
タイ　＊とどこおる
さんずい　13画
- 意味　とどこおる。一《いっ》か所《しょ》にとどまって先《さき》へ進《すす》まない。
- 言葉　滞納《たいのう》・滞空《たいくう》・滞在《たいざい》・延滞《えんたい》・停滞《ていたい》
- 使い方　ヨーロッパに滞在《たいざい》する。

3級

新出音訓

188	188	188	188	188
沸 フツ ＊わく わかす	**衰** スイ ＊おとろえる	**詣** （ケイ） ＊もうでる	**搾** （サク） ＊しぼる	**刺** シ ＊さす ささる
さんずい 8画	ころも 10画	ごんべん 13画	てへん 13画	りっとう 8画
意味　わく。わき立《た》つ。	意味　おとろえる。力《ちから》や勢《いきお》いが弱《よわ》る。	意味　寺社《じしゃ》におまいりする。	意味　しぼる。しぼり取《と》る。しぼって小《ちい》さくする。	意味　①さす。つきさす。②とげ。針《はり》。③名札《なふだ》
言葉　湯沸《ゆわ》かし・沸騰《ふっとう》・沸点《ふってん》	言葉　衰弱《すいじゃく》・盛衰《せいすい》・老衰《ろうすい》	言葉　詣《もう》でる	言葉　乳搾《ちちしぼ》り	言葉　①刺激《しげき》・刺殺《しさつ》 ②有刺鉄線《ゆうしてっせん》 ③名刺《めいし》
使い方　お湯《ゆ》が沸騰《ふっとう》する。	使い方　農業《のうぎょう》の衰退《すいたい》を食《く》い止《と》める。	使い方　墓《はか》に詣《もう》でる。	使い方　レモンを搾《しぼ》る。	使い方　旅先《たびさき》で創作意欲《そうさくいよく》を刺激《しげき》される。
準2級	3級	2級	3級	4級

188 現役（ゲンエキ）

188 素直（スなお）

188 就ける（つける）

188 神宮（ジングウ）

解説

1 作品《さくひん》を選《えら》び、その内容《ないよう》や魅力《みりょく》を分析《ぶんせき》しよう。

① 思《おも》い出《で》に残《のこ》る本《ほん》の中《なか》から、友達《ともだち》にすすめたい作品《さくひん》を一《ひと》つ選《えら》ぶ。

② 選《えら》んだ作品《さくひん》について、その内容《ないよう》や魅力《みりょく》を分析《ぶんせき》する。

2 **観点《かんてん》を決《き》めて書評《しょひょう》を書《か》こう。**

観点《かんてん》を決《き》めて、四百字程度《よんひゃくじていど》の文《ぶん》にまとめる。

3 **友達《ともだち》どうしで書評《しょひょう》を読《よ》み合《あ》い、助言《じょげん》し合《あ》おう。**

【書評《しょひょう》に使《つか》う言葉《ことば》】

・～の魅力《みりょく》は、～にある。　・～が印象的《いんしょうてき》だ。　など

4 **学習《がくしゅう》を振《ふ》り返《かえ》ろう。**

○自分《じぶん》の書《か》いた書評《しょひょう》の内容《ないよう》が、意図《いと》したものになっているかを、友達《ともだち》の助言《じょげん》や感想《かんそう》を基《もと》に確《たし》かめることができたか。

○書《か》き手《て》の意図《いと》や目的《もくてき》を理解《りかい》したうえで、具体的《ぐたいてき》にそのよさや改《かい》善点《ぜんてん》を指摘《してき》することができたか。

「漢字《かんじ》に親《した》しもう4」の答《こた》え

〈小学校《しょうがっこう》で習《なら》った漢字《かんじ》〉

1 例 今度《こんど》の登山《とざん》には、多《おお》くの困難《こんなん》や危険《きけん》がともなうが、山頂《さんちょう》の光景《こうけい》にはとても感激《かんげき》するので、どうしても登《のぼ》りたいと思《おも》っている。しかし、父《ちち》からは、危険《きけん》を察知《さっち》したときには、どんなに意欲《いよく》があってもあきらめることが必要《ひつよう》だと言《い》われている。

〈中学校《ちゅうがっこう》で習《なら》う漢字《かんじ》〉

2 ①いそがしい　②ざんしん　③きがん　④おうせい　⑤かんよう　⑥かんぺき

3 ①沸《わ》く　②刺《さ》す　③衰《おとろ》える　④搾《しぼ》る　⑤渇《かわ》く　⑥稼《かせ》ぐ　⑦滞《とどこお》る　⑧詣《もう》でる

文法《ぶんぽう》への扉《とびら》2 言葉《ことば》の関係《かんけい》を考《かんが》えよう

教科書 189ページ (242〜246ページ)

教科書の課題

小説《しょうせつ》「二十四の瞳《にじゅうしのひとみ》」について書《か》いた山田《やまだ》さんの感想文《かんそうぶん》を、友達《ともだち》はわかりにくいと感《かん》じているようだ。「私《わたし》（山田《やまだ》さん）」が「どうした」のかがわかるように書《か》き直《なお》そう。

私《わたし》は、この作品《さくひん》を読《よ》んで、大石先生《おおいしせんせい》は、長《なが》い間《あいだ》、分校《ぶんこう》の子供《こども》たちを思《おも》いやり、とてもすばらしい。

答えの例

私《わたし》は、この作品《さくひん》を読《よ》んで、大石先生《おおいしせんせい》は、長《なが》い間《あいだ》、分校《ぶんこう》の子供《こども》たちを思《おも》いやり、とてもすばらしいと感《かん》じた。

考え方

主《しゅ》・述《じゅつ》の関係《かんけい》が正《ただ》しくなるように、「私《わたし》は」を受《う》ける述語《じゅつご》をもう一《ひと》つ加《くわ》える。

「すばらしいと」は「大石先生《おおいしせんせい》は」に対《たい》する述語《じゅつご》だね。

私《わたし》は、（主語（誰が））この（連体修飾語）作品《さくひん》を（連用修飾部）読《よ》んで、（述語（どうする））大石先生《おおいしせんせい》は、（主語（誰が））長《なが》い（連体修飾語）間《あいだ》、（連用修飾部）

分校《ぶんこう》の（連体修飾語）子供《こども》たちを（連用修飾部）思《おも》いやり、（述語（どうする））とても（連用修飾語）すばらしいと（述語（どんなだ））感《かん》じた。（述語（どうする））

解説

文《ぶん》の中《なか》で文節《ぶんせつ》や文節《ぶんせつ》のまとまり（連文節《れんぶんせつ》）が果《は》たす役割《やくわり》を、**文《ぶん》の成分《せいぶん》**という。

主語《しゅご》（主部《しゅぶ》）…「何《なに》が／誰《だれ》が」に当《あ》たる文節《ぶんせつ》。

述語《じゅつご》（述部《じゅつぶ》）…「どうする／どんなだ／何《なん》だ」などに当《あ》たる文節《ぶんせつ》。

主《しゅ》・述《じゅつ》の関係《かんけい》…「何《なに》が／誰《だれ》が―どうする／どんなだ／何《なん》だ」などの、主語《しゅご》と述語《じゅつご》の結《むす》び付《つ》き。

修飾語《しゅうしょくご》（修飾部《しゅうしょくぶ》）…他《ほか》の文節《ぶんせつ》を詳《くわ》しく説明《せつめい》したり、内容《ないよう》を補《おぎな》ったりする文節《ぶんせつ》。**連用修飾語《れんようしゅうしょくご》（部《ぶ》）**と**連体修飾語《れんたいしゅうしょくご》（部《ぶ》）**がある。

修飾《しゅうしょく》・被修飾《ひしゅうしょく》の関係《かんけい》…「どのように―どうする／どんなだ」、「どのような―何《なに》」などの、修飾《しゅうしょく》する文節《ぶんせつ》と修飾《しゅうしょく》される文節《ぶんせつ》の関係《かんけい》。

文《ぶん》の成分《せいぶん》には、この他《ほか》、**接続語《せつぞくご》（接続部《せつぞくぶ》）**、**独立語《どくりつご》（独立部《どくりつぶ》）**がある。

読《どく》書《しょ》に親《した》しむ 考《かんが》える人《ひと》になろう

教科書 190~193ページ

君《きみ》たちはどう生《い》きるか

吉《よし》野《の》源《げん》三郎《ざぶろう》

教科書掲載部分の内容

〔コペル君《くん》は、おじさんとふたりで、デパートの屋上《おくじょう》から町《まち》を見《み》おろしている。〕

霧《きり》のような雨《あめ》の向《む》こうに、暗《くら》い市街《しがい》がどこまでもつづいている。そこには、人間《にんげん》の姿《すがた》は見《み》えないが、疑《うたが》いもなく、何十万《なんじゅうまん》、何百万《なんびゃくまん》の人間《にんげん》が生《い》きている。

それを見《み》ていたコペル君《くん》は「人間《にんげん》て、まあ水《みず》の分子《ぶんし》みたいなものだねえ。」と言《い》い、おじさんもそれに同調《どうちょう》する。おじさんが「ひょっとすると、どこかの窓《まど》から、ぼくたちをながめている人《ひと》があるかもしれないよ。」というと、コペル君《くん》は近《ちか》くのビルディングを見《み》まわし、じっと自分《じぶん》を見《み》ている目《め》があるような気《き》がしてならなくなり、その目《め》にうつっている自分《じぶん》の姿《すがた》までも想像《そうぞう》されるようになった。

見《み》ている自分《じぶん》、見《み》られている自分《じぶん》、それに気《き》がついている自分《じぶん》、自分《じぶん》で自分《じぶん》を遠《とお》くながめている自分《じぶん》、いろんな自分《じぶん》が、コペル君《くん》の心《こころ》の中《なか》でかさなりあって、コペル君《くん》は、目《め》まいを感《かん》じた。なにかにゆられているような気持《きも》ちだった。

構成

1 ふたりが見《み》おろしている街《まち》の様子《ようす》（初《はじ》め~P190・下1）

2 ふたりの会話《かいわ》とコペル君《くん》の様子《ようす》（P190・下2~P191・下4）

3 コペル君《くん》の気持《きも》ち（P191・下5~終《お》わり）

コペル君《くん》にとって、「おじさん」はどんな存在《そんざい》なのか考《かんが》えてみよう。

たのしい制約《せいやく》

佐藤雅彦《さとうまさひこ》

教科書掲載部分の内容

筆者《ひっしゃ》は、大学《だいがく》の研究会《けんきゅうかい》「表現《ひょうげん》とメディア」で学生《がくせい》に、「垂直《すいちょく》または水平《すいへい》な直線《ちょくせん》だけを使《つか》って何《なに》かを表現《ひょうげん》しなさい。」という課題《かだい》を出《だ》した。それは、一見不自由《いっけんふじゆう》でがちがちな制約《せいやく》のうちで、どのくらい自由《じゆう》になれるか、おもしろい表現《ひょうげん》ができるかということがテーマだった。

その課題《かだい》の学生《がくせい》の回答《かいとう》は、予想《よそう》をはるかに超《こ》える不思議《ふしぎ》な表現《ひょうげん》がたくさんあり、図《ず》①（教科書《きょうかしょ》P192上）を描《えが》いた学生《がくせい》もいて、筆者《ひっしゃ》はそれを見《み》て、なんて自由《じゆう》でおもしろいのだと思《おも》った。

この回答《かいとう》でテンションが上《あ》がった筆者《ひっしゃ》は、図《ず》②（教科書《きょうかしょ》P192下）の表現《ひょうげん》に移《うつ》った。教室全体《きょうしつぜんたい》がしんとしている中《なか》、「わかった！」と大《おお》声《ごえ》を出《だ》したのは筆者《ひっしゃ》で、言《い》ってしまった後《あと》であまりの大人《おとな》げのなさに、しまったと思《おも》ったが、それくらい夢中《むちゅう》になっていた。

調子《ちょうし》に乗《の》った筆者《ひっしゃ》は、「個人個人《こじんこじん》で自分《じぶん》に対《たい》して何《なん》らかの条件《じょうけん》を考《かんが》えて、そのうえで表現《ひょうげん》してみてください。」という課題《かだい》を出《だ》した。他《た》人《にん》から条件《じょうけん》を与《あた》えられるのではなく、自分《じぶん》で好《す》きな条件《じょうけん》を付《つ》けられるのだから、さらにいい表現《ひょうげん》が生《う》まれるだろうと思《おも》っていたが、実《じっ》際《さい》はとんでもなかった。

制約《せいやく》のある特殊《とくしゅ》な課題《かだい》には喜々《きき》として取《と》り組《く》み、すばらしい答《こた》えを出《だ》した学生《がくせい》が、自分《じぶん》の裁量《さいりょう》で自由《じゆう》に制約《せいやく》を変《か》えられるとなったとたん、どうしていいのかわからなくなったのである。このことから筆者《ひっしゃ》は、人間《にんげん》のもっている知性《ちせい》は、「ちょうどいい制約《せいやく》」があるからこそ自由《じゆう》にはばたくことができるものなのだと考《かんが》えた。

構成

1 筆者《ひっしゃ》の出《だ》した課題《かだい》①とその意図《いと》（初《はじ》め～P192・上14）
・課題《かだい》①…垂直《すいちょく》または水平《すいへい》な直線《ちょくせん》だけを使《つか》って何《なに》かを表現《ひょうげん》しなさい。

▼

2 課題《かだい》①に対《たい》する学生《がくせい》の答《こた》え1（図《ず》①）とそれに対《たい》する筆者《ひっしゃ》の感想《かんそう》（P192・上15～P192・下9）

▼

3 課題《かだい》①に対《たい》する学生《がくせい》の答《こた》え2（図《ず》②）とそれに対《たい》する筆者《ひっしゃ》の反応《はんのう》（P192・下10～P193・上4）

▼

4 筆者《ひっしゃ》の出《だ》した課題《かだい》②とその課題《かだい》に対《たい》する学生《がくせい》の反応《はんのう》（P193・上5～P193・上13）
・課題《かだい》②…個人個人《こじんこじん》で自分《じぶん》に対《たい》して何《なん》らかの条件《じょうけん》を考《かんが》えて、そのうえで表現《ひょうげん》してみる。

▼

5 二《ふた》つの課題《かだい》に対《たい》する学生《がくせい》の反応《はんのう》から筆者《ひっしゃ》が考《かんが》えたこと（P193・上14～終《お》わり）

漢字のチェック

新出漢字

＊はここに出てきた読み。

触
190
＊ショク　＊ふれる　さわる
つのへん　13画

意味　ふれる。さわる。
言葉　触手《しょくしゅ》・触覚《しょっかく》・触発《しょくはつ》・感触《かんしょく》・接触《せっしょく》
使い方　親友《しんゆう》に触発《しょくはつ》されて、ギターを始《はじ》めた。

4級

剣
192
＊ケン　つるぎ
りっとう　10画

意味　①つるぎ。②つるぎや刀《かたな》を使《つか》う武芸《ぶげい》。
言葉　①剣舞《けんぶ》・刀剣《とうけん》・真剣《しんけん》　②剣客《けんきゃく》・剣道《けんどう》
使い方　佐々木小次郎《ささきこじろう》は有名《ゆうめい》な剣豪《けんごう》だ。

4級

慢
193
＊マン
りっしんべん　14画

意味　①怠《おこた》る。②あなどる。③進《すす》み方《かた》が遅《おそ》い。
言葉　①怠慢《たいまん》　②高慢《こうまん》・慢心《まんしん》・自慢《じまん》　③慢性《まんせい》・緩慢《かんまん》
使い方　高慢《こうまん》な態度《たいど》は周囲《しゅうい》の反感《はんかん》を買《か》う。

4級

殊
193
＊シュ　こと
がつへん　10画

意味　普通《ふつう》と違《ちが》っている様子《ようす》。特別《とくべつ》に。
言葉　殊更《ことさら》・殊勲《しゅくん》・特殊《とくしゅ》
使い方　数々《かずかず》の殊勲《しゅくん》を立《た》てる。

3級

翼
193
＊ヨク　つばさ
はね　17画

意味　①つばさ。②左右《さゆう》に張《は》り出《だ》しているもの。③助《たす》ける。
言葉　①主翼《しゅよく》・尾翼《びよく》　②右翼《うよく》・左翼《さよく》　③翼賛《よくさん》
使い方　航空機《こうくうき》の尾翼《びよく》。

4級

重要語句のチェック

＊はここでの意味《いみ》。

190ページ

うしお　海水《かいすい》。また、海水《かいすい》の満《み》ち引《ひ》き。

191ページ

雲母《うんも》　花《か》こう岩《がん》などに含《ふく》まれている、薄《うす》くはがれやすい性質《せいしつ》の鉱《こう》物《ぶつ》。電気《でんき》を通《とお》しにくいので、電気器具《でんききぐ》の絶縁部《ぜつえんぶ》などに使《つか》われる。

けむる　①けむりがこもっている。けぶる。文 魚《さかな》を焼《や》いたので、台所《だいどころ》が**けむって**いる。＊②かすんで見《み》える。けぶる。文 雨《あめ》に**けむる**港《みなと》の夜景《やけい》。

192ページ

制約《せいやく》　ある決《き》まりや条件《じょうけん》をつけて、行動《こうどう》の自由《じゆう》を制限《せいげん》すること。文 時間《じかん》の**制約《せいやく》**を受《う》ける。

目《め》をみはる　驚《おどろ》いたり、感心《かんしん》したりして、目《め》を大《おお》きく開《ひら》く。文 あまりの美《うつく》しさに思《おも》わず**目《め》をみはった**。

がぜん　物事《ものごと》が急《きゅう》に起《お》こる様子《ようす》。突然《とつぜん》。たちまち。にわかに。文 ホームランが出《で》て、**がぜん**勢《いきお》いづいた。

193ページ

特殊《とくしゅ》　普通《ふつう》とは違《ちが》っていること。文 **特殊《とくしゅ》**な加工《かこう》をした布《ぬの》。類 特別《とくべつ》　対 一般《いっぱん》・普通《ふつう》

裁量《さいりょう》　その人《ひと》の考《かんが》えで判断《はんだん》し、処理《しょり》すること。文 彼《かれ》の**裁量《さいりょう》**に任《まか》せる。

8 自分《じぶん》を見《み》つめる

少年《しょうねん》の日《ひ》の思《おも》い出《で》（ヘルマン・ヘッセ／高橋健二《たかはしけんじ》訳《やく》）／漢字《かんじ》に親《した》しもう5

教科書 198～214ページ

あらすじ

客《きゃく》（「僕《ぼく》」）は「私《わたし》」の薄暗《うすぐら》い書斎《しょさい》で、少年時代《しょうねんじだい》の、ちょうにまつわる思《おも》い出《で》を語《かた》り始《はじ》めた。

「僕《ぼく》」は、八《やっ》つか九《ここの》つのときちょう集《あつ》めを始《はじ》め、二度目《にどめ》の夏《なつ》には熱情的《ねつじょうてき》な収集家《しゅうしゅうか》になっていた。「僕《ぼく》」は、同《おな》じくちょうの収集家《しゅうしゅうか》だった隣《となり》に住《す》む模範少年《もはんしょうねん》のエーミールを妬《ねた》み、嘆賞《たんしょう》しながら憎《にく》んでいた。

二年後《にねんご》のある日《ひ》、「僕《ぼく》」はエーミールがクジャクヤママユを持《も》っていることを知《し》り、ちょうへの熱情《ねつじょう》から彼《かれ》の留守中《るすちゅう》に盗《ぬす》みを犯《おか》してしまう。直後《ちょくご》に「僕《ぼく》」は良心《りょうしん》に目覚《めざ》め、ちょうを元《もと》に返《かえ》そうとするが、ちょうはもうつぶれていた。家《いえ》に帰《かえ》った「僕《ぼく》」は、一切《いっさい》を母《はは》に打《う》ち明《あ》け、エーミールに謝罪《しゃざい》に行《い》く。しかし、彼《かれ》は激《げき》することなく、ただ「僕《ぼく》」を軽蔑《けいべつ》するだけだった。「僕《ぼく》」は、一度《いちど》起《お》きたことはもう償《つぐな》いのできないものだと悟《さと》り、ちょうを粉々《こなごな》につぶしてしまった。

後半《こうはん》の語《かた》り手《て》の「僕《ぼく》」は、前半《ぜんはん》の「客《きゃく》」のこと。客《きゃく》（「僕《ぼく》」）が、少年《しょうねん》だったころの思《おも》い出《で》を回想《かいそう》して語《かた》る形式《けいしき》で書《か》かれているんだ。

構成

①〈現在《げんざい》〉

客《きゃく》（「僕《ぼく》」）が思《おも》い出《で》を語《かた》り始《はじ》める。

（初《はじ》め～P200・10）

▼

②〈過去《かこ》1／十歳頃《じっさいごろ》〉

①ちょうの収集《しゅうしゅう》に熱中《ねっちゅう》する「僕《ぼく》」。

（P200・12～P201・15）

②「僕《ぼく》」とエーミールの違《ちが》い。

（P201・16～P203・14）

▼

③〈過去《かこ》2／十二歳頃《じゅうにさいごろ》〉

③エーミールのクジャクヤママユを盗《ぬす》む。

（P203・15～P205・16）

④良心《りょうしん》が目覚《めざ》め、苦《くる》しむ。

（P205・17～P207・5）

⑤母《はは》に告白《こくはく》し、エーミールに謝罪《しゃざい》する。

（P207・6～P210・1）

⑥ちょうを粉々《こなごな》につぶしてしまう。

（P210・2～終《お》わり）

新出漢字

漢字のチェック

＊はここに出《で》てきた読《よ》み。

198 斎

＊サイ

せい　11画

意味　①心身《しんしん》を清《きよ》めて神仏《しんぶつ》を祭《まつ》る。②読《よ》み書《か》きをする部屋《へや》。

言葉　①斎場《さいじょう》・潔斎《けっさい》　②書斎《しょさい》

使い方　市《し》の斎場《さいじょう》を借《か》りて葬式《そうしき》を行《おこな》う。

準2級

198 腰

（ヨウ）　＊こし

にくづき　13画

意味　①こし。②物《もの》の中《なか》ほどから下《した》の部分《ぶぶん》。③気構《きがま》え。

言葉　①腰痛《ようつう》　②腰板《こしいた》　③腰抜《こしぬ》け・本腰《ほんごし》・弱腰《よわごし》

使い方　本腰《ほんごし》を入《い》れて英語《えいご》を勉強《べんきょう》する。

4級

198 縁

エン　＊ふち

いとへん　15画

意味　①ふち。物《もの》のまわり。②つながり。③巡《めぐ》り合《あ》わせ。

言葉　①額縁《がくぶち》　②血縁《けつえん》・絶縁《ぜつえん》・無縁《むえん》　③縁起《えんぎ》

使い方　ぜいたくとは無縁《むえん》の生活《せいかつ》を送《おく》る。

4級

199 闇

＊やみ

もんがまえ　17画

意味　①くらい。②夜《よる》。夕暮《ゆうぐ》れ。

言葉　①闇《やみ》・暗闇《くらやみ》　②闇夜《やみよ》

使い方　一寸先《いっすんさき》は闇《やみ》。

2級

199 妙

＊ミョウ

おんなへん　7画

意味　①すばらしい。美《うつく》しい。②おかしい。③若《わか》い。

言葉　①妙案《みょうあん》・妙技《みょうぎ》・絶妙《ぜつみょう》　②奇妙《きみょう》　③妙齢《みょうれい》

使い方　絶妙《ぜつみょう》のタイミングで助《たす》け船《ぶね》を出《だ》す。

4級

199 愉

＊ユ

りっしんべん　12画

意味　楽《たの》しい。心《こころ》のしこりが取《と》れて、気持《きも》ちがいい。

言葉　不愉快《ふゆかい》・愉悦《ゆえつ》

使い方　彼女《かのじょ》は愉快《ゆかい》な人《ひと》だ。

準2級

200 微

＊ビ

ぎょうにんべん　13画

意味　①とても小《ちい》さい。②ほんの少《すこ》し。ごくわずか。

言葉　①微生物《びせいぶつ》・顕微鏡《けんびきょう》　②微笑《びしょう》・微動《びどう》・微妙《びみょう》

使い方　押《お》しても微動《びどう》だにしない岩《いわ》。

4級

200 恥

チ　はじる　はじ　はじらう　＊はずかしい

こころ　10画

意味　はじる。はずかしく思《おも》う。はじ。

言葉　恥知《はじし》らず・恥辱《ちじょく》・赤恥《あかはじ》・無恥《むち》

使い方　常識《じょうしき》を知《し》らずに赤恥《あかはじ》をかいた。

4級

200 甲

コウ　＊カン

た　5画

意味　①外側《そとがわ》を覆《おお》うもの。②一番目《いちばんめ》。③声《こえ》や音《おと》が強《つよ》く高《たか》いこと。

言葉　①甲羅《こうら》・甲板《かんぱん》　②甲乙丙丁《こうおつへいてい》　③甲高《かんだか》い

使い方　両《りょう》チームの実力《じつりょく》には甲乙《こうおつ》つけがたい。

3級

200 戯

＊ギ　（たわむれる）

ほこがまえ　15画

意味　①たわむれる。遊《あそ》ぶ。ふざける。②芝居《しばい》。

言葉　①戯画《ぎが》・球戯《きゅうぎ》・遊戯《ゆうぎ》　②戯曲《ぎきょく》

使い方　危険《きけん》な遊戯《ゆうぎ》はやめよう。

4級

200 塔

＊トウ

つちへん　12画

意味　①細《ほそ》く高《たか》い建物《たてもの》。タワー。②仏《ほとけ》をまつるための建物《たてもの》。

言葉　①管制塔《かんせいとう》・鉄塔《てっとう》・金字塔《きんじとう》　②塔婆《とうば》・石塔《せきとう》

使い方　日本《にっぽん》の科学界《かがくかい》に金字塔《きんじとう》を打《う》ち立《た》てる。

4級

201 網

モウ　＊あみ

いとへん　14画

意味　①あみ。②張《は》り巡《めぐ》らしたもの。③残《のこ》らずとる。

言葉　①網戸《あみど》・魚網《ぎょもう》　②通信網《つうしんもう》・放送網《ほうそうもう》　③網羅《もうら》

使い方　犯罪組織《はんざいそしき》を一網打尽《いちもうだじん》にする。

4級

201 伏

フク　＊ふせる　ふす

にんべん　6画

意味　①ふせる。②隠《かく》す。③従《したが》う。

言葉　①伏《ふ》し目《め》・起伏《きふく》　②待《ま》ち伏《ぶ》せ・潜伏《せんぷく》　③降伏《こうふく》

使い方　起伏《きふく》の多《おお》い土地《とち》を歩《ある》く。

3級

201 斑

*ハン

ぶん　12画

意味　違《ちが》った色《いろ》が混《ま》じり合《あ》っている様子《ようす》。

言葉　斑点《はんてん》・斑紋《はんもん》

使い方　斑点《はんてん》の模様《もよう》のかばんを買《か》う。

2級

201 瓶

*ビン

かわら　11画

意味　液体《えきたい》などを入《い》れるガラスなどでできた器《うつわ》。

言葉　花瓶《かびん》・鉄瓶《てつびん》・土瓶《どびん》

使い方　松《まつ》たけの土瓶《どびん》蒸《む》しを食《た》べる。

準2級

201 栓

*セン

きへん　10画

意味　①穴《あな》や瓶《びん》などの口《くち》をふさぐもの。②開閉《かいへい》を調節《ちょうせつ》するもの。

言葉　①栓《せん》抜《ぬ》き・耳栓《みみせん》　②消火栓《しょうかせん》・元栓《もとせん》

使い方　ガスの元栓《もとせん》を閉《し》める。

準2級

203 範

*ハン

たけかんむり　15画

意味　①手本《てほん》。決《き》まり。②区切《くぎ》り。わくの中《なか》。

言葉　①規範《きはん》・模範《もはん》・師範《しはん》　②範囲《はんい》

使い方　後輩《こうはい》に模範《もはん》を示《しめ》す。

4級

203 妬

*ト
ねたむ

おんなへん　8画

意味　やきもちをやく。

言葉　嫉妬《しっと》・妬《ねた》む

使い方　友人《ゆうじん》は妬《ねた》ましいほどの才能《さいのう》の持《も》ち主《ぬし》だ。

2級

203 陥

*カン
おちいる
(おとしいれる)

こざとへん　10画

意味　①おちいる。落《お》ちこむ。②足《た》りないところ。

言葉　①陥没《かんぼつ》・陥落《かんらく》　②欠陥《けっかん》

使い方　道路《どうろ》が陥没《かんぼつ》する。

準2級

204 攻

*コウ
せめる

ぼくにょう　7画

意味　①せめる。②修《おさ》める。研究《けんきゅう》する。

言葉　①攻守《こうしゅ》・攻防《こうぼう》・先攻《せんこう》・攻撃《こうげき》　②専攻《せんこう》

使い方　両《りょう》チームが激《はげ》しい攻防《こうぼう》を繰《く》り広《ひろ》げる。

4級

204 呈

*テイ

くち　7画

意味　①差《さ》し出《だ》す。②あらわれる。

言葉　①進呈《しんてい》・贈呈《ぞうてい》・謹呈《きんてい》　②露呈《ろてい》

使い方　粗品《そしな》を進呈《しんてい》する。

準2級

204 羨

(セン)
*うらやむ
うらやましい

ひつじ　13画

意味　うらやむ。うらやましい。

言葉　羨《うらや》む・羨《うらや》ましい

使い方　兄《あに》がもらったプレゼントが羨《うらや》ましい。

2級

205 雅

*ガ

ふるとり　13画

意味　みやびやか。上品《じょうひん》な。風流《ふうりゅう》な。

言葉　雅楽《ががく》・雅号《がごう》・風雅《ふうが》・優雅《ゆうが》

使い方　優雅《ゆうが》なものごしの貴婦人《きふじん》。

4級

206 悟

*ゴ
さとる

りっしんべん　10画

意味　さとる。はっきりとわかる。気《き》づく。

言葉　覚悟《かくご》・悔悟《かいご》

使い方　やり抜《ぬ》く覚悟《かくご》を決《き》める。

3級

206 震

*シン
ふるう
ふるえる

あめかんむり　15画

意味　ふるえる。揺《ゆ》れ動《うご》く。

言葉　震源《しんげん》・震度《しんど》・震動《しんどう》・強震《きょうしん》・地震《じしん》

使い方　大震災《だいしんさい》から復興《ふっこう》する。

4級

206 繕

*ゼン
つくろう

いとへん　18画

意味　つくろう。壊《こわ》れたところを直《なお》す。

言葉　修繕《しゅうぜん》・繕《つくろ》い物《もの》

使い方　適当《てきとう》な言《い》い訳《わけ》でその場《ば》を繕《つくろ》う。

3級

207 罰

*バツ
バチ

あみがしら　14画

意味　悪《わる》い行《おこな》いのむくい。こらしめ。

言葉　罰金《ばっきん》・罰則《ばっそく》・刑罰《けいばつ》・処罰《しょばつ》

使い方　期限《きげん》を守《まも》らなかった人《ひと》に対《たい》する罰則《ばっそく》を設《もう》ける。

4級

208 丹
*タン

てん　4画

丹丹丹丹

意味　①赤《あか》い色《いろ》。②ありのまま。真心《まごころ》。

言葉　①丹頂《たんちょう》　②丹念《たんねん》・丹精《たんせい》

使い方　丹精《たんせい》して育《そだ》てたばらの花《はな》。

4級

209 依
*イ（エ）

にんべん　8画

依依依依依依依依

意味　①頼《たよ》る。よりかかる。②そのまま。もとのまま。

言葉　①依存《いそん》・依願《いがん》・依頼《いらい》　②依然《いぜん》

使い方　食料《しょくりょう》の供給《きょうきゅう》を輸入《ゆにゅう》に依存《いそん》する。

4級

209 蔑
*ベツ　さげすむ

くさかんむり　14画

蔑蔑蔑蔑蔑蔑蔑蔑蔑蔑蔑蔑蔑蔑

意味　見下《みくだ》す。あなどる。

言葉　蔑視《べっし》・軽蔑《けいべつ》・侮蔑《ぶべつ》

使い方　卑劣《ひれつ》な行為《こうい》を蔑視《べっし》する。

2級

209 喉
コウ　*のど

くちへん　12画

喉喉喉喉喉喉喉喉喉喉喉喉

意味　のど。のどぶえ。

言葉　喉頭《こうとう》・咽喉《いんこう》・喉元《のどもと》・喉笛《のどぶえ》

使い方　風邪《かぜ》をひいたので、喉《のど》が痛《いた》い。

2級

209 罵
*バ　ののしる

あみがしら　15画

罵罵罵罵罵罵罵罵罵罵罵罵罵罵罵

意味　ののしる。

言葉　罵声《ばせい》・罵倒《ばとう》

使い方　恩知《おんし》らずな相手《あいて》を大声《おおごえ》で罵《ののし》る。

2級

210 償
*ショウ　つぐなう

にんべん　17画

償償償償償償償償償償償償償償償償償

意味　つぐなう。お金《かね》や品物《しなもの》などでうめ合《あ》わせをすること。

言葉　代償《だいしょう》・弁償《べんしょう》・無償《むしょう》・償却《しょうきゃく》・償還《しょうかん》

使い方　割《わ》れたガラスの代金《だいきん》を弁償《べんしょう》する。

準2級

214 箸
［箸］　*はし

たけかんむり　14画

箸箸箸箸箸箸箸箸箸箸箸箸箸箸

意味　食物《しょくもつ》を挟《はさ》むはし。

言葉　菜箸《さいばし》・火箸《ひばし》

使い方　菜箸《さいばし》で料理《りょうり》を盛《も》りつける。

2級

214 喫
*キツ

くちへん　12画

喫喫喫喫喫喫喫喫喫喫喫喫

意味　食《た》べる。飲《の》む。吸《す》う。受《う》ける。

言葉　喫茶店《きっさてん》・喫水《きっすい》・満喫《まんきつ》

使い方　喫煙《きつえん》は健康《けんこう》によくない。

3級

214 抹
*マツ

てへん　8画

抹抹抹抹抹抹抹抹

意味　①ぬり消《け》す。②擦《す》って粉《こな》にする。

言葉　①抹殺《まっさつ》・抹消《まっしょう》　②抹茶《まっちゃ》・一抹《いちまつ》

使い方　選手《せんしゅ》の登録《とうろく》を抹消《まっしょう》する。

準2級

214 窯
（ヨウ）　*かま

あなかんむり　15画

窯窯窯窯窯窯窯窯窯窯窯窯窯窯窯

意味　かま。かわらや陶器《とうき》などを焼《や》くかま。

言葉　窯元《かまもと》

使い方　伝統《でんとう》ある陶器《とうき》の窯元《かまもと》を訪《たず》ねる。

準2級

214 腐
*フ　くさる　*くされる　くさらす

にく　14画

腐腐腐腐腐腐腐腐腐腐腐腐腐腐

意味　①古《ふる》くなり崩《くず》れる。②古《ふる》くさい。③心《こころ》を痛《いた》める。

言葉　①腐食《ふしょく》・腐敗《ふはい》・豆腐《とうふ》　②陳腐《ちんぷ》　③腐心《ふしん》

使い方　新製品《しんせいひん》の開発《かいはつ》に腐心《ふしん》する。

4級

214 脂
*シ　あぶら

にくづき　10画

脂脂脂脂脂脂脂脂脂脂

意味　①動物《どうぶつ》のあぶら。②植物《しょくぶつ》のやに。③化粧《けしょう》に使《つか》う紅《べに》。

言葉　①脂肪《しぼう》・脂身《あぶらみ》・脂汗《あぶらあせ》　②樹脂《じゅし》　③脂粉《しふん》

使い方　緊張《きんちょう》して脂汗《あぶらあせ》が出《で》る。

4級

214 肪
*ボウ

にくづき　8画

肪肪肪肪肪肪肪肪

意味　体内《たいない》のあぶら。

言葉　脂肪《しぼう》

使い方　脂肪分《しぼうぶん》の多《おお》い食事《しょくじ》。

4級

214 霊
*レイ（リョウ）（たま）

あめかんむり　15画

霊霊霊霊霊霊霊霊霊霊霊霊霊霊霊

意味　①たましい。②不思議《ふしぎ》な。神秘的《しんぴてき》な。

言葉　①霊魂《れいこん》・霊前《れいぜん》・亡霊《ぼうれい》・全霊《ぜんれい》　②霊感《れいかん》・霊妙《れいみょう》

使い方　霊前《れいぜん》に花《はな》を供《そな》える。

3級

214	214	214	214	214	214
幻 *ゲン まぼろし	尾 *ビ お	奇 *キ	錯 *サク	胆 *タン	貫 *カン つらぬく
よう 4画	しかばね 7画	だい 8画	かねへん 16画	にくづき 9画	かい 11画
意味 ①まぼろし。②惑《まど》わす。くらます。	意味 ①しっぽ。②後《うし》ろ。終《お》わり。③魚《さかな》を数《かぞ》える言葉《ことば》。	意味 ①珍《めずら》しい。②不思議《ふしぎ》。③思《おも》いがけない。	意味 ①まじる。入《い》り乱《みだ》れる。②間違《まちが》う。食《く》い違《ちが》う。	意味 ①きも。②きもっ玉《たま》。③気持《きも》ち。本心《ほんしん》。	意味 ①つらぬく。②昔《むかし》の重《おも》さ。お金《かね》の単位《たんい》。
言葉 ①幻《まぼろし》の名著《めいちょ》・幻影《げんえい》・夢幻《むげん》 ②幻惑《げんわく》・変幻《へんげん》	言葉 ①尾骨《びこつ》 ②尾行《びこう》・尾翼《びよく》・首尾《しゅび》・末尾《まつび》 ③一尾《いちび》	言葉 ①奇人《きじん》・珍奇《ちんき》 ②奇怪《きかい》・奇妙《きみょう》 ③奇縁《きえん》・奇想《きそう》	言葉 ①錯乱《さくらん》 ②錯誤《さくご》・錯覚《さっかく》	言葉 ①胆汁《たんじゅう》・胆石《たんせき》 ②胆力《たんりょく》・大胆《だいたん》 ③魂胆《こんたん》・心胆《しんたん》	言葉 ①貫徹《かんてつ》・縦貫《じゅうかん》・一貫《いっかん》 ②百貫《ひゃっかん》
使い方 あこがれていた都会《とかい》での生活《せいかつ》に幻滅《げんめつ》する。	使い方 たいの尾《お》頭《かしら》付《つ》きを振《ふ》る舞《ま》う。	使い方 村《むら》には奇怪《きかい》な伝説《でんせつ》が伝《つた》わっている。	使い方 試行錯誤《しこうさくご》により得《え》た技術《ぎじゅつ》。	使い方 彼《かれ》は大胆《だいたん》な考《かんが》え方《かた》をする男《おとこ》だ。	使い方 自分《じぶん》の主張《しゅちょう》を貫徹《かんてつ》する。
3級	4級	4級	3級	3級	3級

「貫《つらぬ》く」は、送《おく》り仮名《がな》に注意《ちゅうい》しようね。

新出音訓

199	205	214	214
閉ざす（とざす）	犯す（おかす）	器（うつわ）	熟れる（うれる）
200	**207**	**214**	**214**
微笑（ビショウ）	一切（イッサイ）	喫茶店（キッサテン）	燃焼（ネンショウ）

重要語句のチェック

＊はここでの意味《いみ》。

198ページ

色《いろ》あせる 年月《ねんげつ》がたって色《いろ》が薄《うす》くなる。文 写真《しゃしん》が**色《いろ》あせる**。

よみがえる ①一度死《いちどし》んだものが生《い》き返《かえ》る。文 心肺蘇生《しんぱいそせい》によって**よみがえる**。②元気《げんき》を取《と》り戻《もど》す。文 水《みず》をやると、鉢植《はちう》えの木《き》が**よみがえった**。＊③思《おも》い出《だ》す。文 昔《むかし》の思《おも》い出《で》が**よみがえる**。

199ページ

たちまち すぐに。みるみるうちに。文 特売品《とくばいひん》は**たちまち**売《う》り切《き》れてしまった。

熱情《ねつじょう》(的《てき》) 激《はげ》しく燃《も》え上《あ》がるような様子《ようす》。文 彼《かれ》は**熱情的《ねつじょうてき》**な演奏《えんそう》を披露《ひろう》した。類 情熱《じょうねつ》（的《てき》）

200ページ

けがす　①傷《きず》つける。汚《よご》す。文思《おも》い出《で》を**けがす**。文家名《かめい》を**けがす**。＊②美《うつく》しい物《もの》を汚《きたな》くする。

打《う》ち込《こ》む　①強《つよ》くたたいたり打《う》ったりして入《い》れる。文くぎを**打《う》ち込《こ》む**。＊②はげむ。集中《しゅうちゅう》する。文趣味《しゅみ》に**打《う》ち込《こ》む**。

201ページ

身《み》にしみる　①体《からだ》にこたえる。文寒風《かんぷう》が**身《み》にしみる**。＊②心《こころ》に深《ふか》く、強《つよ》く感《かん》じる。文母《はは》の言葉《ことば》が**身《み》にしみる**。

むさぼる　満足《まんぞく》しないで、いくらでも欲《ほ》しがる。欲張《よくば》る。文**むさぼる**ように本《ほん》を読《よ》む。

微妙《びみょう》　細《こま》かく複雑《ふくざつ》で、簡単《かんたん》には言《い》い表《あらわ》せない様子《ようす》。文**微妙《びみょう》**な色合《いろあ》いのセーター。

203ページ

非《ひ》の打《う》ちどころがない　優《すぐ》れていて、欠点《けってん》が何《なに》もない。文**非《ひ》の打《う》ちどころがない**演技《えんぎ》を披露《ひろう》する。

悪徳《あくとく》　道徳《どうとく》から外《はず》れた悪《わる》い行《おこな》いや精神《せいしん》。対美徳《びとく》

妬《ねた》む　羨《うらや》ましいと同時《どうじ》に、憎《にく》らしく思《おも》う。文友人《ゆうじん》の成功《せいこう》を**妬《ねた》む**。

嘆賞《たんしょう》　感心《かんしん》してほめたたえること。文先人《せんじん》の業績《ぎょうせき》を**嘆賞《たんしょう》**する。

難癖《なんくせ》をつける　欠点《けってん》を探《さが》し出《だ》して、あれこれ言《い》う。文買《か》った品物《しなもの》に**難癖《なんくせ》をつける**。

欠陥《けっかん》　欠《か》けて足《た》らないところ。文**欠陥《けっかん》**のある商品《しょうひん》。

絶頂《ぜっちょう》　＊①物事《ものごと》の最高《さいこう》の状態《じょうたい》。文幸《しあわ》せの**絶頂《ぜっちょう》**。②山《やま》の頂上《ちょうじょう》。

204ページ

呈《てい》する　①差《さ》し出《だ》す。文疑問《ぎもん》を**呈《てい》する**。＊②ある状態《じょうたい》を示《しめ》す。文色《いろ》の変化《へんか》を**呈《てい》する**。

205ページ

あいにく　運悪《うんわる》く。都合《つごう》が悪《わる》いことに。文姉《あね》は**あいにく**留守《るす》です。

206ページ

良心《りょうしん》　善悪《ぜんあく》をわきまえて、正《ただ》しい行《おこな》いをしようとする心《こころ》。文**良心《りょうしん》**に従《したが》って行動《こうどう》する。

下劣《げれつ》　性質《せいしつ》や考《かんが》え方《かた》・やり方《かた》が下品《げひん》でいやしい様子《ようす》。文**下劣《げれつ》**な趣味《しゅみ》。

大《だい》それた　自分《じぶん》の能力《のうりょく》にふさわしくない。とんでもない。文**大《だい》それた**目標《もくひょう》を掲《かか》げる。

……ばかり　今《いま》にも何《なに》かをしようとする様子《ようす》。文兄《あに》は、今《いま》にも走《はし》り出《だ》さん**ばかり**にあわてていた。

207ページ

一切《いっさい》　＊①何《なに》もかも全部《ぜんぶ》。全《すべ》て。文財産《ざいさん》の**一切《いっさい》**を寄付《きふ》する。②（下《した》に打《う》ち消《け》しの言葉《ことば》がきて）全然《ぜんぜん》。全《まった》く。（普通《ふつう》、仮名書《かなが》き）文私《わたし》はその事件《じけん》には**いっさい**関係《かんけい》ない。

告白《こくはく》　心《こころ》の中《なか》に隠《かく》していたことを打《う》ち明《あ》けること。文愛《あい》の**告白《こくはく》**。

白状《はくじょう》　自分《じぶん》のした悪《わる》いことや隠《かく》しごとを人《ひと》に打《う》ち明《あ》けること。文犯《おか》した罪《つみ》を**白状《はくじょう》**する。

独白《どくはく》　①劇《げき》などで役者《やくしゃ》が相手《あいて》なしに一人《ひとり》でせりふを言《い》うこと。また、そのせりふ。文主人公《しゅじんこう》の**独白《どくはく》**が続《つづ》く場面《ばめん》。②独《ひと》り言《ごと》。

表白《ひょうはく》　考《かんが》えや気持《きも》ちを表《あらわ》すこと。文心情《しんじょう》を**表白《ひょうはく》**する。

しのぶ　①人《ひと》に見《み》られないようにする。文人目《ひとめ》を**しのぶ**。＊②我慢《がまん》する。こらえる。文恥《はじ》を**しのん**で知人《ちじん》に頼《たよ》る。

208ページ

おそらく　たぶん。きっと。文おそらく明日《あす》は晴《は》れるだろう。

丹念《たんねん》　心《こころ》を込《こ》めて、丁寧《ていねい》にする様子《ようす》。文丹念《たんねん》に窓《まど》ガラスを磨《みが》く。

209ページ

……よしもない　する方法《ほうほう》がない。文その結果《けっか》は知《し》るよしもない。

冷淡《れいたん》　＊①心《こころ》が冷《つめ》たく、思《おも》いやりがない様子《ようす》。文冷淡《れいたん》な態度《たいど》をとる。②興味《きょうみ》や関心《かんしん》がない様子《ようす》。文彼《かれ》は芸術《げいじゅつ》に冷淡《れいたん》だ。

すんでのところで　もう少《すこ》しで。危《あぶ》なく。文すんでのところで学《がっ》校《こう》に遅刻《ちこく》するところだった。

冷然《れいぜん》　思《おも》いやりがなく、冷淡《れいたん》なこと。

……を盾《たて》に　……を理由《りゆう》に。文法律《ほうりつ》を盾《たて》に、権利《けんり》を主張《しゅちょう》する。

あなどる　相手《あいて》を軽《かる》く見《み》て馬鹿《ばか》にする。文あなどれない相手《あいて》。

210ページ

償《つぐな》い　あやまちや罪《つみ》を埋《う》め合《あ》わせること。また、そのための品《しな》物《もの》・金《かね》・働《はたら》きなど。弁償《べんしょう》。補償《ほしょう》。文犯《おか》した罪《つみ》の償《つぐな》いをする。

根掘《ねほ》り葉掘《はほ》り　細《こま》かいことまでしつこくきく様子《ようす》。文前《まえ》の学校《がっこう》のことを根掘《ねほ》り葉掘《はほ》り質問《しつもん》された。

根《ね》も葉《は》もない　根拠《こんきょ》もなくでたらめなこと。文根《ね》も葉《は》もないうわさが立《た》つ。

根《ね》を下《お》ろす　①草木《くさき》がしっかり根《ね》をつける。文苗木《なえぎ》が根《ね》を下《お》ろす。②しっかりしみ通《とお》る。定着《ていちゃく》する。文大陸《たいりく》の文化《ぶんか》が根《ね》を下《お》ろす。

根《ね》を張《は》る　①植物《しょくぶつ》がしっかり根《ね》を広《ひろ》げる。文大地《だいち》に深《ふか》く根《ね》を張《は》る。②勢力《せいりょく》が広《ひろ》がる。文市民運動《しみんうんどう》が根《ね》を張《は》る。

ここがポイント！ 教科書《きょうかしょ》の「学習《がくしゅう》」の答《こた》えと考《かんが》え方《かた》

教科書 212〜213ページ

捉《とら》える①　作品《さくひん》の展開《てんかい》を捉《とら》えよう。

この作品《さくひん》は、「私《わたし》」と「客《きゃく》」の会話《かいわ》から成《な》る前半部分《ぜんはんぶぶん》と、「客《きゃく》（僕《ぼく》）」の回想《かいそう》である後半部分《こうはんぶぶん》に分《わ》かれている。後半《こうはん》を幾《いく》つかの場面《ばめん》に分《わ》け、その概要《がいよう》を短《みじか》くまとめてみよう。

答えの例

〈過去《かこ》1／十歳頃《じっさいごろ》〉

①「僕《ぼく》」のちょうへの熱情《ねつじょう》。（P200・12〜P201・15）

②「僕《ぼく》」とエーミールの違《ちが》い。（P201・16〜P203・14）

〈過去《かこ》2／十二歳頃《じゅうにさいごろ》〉

③エーミールのちょうを盗《ぬす》む。（P203・15〜P205・16）

④良心《りょうしん》の目覚《めざ》めと後悔《こうかい》。（P205・17〜P207・5）

⑤母《はは》への罪《つみ》の告白《こくはく》とエーミールへの謝罪《しゃざい》。（P207・6〜P210・1）

⑥「僕《ぼく》」の悟《さと》りとちょうとの決別《けつべつ》。（P210・2〜終《お》わり）

考え方

時間《じかん》の経過《けいか》（「僕《ぼく》」の年齢《ねんれい》）と場面《ばめん》の展開《てんかい》で分《わ》ける。

読《よ》み深《ふか》める❷

「僕《ぼく》」の心情《しんじょう》の変化《へんか》をまとめよう。

① 「僕《ぼく》」から見《み》た「エーミール」の人柄《ひとがら》を端的《たんてき》に表《あらわ》している描写《びょうしゃ》を、作品《さくひん》の中《なか》から抜《ぬ》き出《だ》そう。

答えの例

・「この少年《しょうねん》は、非《ひ》の打《う》ちどころがないという悪徳《あくとく》をもっていた。それは、子供《こども》としては二倍《にばい》も気味悪《きみわる》い性質《せいしつ》だった。」（P203・1）
・「あらゆる点《てん》で模範少年《もはんしょうねん》だった。」（P203・6）
・「彼《かれ》は、専門家《せんもんか》らしくそれを鑑定《かんてい》し、……値踏《ねぶ》みした。」（P203・8）
・「こっぴどい批評家《ひひょうか》のため、自分《じぶん》の獲物《えもの》に対《たい》する喜《よろこ》びはかなり傷《きず》つけられた。」（P203・13）
・「あの模範少年《もはんしょうねん》でなくて、他《ほか》の友達《ともだち》だったら、すぐにそうする気《き》になれただろう。彼《かれ》が、僕《ぼく》の言《い》うことをわかってくれないし、おそらく全然信《ぜんぜんしん》じようともしないだろうということを、僕《ぼく》は前《まえ》もってはっきり感《かん》じていた。」（P208・6）
・「彼《かれ》は冷淡《れいたん》に構《かま》え、依然僕《いぜんぼく》をただ軽蔑的《けいべつてき》に見《み》つめていた」（P209・8）

考え方

次《つぎ》の場面《ばめん》に着目《ちゃくもく》して探《さが》す。
・「僕《ぼく》」が、エーミールに自分《じぶん》の捕《と》らえたちょうを見《み》せる〈過去《かこ》１〉の②（P201・16〜P203・14）の場面《ばめん》。
・「僕《ぼく》」がエーミールに謝罪《しゃざい》する〈過去《かこ》２〉の⑤（P207・6〜P210・1）の場面《ばめん》。

② クジャクヤママユのうわさを聞《き》いてから、それを盗《ぬす》み、壊《こわ》してしまうまでの「僕《ぼく》」の心情《しんじょう》の変化《へんか》をまとめよう。

答えの例

エーミールがクジャクヤママユを持《も》っているといううわさを聞《き》いたとき、「僕《ぼく》」は興奮《こうふん》してしまい、見《み》られるときが来《く》るのが待《ま》ちきれなかった。エーミールの部屋《へや》で実際《じっさい》に見《み》ると、この宝《たから》を手《て》に入《い》れたいと思《おも》うようになる。盗《ぬす》みを犯《おか》し、ちょうを手《て》にした瞬間《しゅんかん》には、大《おお》きな満足感《まんぞくかん》があった。
しかしその後《あと》、「僕《ぼく》」の良心《りょうしん》が目覚《めざ》め、自分《じぶん》が下劣《げれつ》な奴《やつ》だと気《き》づき、このちょうを持《も》っていてはいけないと思《おも》い直《なお》す。エーミールの部屋《へや》でポケットから取《と》り出《だ》したちょうは、つぶれてしまっていた。自分《じぶん》が美《うつく》しいチョウをつぶしてしまったことに絶望《ぜつぼう》と後悔《こうかい》、そして自己《じこ》嫌悪《けんお》を感《かん》じた。

場面《ばめん》ごとに「僕《ぼく》」の心情《しんじょう》をつかもう。
場面《ばめん》が変《か》わっているのは、
・うわさを聞《き》いたとき（P203・16〜P204・12）
・エーミールの部屋《へや》（P204・13〜P205・16）
・部屋《へや》を出《で》た後《あと》（P205・17〜P206・10）
・エーミールの部屋《へや》（P206・10〜P207・5）
だよ。

考え方

「僕《ぼく》」の心情《しんじょう》が直接《ちょくせつ》書《か》かれている部分《ぶぶん》だけでなく、態度《たいど》や行動《こうどう》から気持《きも》ちを推測《すいそく》し、それぞれの場面《ばめん》ごとに、まとめる。

③ 最後《さいご》に、「僕《ぼく》」が「……ちょうを一《ひと》つ一《ひと》つ取《と》り出《だ》し、指《ゆび》で粉々《こなごな》に押《お》しつぶしてしまった。」（210ページ7行目《ぎょうめ》）のは、なぜだろう。「一《ひと》つ一《ひと》つ」「粉々《こなごな》に」などの語《ご》に着目《ちゃくもく》して、その行動《こうどう》の意味《いみ》を考《かんが》えよう。

答えの例

〈「僕《ぼく》」がちょうを押《お》しつぶした理由《りゆう》〉
- 自分《じぶん》の宝物《たからもの》をつぶすことで自分《じぶん》を罰《ばっ》しようと思《おも》ったから。
- やり場《ば》のない怒《いか》りや、エーミールにプライドをずたずたにされた悔《くや》しさをぶつける場所《ばしょ》が他《ほか》になかったから。
- ちょうの収集《しゅうしゅう》をこれきりやめるという意味《いみ》。

考え方

- 「一《ひと》つ一《ひと》つ」「粉々《こなごな》に」という表現《ひょうげん》は、ちょうを押《お》しつぶすという行動《こうどう》を、徹底的《てっていてき》に行《おこな》っていることを示《しめ》している。
- 「エーミールは、……冷然《れいぜん》と、正義《せいぎ》を盾《たて》に、あなどるように僕《ぼく》の前《まえ》に立《た》っていた。彼《かれ》は罵《ののし》りさえしなかった。ただ僕《ぼく》を眺《なが》めて、軽蔑《けいべつ》していた。」（P209・15）とあるように、エーミールが「僕《ぼく》」の謝罪《しゃざい》や償《つぐな》いを拒否《きょひ》し、説明《せつめい》も聞《き》いてくれなかったことを押《お》さえて考《かんが》える。

考《かんが》えをもつ③　別《べつ》の人物《じんぶつ》の視点《してん》から文章《ぶんしょう》を書《か》き換《か》えよう。

この作品《さくひん》では、クジャクヤママユをつぶされた「エーミール」の気持《きも》ちや「僕《ぼく》」を「エーミール」のもとに送《おく》り出《だ》した「母《はは》」の気持《きも》ちはほとんど語《かた》られていない。読《よ》み深《ふか》めたことを基《もと》に、「僕《ぼく》」以外《いがい》の人物《じんぶつ》を語《かた》り手《て》にして作品《さくひん》の一場面《いちばめん》を書《か》き換《か》えてみよう。

答えの例

エーミールを語《かた》り手《て》にして（教科書《きょうかしょ》P208・11〜P209・7の部分《ぶぶん》）

僕《ぼく》（エーミール）は、クジャクヤママユの壊《こわ》れた羽《はね》を丹念《たんねん》に広《ひろ》げ、ぬれた吸《す》い取《と》り紙《がみ》の上《うえ》に置《お》き、ちょうを繕《つくろ》うためにあらゆる努力《どりょく》をした。しかし、直《なお》すことはできなかった。

「エーミールは？」という隣《となり》の家《いえ》の子《こ》の声《こえ》が聞《き》こえてきた。僕《ぼく》は出《で》ていき、誰《だれ》か悪《わる》いやつがクジャクヤママユをだいなしにしてしまったんだ、と言《い》った。もしかしたら猫《ねこ》のしわざかもしれない、と言《い》うと、そのちょうを見《み》せてくれ、と隣《となり》の家《いえ》の子《こ》が言《い》った。二人《ふたり》で上《うえ》に上《あ》がっていき、ろうそくをつけて展翅板《てんしばん》の上《うえ》のちょうを彼《かれ》に見《み》せた。すると彼《かれ》は、それは僕《ぼく》がやったのだ、と言《い》った。僕《ぼく》は驚《おどろ》き、思《おも》わず「ちぇっ。」と舌《した》を鳴《な》らした。君《きみ》だってちょうの収集家《しゅうしゅうか》だろう。なぜこんなことを。許《ゆる》せない。弁償《べんしょう》しろ。彼《かれ》の顔《かお》を見《み》るといろんな言葉《ことば》が浮《う》かんだ。でも、もうちょうは元《もと》には戻《もど》らない。あきれてどなる気力《きりょく》もなくなった。

「そうか、そうか、つまり君《きみ》はそんなやつなんだな。」

僕《ぼく》は、やっとそう言《い》った。

言葉を広げる

●作品《さくひん》には「熱情《ねつじょう》」という言葉《ことば》が多《おお》く出《で》てくる。「熱情《ねつじょう》」と「情熱《じょうねつ》」の意味《いみ》を比《くら》べ、「熱情《ねつじょう》」が使《つか》われている理由《りゆう》を考《かんが》えよう。

答えの例

・熱情《ねつじょう》…ある物事《ものごと》に向《む》けられる熱烈《ねつれつ》な気持《きも》ち。愛情《あいじょう》。
・情熱《じょうねつ》…激《はげ》しく燃《も》え上《あ》がる感情《かんじょう》。
→「熱情《ねつじょう》」を使《つか》うことによって「僕《ぼく》」のちょうや、ちょうの収集《しゅうしゅう》に対《たい》する強《つよ》い思《おも》いを表《あらわ》している。

学習を振り返る

●「僕《ぼく》」の考《かんが》え方《かた》や感《かん》じ方《かた》について、共感《きょうかん》するところや疑問《ぎもん》に思《おも》うところを話《はな》し合《あ》ってみよう。

答えの例

〈共感《きょうかん》するところ〉
●「ちょうを採《と》りに出《で》かけると、学校《がっこう》の時間《じかん》だろうが、お昼《ひる》ご飯《はん》だろうが、もう、塔《とう》の時計《とけい》が鳴《な》るのなんか、耳《みみ》に入《はい》らなかった。」（P200・16）…好《す》きなことに対《たい》する熱意《ねつい》の強《つよ》さ。

〈疑問《ぎもん》に思《おも》うところ〉
●「それを見《み》ると、この宝《たから》を手《て》に入《い》れたいという、逆《さか》らいがたい欲望《よくぼう》を感《かん》じて、僕《ぼく》は、生《う》まれて初《はじ》めて盗《ぬす》みを犯《おか》した。」（P205・12）…欲望《よくぼう》にまかせて、他人《たにん》の宝物《たからもの》を盗《ぬす》んでしまうところ。

考え方

同《おな》じ出来事《できごと》でも見方《みかた》や考《かんが》え方《かた》は人《ひと》それぞれで、自分《じぶん》が共感《きょうかん》するところが、他《ほか》の人《ひと》にとっては疑問《ぎもん》に思《おも》うところである場合《ばあい》もある。

●別《べつ》の登場人物《とうじょうじんぶつ》の視点《してん》も踏《ふ》まえて読《よ》むことで、自分《じぶん》の考《かんが》えや作品《さくひん》の印象《いんしょう》はどのように変《か》わったか、挙《あ》げてみよう。

答えの例

エーミールはひどいやつだと思《おも》っていたが、彼《かれ》の立場《たちば》になって読《よ》むと、その主張《しゅちょう》はもっともだと思《おも》った。立場《たちば》を変《か》えてみることで、登場人物《とうじょうじんぶつ》に対《たい》する印象《いんしょう》が逆転《ぎゃくてん》した。

「漢字《かんじ》に親《した》しもう5」の答《こた》え

〈小学校《しょうがっこう》で習《なら》った漢字《かんじ》〉

1 例 牛乳《ぎゅうにゅう》と砂糖《さとう》と卵《たまご》をたっぷり使《つか》ったホットケーキを作《つく》った。弟《おとうと》たちの分《ぶん》も作《つく》ったので、冷蔵庫《れいぞうこ》に入《い》れておいた。

〈中学校《ちゅうがっこう》で習《なら》う〉

2 ①さいばし ②きっさてん ③まっちゃ ④かま ⑤とうふ ⑥しぼう

3 ①錯誤 しこうさくご ②奇想 きそうてんがい ③大胆 だいたんふてき ④変幻 へんげんじざい ⑤全霊 ぜんしんぜんれい ⑥首尾一貫 しゅびいっかん

テスト直前《ちょくぜん》にチェック！

少年《しょうねん》の日《ひ》の思《おも》い出《で》

教科書 198〜213ページ

「おまえは、エーミールのところに行かなければなりません。」と、母はきっぱりと言った。「そして、自分でそう言わなくてはなりません。それより他に、どうしようもありません。おまえの持っているもののうちから、どれかをうめ合わせにより抜いてもらうように、申し出るのです。そして、許してもらうように頼まなければなりません。」

あの模範少年でなくて、他の友達だったら、すぐにそうする気になれただろう。彼が、僕の言うことをわかってくれないし、おそらく全然信じようともしないだろうということを、僕は前もってはっきり感じていた。そのうちに夜になってしまったが、①僕は出かける気になれなかった。母は、僕が中庭にいるのを見つけて、

「今日のうちでなければなりません。さあ、行きなさい。」

と、小声で言った。それで、僕は出かけていき、

「エーミールは？」

と尋ねた。彼は出てきて、すぐに、誰かがクジャクヤママユをだいなしにしてしまった、悪いやつがやったのか、あるいは猫がやったのかわからない、と語った。僕は、そのちょうを見せてくれ、と頼んだ。二人は上に上がっていった。彼はろうそくをつけた。僕は、だいなしになったちょうが展翅《てんし》板の上にのっているのを見た。②エーミールがそれを繕うために努力した跡が認められた。壊れた羽は丹念に広げられ、ぬれた吸い取り紙の上に置かれてあった。しかし、それは直すよしもなかった。触角もやはりなくなっていた。そこで、それは僕がやったのだ、と言い、詳しく話し、説明しようと試みた。

1 よく出る！ ——線①「僕は出かける気になれなかった。」について「僕」が出かける気になれなかった理由として、適切なものを次から一つ選び、記号に○を付けなさい。

ア　自分のちょうを誰かに盗まれるのが嫌だったから。
イ　もう夜なので、明日にしようと思っていたから。
ウ　エーミールが僕の言い分を信じないだろうと思ったから。
エ　僕の行動に対する母の意見に、納得がいかなかったから。

2 ——線②「エーミールがそれを繕うために努力した跡」とありますが、エーミールがどんな努力をしたかわかる一文を探し、初めの五字を書き抜きなさい。

3 ——線③「つまり君はそんなやつなんだな。」とありますが、エーミールは、「僕」をどんなやつだと言っているのですか。適切なものを次から二つ選び、記号に○を付けなさい。

ア　母親に言われなければあやまりにも来ないやつ。
イ　ちょうの扱い方もろくに知らないやつ。
ウ　自分のしたことの説明もろくにできないやつ。
エ　罪の意識もなく、平気でうそをつくやつ。
オ　人の大切なものを平気で盗む、悪いやつ。

4 よく出る！ ——線④「僕は、すんでのところであいつの喉笛に飛びかかるところだった。」とありますが、それはなぜですか。適切なものを次から一つ選び、記号に○を付けなさい。

ア　エーミールが「僕」の収集をばかにして受け取らないから。
イ　エーミールが「僕」の説明にまるで耳を貸さなかったから。

するとエーミールは、激したり、僕をどなりつけたりなどはしないで、低く「ちぇっ。」と舌を鳴らし、しばらくじっと僕を見つめていたが、それから、

「そうか、そうか、③つまり君はそんなやつなんだな。」

と言った。

僕は、彼に、僕のおもちゃをみんなやる、と言った。それでも、彼は冷淡《れいたん》に構え、依然僕をただ軽蔑的に見つめていたので、僕は、自分のちょうの収集を全部やる、と言った。しかし、彼は、

「結構だよ。僕は、君の集めたやつはもう知っている。そのうえ、今日また、君がちょうをどんなに取り扱っているか、ということを見ることができたさ。」

と言った。

その瞬間、④僕は、すんでのところであいつの喉笛に飛びかかるところだった。もうどうにもしようがなかった。僕は悪漢だということに決まってしまい、エーミールは、まるで世界のおきてを代表でもするかのように、冷然と、正義を盾に、あなどるように僕の前に立っていた。彼は罵りさえしなかった。⑤ただ僕を眺めて、軽蔑していた。

そのとき、初めて僕は、一度起きたことは、もう償いのできないものだということを悟った。僕は立ち去った。母が根掘り葉掘りきこうとしないで、僕にキスだけして、構わずにおいてくれたことをうれしく思った。僕は、「とこにお入り。」と言われた。僕にとってはもう遅い時刻だった。だが、その前に、僕は、そっと食堂に行って、大きなとび色の厚紙の箱を取ってき、それを寝台《しんだい》の上に載せ、闇の中で開いた。そして、⑥ちょうを一つ一つ取り出し、指で粉々に押しつぶしてしまった。


ヘルマン・ヘッセ／高橋健二訳「少年の日の思い出」（光村図書『国語一年』208〜210ページ）

ウ エーミールが「僕」を犯人と最初から決めつけていたから。
エ エーミールが「僕」のちょうに対する熱情を否定したから。

5

――線⑤「ただ僕を眺めて、軽蔑していた。」について答えなさい。

(1) このときの「僕」とエーミールの様子について、比喩《ひゆ》（たとえ）を用いて述べている一文を文章中から探し、初めの五字を書き抜きなさい。

(2) 「僕」は、このようなエーミールの様子や態度から、どんなことを悟りましたか。文章中から二十六字で書き抜きなさい。（句読点も含む）

6

――線⑥「ちょうを一つ一つ取り出し、指で粉々に押しつぶしてしまった。」とありますが、「僕」がこのような行動をした理由として適切なものを次から二つ選び、記号に○を付けなさい。

ア ちょうの収集をこの日限りでやめてしまおうと思ったから。
イ クジャクヤママユ以外のちょうに興味がわかなくなったから。
ウ 自分のちょうの収集に全く価値がないことがわかったから。
エ ちょうをつぶせばエーミールが許してくれると思ったから。
オ ちょうをつぶして、罪を犯した自分を罰しようとしたから。

◀答えは167ページ

文法《ぶんぽう》への扉《とびら》3 単語《たんご》の性質《せいしつ》を見《み》つけよう

教科書 215ページ (247〜250ページ)

教科書の課題

次《つぎ》(教科書《きょうかしょ》P215上段《じょうだん》)の単語《たんご》を組《く》み合《あ》わせて、文《ぶん》を三《みっ》つ作《つく》ろう。

【条件《じょうけん》】●同《おな》じ単語《たんご》を何回使《なんかいつか》ってもよい。

●必要《ひつよう》ならば、単語《たんご》の形《かたち》を変《か》えてもよい。

(例《れい》)行《い》く+ます→行《い》き・ます

答えの例

●静《しず》かな海辺《うみべ》に行《い》きたい私《わたし》は自転車《じてんしゃ》に乗《の》った。

(静《しず》かだ+海辺《うみべ》+に+行《い》く+たい+私《わたし》+は+自転車《じてんしゃ》+に+乗《の》る+た)

●あの海辺《うみべ》でゆっくり食《た》べた弁当《べんとう》はとてもおいしかった。

(あの+海辺《うみべ》+で+ゆっくり+食《た》べる+た+弁当《べんとう》+は+とても+おいしい+た)

●私《わたし》は美術館《びじゅつかん》に行《い》き、そして赤《あか》いりんごの絵《え》を見《み》ました。

(私《わたし》+は+美術館《びじゅつかん》+に+行《い》く+そして+赤《あか》い+りんご+の+絵《え》+を+見《み》る+ます+た)

考え方

「静《しず》かだ」「元気《げんき》だ」「乗《の》る」「行《い》く」「見《み》る」などの、後《あと》に付《つ》く語《ご》によって形《かたち》が変《か》わる語《ご》に注意《ちゅうい》する。また、「ます」などの他《ほか》の単語《たんご》の後《あと》に付《つ》く言葉《ことば》にも形《かたち》が変《か》わる語《ご》もあることに注意《ちゅうい》する。

解説

単語《たんご》(意味《いみ》を壊《こわ》さず文節《ぶんせつ》をさらに細《こま》かく分《わ》けた、言葉《ことば》の最小単位《さいしょうたんい》)は、自立語《じりつご》か付属語《ふぞくご》か、活用《かつよう》の有無《うむ》などにより分類《ぶんるい》できる。

自立語《じりつご》…単独《たんどく》で文節《ぶんせつ》を作《つく》ることができるもの。例 私《わたし》・夢《ゆめ》・ゆっくり

付属語《ふぞくご》…自立語《じりつご》の後《あと》に付《つ》き、単独《たんどく》では文節《ぶんせつ》を作《つく》れないもの。

例 は・に・を・ます

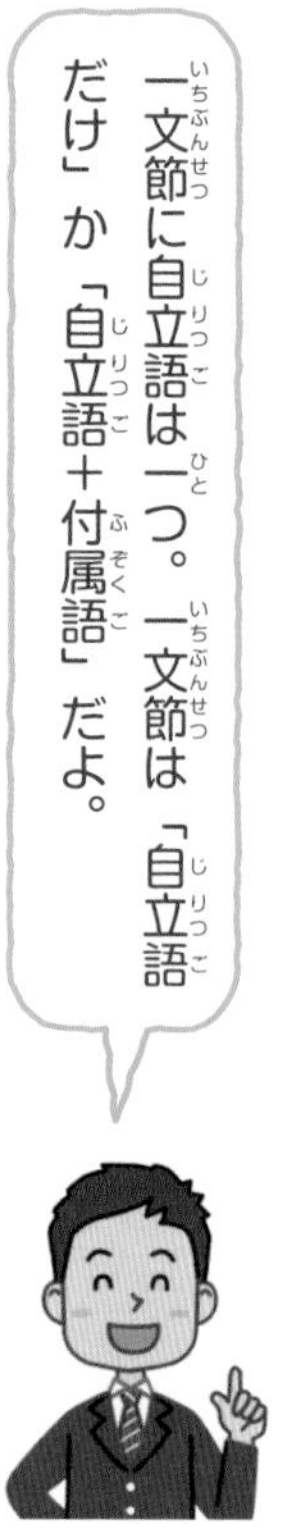

活用《かつよう》…文《ぶん》の中《なか》で、後《あと》につながる単語《たんご》によって、「赤《あか》い→赤《あか》く・なる」「行《い》く→行《い》っ・た」のように、単語《たんご》の形《かたち》が変化《へんか》すること。

品詞《ひんし》…「自立語《じりつご》・付属語《ふぞくご》」、「活用《かつよう》する・しない」に加《くわ》え、どんな文《ぶん》の成分《せいぶん》になるか、どんな言《い》い切《き》りの形《かたち》になるかによって、単語《たんご》を分類《ぶんるい》したもの。「名詞《めいし》」「動詞《どうし》」など、十種類《じっしゅるい》がある。

・活用《かつよう》しない自立語《じりつご》……………名詞《めいし》(体言《たいげん》)・副詞《ふくし》・連体詞《れんたいし》・接続詞《せつぞくし》・感動詞《かんどうし》

・活用《かつよう》する自立語《じりつご》(用言《ようげん》)……動詞《どうし》・形容詞《けいようし》・形容動詞《けいようどうし》

・活用《かつよう》しない付属語《ふぞくご》…………助詞《じょし》

・活用《かつよう》する付属語《ふぞくご》……………助動詞《じょどうし》

8

自分《じぶん》を見《み》つめる

随筆二編《ずいひつにへん》

工藤直子《くどうなおこ》

教科書 216~219ページ

空《そら》

およその内容

筆者《ひっしゃ》は、北陸《ほくりく》の山奥《やまおく》の二十数軒《にじゅうすうけん》という小《ちい》さな集落《しゅうらく》の中《なか》の空《あ》き家《や》を借《か》りて住《す》んでいた。

最初《さいしょ》の冬《ふゆ》のある日《ひ》、外《そと》に出《で》ると、一面《いちめん》に小雪《こゆき》が舞《ま》っていた。しかし、辺《あた》りが妙《みょう》に明《あか》るい。ふと空《そら》を見上《みあ》げると、そこには、灰色《はいいろ》の重《おも》たい雲《くも》はなく、抜《ぬ》けるような青《あお》い空《そら》があった。

ああ、これが「風花《かざはな》」というものか！

深《ふか》く濃《こ》い冬《ふゆ》の青空《あおぞら》が、真《ま》っ白《しろ》な雪《ゆき》を生《う》み出《だ》しているとしか思《おも》えない。後《あと》から後《あと》から、雪《ゆき》は見《み》えない高《たか》みで生《う》まれ、際限《さいげん》もなく舞《ま》い下《お》りてくる。こんなに美《うつく》しい「青空《あおぞら》」は見《み》たことがないと、筆者《ひっしゃ》は思《おも》った。

筆者《ひっしゃ》はどんなことに感動《かんどう》しているのだろうか。

えんぽう

およその内容

筆者《ひっしゃ》の忘《わす》れられない言葉群《ことばぐん》をたどると「えんぽう」という言葉《ことば》が現《あらわ》れる。

四《し》、五歳《ごさい》の頃《ころ》、筆者《ひっしゃ》は父《ちち》と二人《ふたり》で暮《く》らす時期《じき》が、二《に》、三年《さんねん》あった。たった二人《ふたり》での日々《ひび》であるから、筆者《ひっしゃ》は仕事《しごと》から帰《かえ》った後《あと》の父《ちち》にまとわりつき、後《あと》をくっついて回《まわ》った。

朝夕《あさゆう》の散歩《さんぽ》の時間《じかん》は、筆者《ひっしゃ》にとって至福《しふく》のひとときであった。のんびりした父《ちち》の気配《けはい》に包《つつ》まれて、父《ちち》の着物《きもの》のたもとや、差《さ》し出《だ》してくれた人《ひと》さし指《ゆび》をにぎりしめていれば、何《なに》も怖《こわ》いものはなかった。

小学校《しょうがっこう》の校長《こうちょう》をしていた父《ちち》が出張《しゅっちょう》するとき、筆者《ひっしゃ》がどこに行《い》くのとたずねると、父《ちち》は「エンポーエンポー」と歌《うた》うように繰《く》り返《かえ》す。その姿《すがた》は、まぶしく、非日常的《ひにちじょうてき》であり、筆者《ひっしゃ》はそこに深《ふか》く深《ふか》く憧《あこが》れた。そしてその、まぶしい晴《は》れやかな「えんぽう」に、いつか必《かなら》ず行《い》きたいと思《おも》っていた。

「えんぽう」とは何《なん》のことだろう。

漢字のチェック

＊はここに出《で》てきた読《よ》み。

新出漢字

216 随
＊ズイ

こざとへん　12画

意味　①付《つ》いていく。付《つ》き従《したが》う。②成《な》り行《ゆ》きに任《まか》せる。

言葉　①随《ずい》行《こう》・追《つい》随《ずい》・付《ふ》随《ずい》　②随《ずい》時《じ》・随《ずい》所《しょ》・随《ずい》筆《ひつ》

使い方　この作《さく》品《ひん》は随《ずい》所《しょ》に工《く》夫《ふう》が見《み》られる。

3級

216 憧
ショウ　＊あこがれる

りっしんべん　15画

意味　あこがれる。

言葉　憧《しょう》憬《けい》

使い方　彼《かれ》はサッカー少《しょう》年《ねん》の憧《しょう》憬《けい》の的《まと》だ。

2級

216 軒
＊ケン　のき

くるまへん　10画

意味　①のき。②家《いえ》を数《かぞ》える言《こと》葉《ば》。店《みせ》などの呼《よ》び名《な》。

言葉　①軒《のき》先《さき》・軒《のき》下《した》　②軒《けん》数《すう》・一《いっ》軒《けん》家《や》

使い方　隣《となり》の軒《のき》先《さき》に車《くるま》が止《と》まった。

4級

216 埋
マイ　うめる　うまる　＊うもれる

つちへん　10画

意味　①うめる。うまる。②不《ふ》足《そく》を補《おぎな》う。

言葉　①埋《まい》蔵《ぞう》・埋《まい》設《せつ》　②穴《あな》を埋《う》める

使い方　鉱《こう》物《ぶつ》の埋《まい》蔵《ぞう》量《りょう》を調《ちょう》査《さ》する。

3級

216 濃
ノウ　＊こい

さんずい　16画

意味　こい。色《いろ》や味《あじ》がこい。

言葉　濃《のう》厚《こう》・濃《のう》度《ど》・濃《のう》淡《たん》・濃《のう》縮《しゅく》

使い方　濃《のう》厚《こう》な味《あじ》わいのシチュー。

4級

217 憶
＊オク

りっしんべん　16画

意味　①覚《おぼ》える。②思《おも》う。思《おも》い出《だ》す。③見《けん》当《とう》をつける。

言葉　①記《き》憶《おく》　②追《つい》憶《おく》　③憶《おく》測《そく》・憶《おく》説《せつ》

使い方　美《うつく》しい光《こう》景《けい》を記《き》憶《おく》に刻《きざ》み付《つ》ける。

4級

新出音訓

218 逃
トウ　にげる　にがす　＊のがす　のがれる

しんにょう　9画

意味　にげる。のがれる。にがす。

言葉　逃《に》げ道《みち》・逃《とう》走《そう》・逃《とう》避《ひ》・逃《とう》亡《ぼう》

使い方　苦《くる》しい現《げん》実《じつ》から逃《とう》避《ひ》する。

4級

218 膜
＊マク

にくづき　14画

意味　筋《きん》肉《にく》や器《き》官《かん》を包《つつ》んだりする薄《うす》い皮《かわ》のようなもの。

言葉　角《かく》膜《まく》・腹《ふく》膜《まく》・粘《ねん》膜《まく》・網《もう》膜《まく》

使い方　薄《うす》い氷《こおり》の膜《まく》が張《は》る。

3級

218 匂
＊におう

つつみがまえ　4画

意味　におう。

言葉　匂《にお》い立《た》つ・匂《にお》い袋《ぶくろ》

使い方　お菓《か》子《し》の甘《あま》い匂《にお》いがする。

2級

217　つり革（つりかわ）

218　天井（テンジョウ）

重要語句のチェック

＊はここでの意《い》味《み》。

216ページ

憧《あこが》れ　あこがれること。また、その気《き》持《も》ち。文 憧《あこが》れの選《せん》手《しゅ》に握《あく》手《しゅ》してもらった。

一面《いちめん》　＊①辺《あた》り一《いっ》帯《たい》。全《ぜん》体《たい》。文 一《いち》面《めん》の雪《ゆき》景《げ》色《しき》。／爆《ばく》発《はつ》で一《いち》面《めん》炎《ほのお》に包《つつ》まれた。②物《もの》事《ごと》のある一《ひと》つの面《めん》。文 こわそうに見《み》えるが優《やさ》しい一《いち》面《めん》もある。③新《しん》聞《ぶん》の最《さい》初《しょ》のページ。文 朝《ちょう》刊《かん》の一《いち》面《めん》をかざるニュース。

217ページ

際限《さいげん》 ぎりぎりのところ。限《かぎ》り。果《は》て。文 **際限《さいげん》**なく続《つづ》く草原《そうげん》。

舞《ま》い下《お》りる ひらひらと、下《した》のほうに降《お》りてくる。文 ツルが田《た》んぼに**舞《ま》い下《お》りる**。

引《ひ》き立《た》てる ①特《とく》に目《め》をかける。文 後輩《こうはい》を**引《ひ》き立《た》てる**。②無理《むり》に引《ひ》っ張《ぱ》っていく。文 泥棒《どろぼう》を**引《ひ》き立《た》てる**。＊③よりよく見《み》せる。文 顔立《かおだ》ちを**引《ひ》き立《た》てる**色《いろ》の洋服《ようふく》。④元気《げんき》づける。文 気《き》を**引《ひ》き立《た》てる**。

まとわりつく ＝まつわりつく からみつく。つきまとう。文 子《こ》どもたちが先生《せんせい》に**まとわりつく**。

至福《しふく》 すごく幸福《こうふく》なこと。文 **至福《しふく》**の時《とき》を過《す》ごす。類 幸福《こうふく》・幸《さいわ》い

ひととき ＊①しばらくの間《あいだ》。文 楽《たの》しい**ひととき**を過《す》ごす。②過《す》ぎ去《さ》ったある時期《じき》。ひところ。文 あの町《まち》も**ひととき**は栄《さか》えていた。

気配《けはい》 見《み》えなくても、なんとなく感《かん》じられる様子《ようす》。文 暗《くら》やみに人《ひと》の**気配《けはい》**を感《かん》じた。

たもと ＊①着物《きもの》のそで下《した》にある、袋《ふくろ》のような部分《ぶぶん》。②すぐ近《ちか》く。そば。文 橋《はし》の**たもと**。

218ページ

せわしい いそがしい。せかせかして落《お》ち着《つ》かない。文 年末《ねんまつ》はいつも**せわしい**。／**せわしく**動《うご》き回《まわ》る。

晴《は》れやかだ ①空《そら》が晴《は》れわたっている様子《ようす》。＊②明《あか》るくさわやかで、気持《きも》ちよさそうな様子《ようす》。文 試合後《しあいご》の**晴《は》れやかな**表情《ひょうじょう》。

ここがポイント！

教科書《きょうかしょ》の「学習《がくしゅう》」の答《こた》えと考《かん》え方《かた》

教科書 219ページ

捉《とら》える ❶

随筆《ずいひつ》二《に》編《へん》を読《よ》み、印象《いんしょう》に残《のこ》った語句《ごく》や表現《ひょうげん》を挙《あ》げよう。語句《ごく》や表現《ひょうげん》の工夫《くふう》に着目《ちゃくもく》しよう。

答えの例

空《そら》

・ああ、これが「風花《かざはな》」というものか！（P216・9）
・深《ふか》く濃《こ》い冬《ふゆ》の青空《あおぞら》が、真《ま》っ白《しろ》な雪《ゆき》を生《う》み出《だ》している（P216・10）
・雪《ゆき》は見《み》えない高《たか》みで生《う》まれ、際限《さいげん》もなくひらひら・ひらひらと舞《ま》い下《お》りてくる（P217・1）
・雪《ゆき》の白《しろ》さに引《ひ》き立《た》てられて（P217・3）

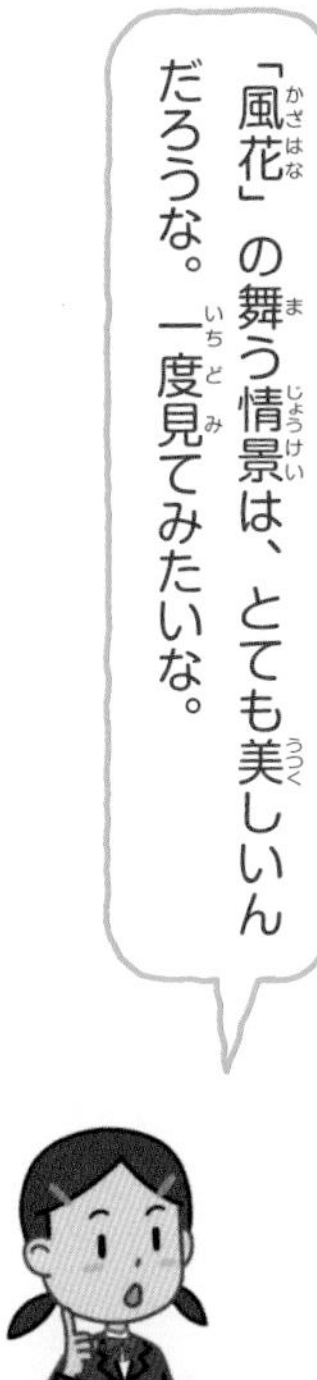

えんぽう

・忘《わす》れられない言葉群《ことばぐん》をたどってみると、最《もっと》も古《ふる》い記憶《きおく》の中《なか》から現《あらわ》れる（Ｐ217・６）
・至福《しふく》のひととき（Ｐ217・11）
・のんびりした父《ちち》の気配《けはい》（Ｐ217・11）
・着物姿《きものすがた》の父《ちち》のたもとや、差《さ》し出《だ》してくれた人《ひと》さし指《ゆび》を、電車《でんしゃ》のつり革《かわ》のようににぎりしめて（Ｐ217・12）
・透明《とうめい》な膜《まく》に包《つつ》まれている（Ｐ218・４）
・息《いき》がせわしくなって（Ｐ218・５）
・歌《うた》うように「エンポーエンポー」と繰《く》り返《かえ》す（Ｐ218・９）
・まぶしい晴《は》れやかな「えんぽう」（Ｐ218・11）

「えんぽう」という言葉《ことば》を漢字《かんじ》で書《か》くと、どんな漢字《かんじ》が当《あ》てはまるのかな。

「至福《しふく》のひととき」という言葉《ことば》が、私《わたし》は好《す》きだな。

考え方

初《はじ》めて読《よ》んだときに印象《いんしょう》に残《のこ》った語句《ごく》や表現《ひょうげん》、たとえを使《つか》って表《あらわ》されたもの、普段使《ふだんつか》わない言葉《ことば》などを挙《あ》げてみよう。

読《よ》み深《ふか》める❷ 筆者《ひっしゃ》の考《かんが》えや思《おも》いについて話《はな》し合《あ》ってみよう。

① 「空《そら》」について、筆者《ひっしゃ》が「風花《かざはな》」ではなく「空《そら》」という題名《だいめい》を付《つ》けたのはなぜだと考《かんが》えるか。

答えの例

この随筆《ずいひつ》には、筆者《ひっしゃ》が「風花《かざはな》」を浴《あ》びながら空《そら》を見上《みあ》げたときに、「深《ふか》く濃《こ》い冬《ふゆ》の青空《あおぞら》が、真《ま》っ白《しろ》な雪《ゆき》を生《う》み出《だ》しているとしか思《おも》えない」状況《じょうきょう》であったことが書《か》かれている。筆者《ひっしゃ》はその空《そら》について「あんなに美《うつく》しい『青空《あおぞら》』を見《み》たことがなかった」と言《い》っているのだから、筆者《ひっしゃ》の感動《かんどう》は「風花《かざはな》」ではなく、「空《そら》の青《あお》さ」にあると考《かんが》えられる。それを伝《つた》えたかったので、「空《そら》」という題名《だいめい》を付《つ》けたのだろう。

考え方

題名《だいめい》は、その文章《ぶんしょう》の中心《ちゅうしん》となることを表《あらわ》すものなので、筆者《ひっしゃ》の感動《かんどう》の中心《ちゅうしん》が「風花《かざはな》」ではなく、いつもの冬《ふゆ》の灰色《はいいろ》の「空《そら》」とは違《ちが》う、青《あお》い「空《そら》」であったことを押《お》さえる。

「風花《かざはな》」「空《そら》」という題名《だいめい》以外《いがい》の題名《だいめい》をつけるとしたら、どんな言葉《ことば》がいいのかな。

② 「えんぽう」という言葉《ことば》は、幼《おさな》い「私《わたし》」にとってどのような意《い》味《み》をもっていたと筆者《ひっしゃ》は考《かんが》えているか。

答えの例

大人《おとな》だけが行《い》くことができる、非日常的《ひにちじょうてき》で特別《とくべつ》な、晴《は》れがましい場所《ばしょ》を表《あらわ》しているもの。

考え方

「えんぽう」は、父《ちち》の主張先《しゅちょうさき》でしかないのだが、幼《おさな》い筆者《ひっしゃ》はそれがわからない。まして、「天井《てんじょう》を眺《なが》めながら、歌《うた》うように『エンポーエンポー』と繰《く》り返《かえ》す」父《ちち》の姿《すがた》は、「まぶしく、非日常的《ひにちじょうてき》」なものに感《かん》じられ、自分《じぶん》が「連《つ》れていってもらえない」こともあり、「深《ふか》く深《ふか》く憧《あこが》れ」る対象《たいしょう》になっていることから考《かんが》える。

父《ちち》の返事《へんじ》のときだけ「エンポーエンポー」と片仮名表記《かたかなひょうき》なのは、なぜだろう。

考《かんが》えをもつ❸

自分《じぶん》の体験《たいけん》を振《ふ》り返《かえ》って伝《つた》え合《あ》おう。

自分自身《じぶんじしん》の体験《たいけん》を振《ふ》り返《かえ》り、忘《わす》れられない「自然《しぜん》の美《うつく》しさ」や「言葉《ことば》」について伝《つた》え合《あ》おう。

答えの例

私《わたし》にはお気《き》に入《い》りの場所《ばしょ》がある。そこは春《はる》の公園《こうえん》の桜並木《さくらなみき》だ。満《まん》開《かい》の桜《さくら》がこぼれんばかりに枝《えだ》をしならせて咲《さ》き、木々《きぎ》の間《あいだ》を鳥《とり》や虫《むし》たちが飛《と》び回《まわ》っている。遠《とお》くから見《み》ているだけでもウキウキするのだが、この桜《さくら》のトンネルに一歩《いっぽ》足《あし》を踏《ふ》み入《い》れたときには、日常《にちじょう》とはかけ離《はな》れた空間《くうかん》に迷《まよ》い込《こ》んだように感《かん》じる。

すぐに通《とお》り過《す》ぎるのはもったいないので、ひとときその空間《くうかん》にとどまり桜《さくら》を見上《みあ》げる。このときにしか味《あじ》わえない、心地《ここち》よい「春《はる》」を全身《ぜんしん》で受《う》け止《と》め、満喫《まんきつ》する。全身《ぜんしん》が満《み》たされ、心《こころ》に活力《かつりょく》がみなぎる。至福《しふく》のときを思《おも》う存分《ぞんぶん》過《す》ごすことができたら、ゆっくりと歩《ある》き出《だ》しトンネルを抜《ぬ》ける。すると、そこには前《まえ》とは違《ちが》う前向《まえむ》きな自分《じぶん》がいることがわかる。

春《はる》のひととき、桜並木《さくらなみき》を歩《ある》くときが、私《わたし》は一番《いちばん》好《す》きである。桜《さくら》のトンネルを抜《ぬ》けると、私《わたし》は一回《ひとまわ》り大《おお》きく成長《せいちょう》しているように感《かん》じるから。

考え方

「自然《しぜん》の美《うつく》しさ」や「言葉《ことば》」について、自分《じぶん》がそのことをなぜ忘《わす》れられないのかが伝《つた》わるように書《か》く。たとえを使《つか》うなど、自分《じぶん》の言《い》いたいことがわかりやすく伝《つた》わるように表現《ひょうげん》の工夫《くふう》をするのもよい。

書《か》き終《お》わったら、言《い》いたいことが正《ただ》しく伝《つた》わっているかを確《たし》かめよう。

テスト直前《ちょくぜん》にチェック！
随筆二編《ずいひつにへん》

教科書 216~219ページ

空

北陸の山奥に住んだのは、小さい頃からの憧れであった雪のそばにいたかったせいかもしれない。二十数軒という小さな集落の中の空き家を借りて住んでいた。

最初の冬である。軒までの雪に埋もれて過ごしていたのだが、ある日、外に出ると、一面に小雪が舞っている。一面の雪なのに、辺りが妙に明るい。①なんか変だなと、ふと空を見上げると——そこには、灰色の重たい雲はなく、抜けるように青い空があった。

ああ、これが「②風花《かざはな》」というものか！　私は、雪を浴びながら空を見上げていた。深く濃い冬の青空が、真っ白な雪を生み出しているとしか思えない。後から後から、雪は見えない高みで生まれ、際限もなくひらひら・ひらひらと舞い下りてくるのである。目が回るようだ。雪の白さに引き立てられて、空の青さは、いよいよ濃い。私は、あんな美しい「青空」を見たことがなかった。

1 ——線①「なんか変だなと、ふと空を見上げると」とありますが、このとき筆者が見たものは何ですか。文章中から九字で書き抜きなさい。

2 よく出る！ ——線②「風花」とは、どのようなものですか。簡潔に説明しなさい。

（　　　　）

3 この文章の情景からは、二種類の色の対比が読み取れる。それぞれ何のどんな色かを「……の……色」という形で、次の（　）に当てはまるように書きなさい。

（　　　　）と（　　　　）が対比している。

4 この文章の題名が「空」であるのは、なぜだと思いますか。簡潔に書きなさい。

（　　　　）

解くコツ　題名は、この文章の中心となることを表している。

えんぽう

忘れられない言葉群をたどってみると、最も古い記憶の中から現れるのは③「えんぽう」という言葉だ。

四、五歳の頃、父と私だけで暮らす時期が二、三年あった。たった二人の日々である。仕事から帰った後の父、休日の父に、まとわりつき、家の中でも父の後をくっついて回った。

朝夕の日課である散歩の時間は、至福のひとときだった。のんびりした父の気配に包まれて、安心していられたから。着物姿の父のたもとや、差し出してくれた人さし指を、電車のつり革のようににぎりしめていれば、何も怖いものはなかった。

小学校の校長をしていた父は、学校間の会議などがあるらしく、時々、日帰りの出張などしていた。家の中でも、くっついて回る私である。出張の日の父の気配の違いを見逃さない。

そんな日の父は、④透明な膜に包まれている。そしてナフタリンの匂いがする洋服を、きちんと着始める。私は息がせわしくなって、必ず同じ質問をする。

「父ちゃん、どこ行くの？」

父も必ず同じ答えを返す。「えんぽう、えんぽう」。天井を眺めながら、歌うように「⑤エンポーエンポー」と繰り返す父の姿はまぶしく、非日常的であり、私は、連れていってもらえない「えんぽう」というところに、深く深く憧れた。そしてその、まぶしい晴れやかな「えんぽう」に、いつか必ず行きたいと思っていた。

工藤直子「随筆二編」（光村図書『国語一年』216〜218ページ）

5 よく出る！ ——線③「『えんぽう』という言葉」とありますが、「えんぽう」を漢字二字で書きなさい。

6 ——線④「透明な膜に包まれている。」とありますが、これは筆者と父との間がどのような状況であることを表していますか。それを説明した次の（　）に当てはまる言葉を、簡潔に書きなさい。

筆者が父に（　　　　）状況。

7 ——線⑤「エンポーエンポー」とありますが、なぜこの部分だけが、片仮名表記なのですか。その理由として適切なものを次から一つ選び、記号に○を付けなさい。

ア　筆者と父とでは「えんぽう」の意味の捉え方が違うから。
イ　平仮名では「えんぽう」の意味が伝わりにくいから。
ウ　筆者には「えんぽう」が外国語のように聞こえるから。
エ　父は「えんぽう」を歌うように言っているから。

8 筆者にとって「えんぽう」とは、どのようなところですか。適切なものを次から一つ選び、記号に○を付けなさい。

ア　自分を不安にさせるいやな場所。
イ　今の自分には行けない憧れの場所。
ウ　日常が感じられる大人だけがいける場所。
エ　父が秘密にしている場所。

解くコツ　最後の段落に着目する。

◀答えは168ページ

8 自分《じぶん》を見《み》つめる

構成《こうせい》や描写《びょうしゃ》を工夫《くふう》して書《か》こう

教科書 220~223ページ

解説

過去《かこ》の体験《たいけん》を振《ふ》り返《かえ》り、その中《なか》から自分《じぶん》にとって意味《いみ》のあったものを選《えら》んで、随筆《ずいひつ》を書《か》く。

1 **随筆《ずいひつ》の題材《だいざい》を選《えら》ぼう。**

【題材例《だいざいれい》】
・忘《わす》れられない言葉《ことば》・風景《ふうけい》。
・心揺《こころゆ》さぶられた体験《たいけん》。
・ものの見方《みかた》が変《か》わったり、新《あたら》しい気《き》づきがあったりした体験《たいけん》。
・自分《じぶん》の成長《せいちょう》を感《かん》じた体験《たいけん》。　など

2 **具体的《ぐたいてき》な材料《ざいりょう》を書《か》き出《だ》そう。**

次《つぎ》の二《ふた》つの視点《してん》からエピソードを掘《ほ》り下《さ》げ、材料《ざいりょう》を付箋《ふせん》に書《か》き出《だ》していく。

●事実《じじつ》…エピソードを詳《くわ》しく思《おも》い出《だ》したもの
・5W1H（いつ・誰《だれ》が・どこで・何《なに》を・なぜ・どのように）
・会話《かいわ》や言葉《ことば》。
・情景《じょうけい》や周《まわ》りの様子《ようす》。
・匂《にお》いや音《おと》、味《あじ》など五感《ごかん》で感《かん》じたこと。　など

●意味《いみ》づけ…エピソードの意味《いみ》を見《み》つめ直《なお》したり、見渡《みわた》したりすること。
・そのときどんなことを思《おも》ったか。
・今《いま》にして思《おも》う、その体験《たいけん》の意味《いみ》や価値《かち》。
・気《き》づいたことや考《かんが》えたこと。　など

3 **構成《こうせい》を考《かんが》えよう。**

付箋《ふせん》に書《か》いた、事実《じじつ》と意味《いみ》づけを照《て》らし合《あ》わせて、わかりやすい構成《こうせい》を考《かんが》える。

4 **随筆《ずいひつ》を書《か》こう。**

書《か》き出《だ》しや描写《びょうしゃ》を工夫《くふう》して、六百字《ろっぴゃくじ》から八百字程度《はっぴゃくじていど》にまとめる。

【書《か》き出《だ》しの工夫例《くふうれい》】
・時間《じかん》や場所《ばしょ》、人物《じんぶつ》の紹介《しょうかい》、出来事《できごと》の背景《はいけい》などから書《か》き出《だ》す。
・情景《じょうけい》、行動《こうどう》、心情《しんじょう》、五感《ごかん》による感覚《かんかく》などの描写《びょうしゃ》から書《か》き出《だ》す。
・会話《かいわ》や心《こころ》の声《こえ》から書《か》き出《だ》す。
・自分《じぶん》の考《かんが》えから書《か》き出《だ》す。

5 **学習《がくしゅう》を振《ふ》り返《かえ》ろう。**

○体験《たいけん》や思《おも》いを伝《つた》えるために吟味《ぎんみ》した言葉《ことば》で書《か》くことができたか。
○自分《じぶん》にとっての意味《いみ》が伝《つた》わる構成《こうせい》になるように、書《か》き出《だ》しや結《むす》びなどの描写《びょうしゃ》を工夫《くふう》することができたか。

言葉《ことば》3 さまざまな表現《ひょうげん》技法《ぎほう》

教科書 224~226ページ

漢字のチェック

新出漢字

224	224	226	226	226
韻 *イン	替 タイ *かえる かわる	蜂 ホウ *はち	擬 *ギ	亀 キ *かめ
おとへん 19画	ひらび 12画	むしへん 13画	てへん 17画	かめ 11画
意味 ①音《おと》のひびき。②詩《し》や歌《うた》。	意味 かわる。入《い》れかわる。取《と》りかえる。	意味 ①はち。②むらがる。	意味 似《に》せる。まねる。なぞらえる。	意味 ①かめ。②かめの甲《こう》。
言葉 ①韻律《いんりつ》・余韻《よいん》 ②韻文《いんぶん》	言葉 交替《こうたい》・代替《だいたい》・替《か》え歌《うた》	言葉 ①養蜂《ようほう》・蜜蜂《みつばち》 ②蜂起《ほうき》	言葉 擬音《ぎおん》・擬声語《ぎせいご》・擬態《ぎたい》・擬人法《ぎじんほう》	言葉 ①海亀《うみがめ》 ②亀裂《きれつ》
使い方 詩《し》・短歌《たんか》・俳句《はいく》などの韻文《いんぶん》。	使い方 掃除当番《そうじとうばん》を交替《こうたい》で行《おこな》う。	使い方 養蜂家《ようほうか》に取材《しゅざい》をする。	使い方 「にこにこ」は擬態語《ぎたいご》である。	使い方 大《おお》きな亀《かめ》がのそのそ歩《ある》く。
準2級	4級	2級	準2級	2級

＊はここに出《で》てきた読《よ》み。

新出音訓

225
対句（ツイク）

解説

●言葉《ことば》の並《なら》べ方《かた》の工夫《くふう》

・体言止《たいげんど》め…文末《ぶんまつ》や句末《くまつ》を体言《たいげん》（名詞《めいし》）で結《むす》ぶ方法《ほうほう》。

・倒置《とうち》…普通《ふつう》の言《い》い方《かた》と、言葉《ことば》の順序《じゅんじょ》を入《い》れ替《か》える方法《ほうほう》。

・反復《はんぷく》…同《おな》じ言葉《ことば》を繰《く》り返《かえ》す方法《ほうほう》。

・対句《ついく》…言葉《ことば》を形《かたち》や意味《いみ》が対応《たいおう》するように並《なら》べる方法《ほうほう》。

・省略《しょうりゃく》…文章《ぶんしょう》や言葉《ことば》を途中《とちゅう》で止《や》めて、後《あと》を省略《しょうりゃく》する方法《ほうほう》。

●比喩《ひゆ》（たとえ）…物事《ものごと》を、他《ほか》のものにたとえて表現《ひょうげん》すること。

・直喩《ちょくゆ》…「まるで……」「あたかも……」「……ようだ」「……みたいだ」などの言葉《ことば》を使《つか》ってたとえる方法《ほうほう》。

・隠喩《いんゆ》…「まるで……」「あたかも……」「……ようだ」「……みたいだ」などの言葉《ことば》を使《つか》わないでたとえる方法《ほうほう》。

・擬人法《ぎじんほう》…自然現象《しぜんげんしょう》や物体《ぶったい》、動植物《どうしょくぶつ》などの、人間《にんげん》でないものを人間《げん》にたとえて表《あらわ》す方法《ほうほう》。

漢字《かんじ》3 漢字《かんじ》の成《な》り立《た》ち／漢字《かんじ》に親《した》しもう6

教科書 227～229ページ

新出漢字

漢字のチェック

＊はここに出《で》てきた読《よ》み。

符（227）
＊フ
たけかんむり　11画
- 意味：①印《しるし》となる札《ふだ》。②記号《きごう》。③神仏《しんぶつ》の守《まも》り札《ふだ》。
- 言葉：①切符《きっぷ》　②符号《ふごう》・音符《おんぷ》・意符《いふ》　③護符《ごふ》
- 使い方：彼《かれ》の話《はなし》は事実《じじつ》と符合《ふごう》する。

3級

峠（228）
とうげ
やまへん　9画
- 意味：①山道《やまみち》を登《のぼ》り切《き》り、下《くだ》り始《はじ》める所《ところ》。②最《もっと》もさかんな時期《じき》。
- 言葉：①峠《とうげ》の茶屋《ちゃや》　②峠《とうげ》を越《こ》す
- 使い方：彼《かれ》の病《やまい》は峠《とうげ》を越《こ》した。

4級

刃（228）
（ジン）　＊は
かたな　3画
- 意味：①は。やいば。②はもので傷《きず》つける。
- 言葉：①刃先《はさき》・刃物《はもの》・両刃《りょうば》　②自刃《じじん》
- 使い方：包丁《ほうちょう》の刃《は》が欠《か》ける。

準2級

狩（228）
シュ　かる　かり
けものへん　9画
- 意味：動物《どうぶつ》を捕《と》らえる。動植物《どうしょくぶつ》をとったりながめたりする。
- 言葉：潮干狩《しおひが》り・きつね狩《が》り・狩猟《しゅりょう》
- 使い方：狩猟《しゅりょう》や採集《さいしゅう》で食《た》べ物《もの》を得《え》る生活《せいかつ》。

4級

販（228）
ハン
かいへん　11画
- 意味：品物《しなもの》を売《う》る。商売《しょうばい》をする。
- 言葉：販売《はんばい》・販路《はんろ》・市販《しはん》
- 使い方：新商品《しんしょうひん》の販路《はんろ》の拡大《かくだい》をはかる。

4級

諭（228）
ユ　さとす
ごんべん　16画
- 意味：さとす。よくわかるように言《い》い聞《き》かせる。
- 言葉：教諭《きょうゆ》・説諭《せつゆ》・教《おし》え諭《さと》す
- 使い方：幼《おさな》い子供《こども》にこんこんと教《おし》え諭《さと》す。

準2級

苛（228）
カ
くさかんむり　8画
- 意味：きびしい。むごい。
- 言葉：苛烈《かれつ》・苛酷《かこく》
- 使い方：苛酷《かこく》な環境《かんきょう》で生《い》き延《の》びる生物《せいぶつ》。

2級

伯（228）
ハク
にんべん　7画
- 意味：①父母《ふぼ》の兄《あに》や姉《あね》。②あることに優《すぐ》れた人《ひと》。
- 言葉：①伯父《はくふ》（おじ）・伯母《はくぼ》（おば）　②画伯《がはく》
- 使い方：二人《ふたり》は実力伯仲《じつりょくはくちゅう》だ。

準2級

拍（228）
ハク　ヒョウ
てへん　8画
- 意味：①打《う》つ。②音楽《おんがく》のリズムの単位《たんい》。
- 言葉：①拍車《はくしゃ》・拍手《はくしゅ》　②拍子《ひょうし》
- 使い方：卒業生《そつぎょうせい》を拍手《はくしゅ》で迎《むか》える。

4級

泊（228）
ハク　とまる　とめる
さんずい　8画
- 意味：①船《ふね》がとまる。②宿《やど》にとまる。③さっぱりしている。
- 言葉：①停泊《ていはく》　②外泊《がいはく》・宿泊《しゅくはく》　③淡泊《たんぱく》
- 使い方：姉《あね》は、淡泊《たんぱく》な性格《せいかく》だ。

4級

「伯」はにんべん、「拍」はてへん、「泊」はさんずいだね。へんから漢字《かんじ》の意味《いみ》を考《かんが》えると、覚《おぼ》えやすいかもしれないよ。

穫

229

*カク

のぎへん　18画

意味　稲《いね》や麦《むぎ》などをかり取《と》る。かり入《い》れ。

言葉　収穫《しゅうかく》

使い方　この辺《あた》りでは、小麦《こむぎ》は六月《ろくがつ》ごろ収穫《しゅうかく》される。

3級

廷

229

*テイ

えんにょう　7画

意味　①裁判《さいばん》を行《おこな》う所《ところ》。②昔《むかし》、政治《せいじ》を行《おこな》った所《ところ》。

言葉　①開廷《かいてい》・閉廷《へいてい》・法廷《ほうてい》　②宮廷《きゅうてい》・朝廷《ちょうてい》

使い方　事件《じけん》の証人《しょうにん》が出廷《しゅってい》する。

準2級

幣

229

*ヘイ

はば　15画

意味　①神前《しんぜん》に供《そな》える布《ぬの》。②お金《かね》。

言葉　①御幣《ごへい》　②貨幣《かへい》・紙幣《しへい》・造幣《ぞうへい》

使い方　古《ふる》い貨幣《かへい》を収集《しゅうしゅう》する。

準2級

更

229

*コウ　さら　(ふける)(ふかす)

ひらび　7画

意味　①改《あらた》める。新《あたら》しくする。②その上《うえ》に。③深《ふか》くなる。

言葉　①更衣《こうい》・更改《こうかい》・更迭《こうてつ》　②更《さら》に　③深更《しんこう》け

使い方　会議《かいぎ》の日時《にちじ》を変更《へんこう》する。

4級

迭

229

*テツ

しんにょう　8画

意味　かわる。

言葉　更迭《こうてつ》

使い方　首相《しゅしょう》が大臣《だいじん》を更迭《こうてつ》した。

準2級

勲

229

*クン

ちから　15画

意味　手柄《てがら》。功績《こうせき》。

言葉　勲章《くんしょう》・殊勲《しゅくん》

使い方　文化勲章《ぶんかくんしょう》を受章《じゅしょう》する。

準2級

虚

229

*キョ　(コ)

とらがしら　11画

意味　①空《から》っぽ。②うそ。③油断《ゆだん》。④素直《すなお》な。

言葉　①虚無《きょむ》・空虚《くうきょ》　②虚栄《きょえい》・虚偽《きょぎ》　③虚《きょ》をつく　④虚心《きょしん》

使い方　校長先生《こうちょうせんせい》は謙虚《けんきょ》な方《かた》だ。

3級

偽

229

*ギ　いつわる　(にせ)

にんべん　11画

意味　いつわる。うそをつく。にせ。

言葉　偽善《ぎぜん》・偽造《ぎぞう》・真偽《しんぎ》・虚偽《きょぎ》

使い方　うわさの真偽《しんぎ》は不明《ふめい》だ。

準２級

琴

229

*キン　こと

おうへん　12画

意味　①こと。弦楽器《げんがっき》の一《ひと》つ。②打楽器《だがっき》の一《ひと》つ。

言葉　①琴線《きんせん》　②鉄琴《てっきん》・木琴《もっきん》

使い方　心《こころ》の琴線《きんせん》に触《ふ》れる。

準2級

鼓

229

*コ　(つづみ)

つづみ　13画

意味　①つづみ。②つづみを打《う》つ。奮《ふる》い立《た》たせる。

言葉　①鼓笛《こてき》・太鼓《たいこ》　②鼓舞《こぶ》・鼓吹《こすい》・太鼓判《たいこばん》

使い方　勇気《ゆうき》を鼓舞《こぶ》する。

4級

惜

229

*セキ　おしい　おしむ

りっしんべん　11画

意味　残念《ざんねん》に思《おも》う。大切《たいせつ》にする。

言葉　口惜《くちお》しい・惜敗《せきはい》・哀惜《あいせき》

使い方　一対二《いちたいに》で惜敗《せきはい》する。

3級

据

229

*すえる　すわる

てへん　11画

意味　すえる。ある場所《ばしょ》に動《うご》かないように置《お》く。

言葉　据《す》え置《お》く・腰《こし》を据《す》える

使い方　腰《こし》を据《す》えて研究《けんきゅう》に取《と》り組《く》む。

準2級

汗

229

*カン　あせ

さんずい　6画

意味　あせ。あせをかく。

言葉　汗水《あせみず》・汗腺《かんせん》・冷《ひ》や汗《あせ》・発汗《はっかん》

使い方　汗水垂《あせみずた》らして必死《ひっし》に働《はたら》く。

4級

「惜《お》しむ」は、送《おく》り仮名《かな》に注意《ちゅうい》しようね。

新出音訓

228 何（カ）

229 来す（きたす）

229 商う（あきなう）

229 提げる（さげる）

解説

漢字《かんじ》は、作《つく》り方《かた》や使《つか》い方《かた》などにより、六種類《ろくしゅるい》に分類《ぶんるい》される。この六種《ろくしゅ》は「六書《りくしょ》」とよばれる。

○漢字《かんじ》の作《つく》り方《かた》による分類《ぶんるい》

象形《しょうけい》…物《もの》の形《かたち》をかたどって、その物《もの》を表《あらわ》したもの。

指事《しじ》…抽象的《ちゅうしょうてき》な事柄《ことがら》を、記号《きごう》などで表《あらわ》したもの。

会意《かいい》…二《ふた》つ以上《いじょう》の字《じ》を組《く》み合《あ》わせて、新《あたら》しい意味《いみ》を表《あらわ》したもの。

形声《けいせい》…一方《いっぽう》が音《おん》、他方《たほう》が意味《いみ》を表《あらわ》す二字《にじ》を組《く》み合《あ》わせたもの。音《おん》を表《あらわ》す部分《ぶぶん》を**音符《おんぷ》**、意味《いみ》を表《あらわ》す部分《ぶぶん》を**意符《いふ》**という。

○漢字《かんじ》の使《つか》い方《かた》による分類《ぶんるい》

転注《てんちゅう》…漢字《かんじ》の意味《いみ》が広《ひろ》がって、他《ほか》の意味《いみ》にも転用《てんよう》されること。

仮借《かしゃ》…意味《いみ》とは無関係《むかんけい》に、同音《どうおん》の漢字《かんじ》を借《か》りて表記《ひょうき》すること。

○その他《た》

国字《こくじ》…日本《にっぽん》で独自《どくじ》に作《つく》られた漢字《かんじ》。

ここがポイント！ 教科書《きょうかしょ》の「練習問題《れんしゅうもんだい》」の答《こた》えと考《かんが》え方《かた》

教科書 228ページ

1 次《つぎ》の漢字《かんじ》の成《な》り立《た》ちを調《しら》べ、象形《しょうけい》・指事《しじ》・会意《かいい》・形声《けいせい》に分類《ぶんるい》してみよう。

①月 ②狩 ③本 ④河 ⑤末 ⑥武

答えの例

① 月…三日月《みかづき》の形《かたち》をかたどったもの。／象形《しょうけい》

② 狩…「犭［意符《いふ》］犬《いぬ》の意《い》＋守《まもる》［音符《おんぷ》］シュ」で、かりの意味《いみ》。／形声《けいせい》または会意形声《かいいけいせい》

③ 本…「木＋一」で、根《ね》もと・もとの意味《いみ》。／指事《しじ》

④ 河…「氵［意符《いふ》］水《みず》の意《い》＋可［音符《おんぷ》］カ（かぎの形《かたち》に曲《ま》がるの意《い》）」で、黄河《こうが》、大《おお》きな川《かわ》の意味《いみ》。／形声《けいせい》または会意形声《かいいけいせい》

⑤ 末…「木＋一」で、もとの部分《ぶぶん》から遠《とお》い所《ところ》の意味《いみ》。／指事《しじ》

⑥ 武…「戈（ほこの意《い》）＋止（足《あし》の意《い》）」で、ほこを持《も》って戦《たたか》いに行《い》くという意味《いみ》。／会意《かいい》または会意形声《かいいけいせい》

2 次《つぎ》の文字《もじ》を組《く》み合《あ》わせて漢字《かんじ》を四字《よじ》作《つく》ろう。（各文字《かくもじ》は一回《いっかい》ずつ用《もち》い、必要《ひつよう》ならば、位置《いち》に応《おう》じて形《かたち》を変《か》えること。）

山　子　月　言　系　石　日　人

答え

岩（山＋石）・孫（子＋系）・明（日＋月）・信（人＋言）

3 次《つぎ》の漢字《かんじ》に共通《きょうつう》する音《おん》を答《こた》えよう。

①飯・板・販　②署・諸・暑　③輸・愉・諭
④河・何・苛　⑤伯・拍・泊

答え

①ハン　②ショ　③ユ　④カ　⑤ハク

「漢字《かんじ》に親《した》しもう６」の答《こた》え

〈小学校《しょうがっこう》で習《なら》った漢字《かんじ》〉

1 例 私《わたし》は今《いま》まで政治《せいじ》や経済《けいざい》に全《まった》く興味《きょうみ》がありませんでした。しかし、法律《ほうりつ》が改正《かいせい》されて、一八歳《じゅうはっさい》から選挙権《せんきょけん》が与《あた》えられたので、これを機《き》に政治《せいじ》について勉強《べんきょう》しようと思《おも》いました。政党《せいとう》や立候補者《りっこうほしゃ》の政策《せいさく》などを調《しら》べ、責任《せきにん》をもって投票《とうひょう》できるようにしたいと思《おも》っています。

〈中学校《ちゅうがっこう》で習《なら》う漢字《かんじ》〉

2 ①しゅうかく　②ほうてい　③かへい　④こうてつ
⑤くんしょう　⑥きょぎ

3 腰《こし》を据《す》える・琴線《きんせん》に触《ふ》れる・太鼓判《たいこばん》を押《お》す・寸暇《すんか》を惜《お》しむ・二《に》の足《あし》を踏《ふ》む・耳《みみ》を澄《す》ます・額《ひたい》に汗《あせ》する（順不同《じゅんふどう》）

8 自分《じぶん》を見《み》つめる 一年間《いちねんかん》の学《まな》びを振《ふ》り返《かえ》ろう

教科書 230~233ページ

解説

観点《かんてん》を決《き》めて、一年間《いちねんかん》の国語《こくご》の学習《がくしゅう》を見直《みなお》し、気《き》づいたことをフリップにまとめてグループで発表《はっぴょう》する。

1 **観点《かんてん》を決《き》めて、一年間《いちねんかん》の学習《がくしゅう》を振《ふ》り返《かえ》ろう。**
一年間《いちねんかん》の学習《がくしゅう》を振《ふ》り返《かえ》り、学習《がくしゅう》を見直《みなお》す観点《かんてん》を決《き》める。教科書《きょうかしょ》やノートを読《よ》み直《なお》し、情報《じょうほう》をカードなどにまとめる。

2 **情報《じょうほう》を整理《せいり》し、発表内容《はっぴょうないよう》を決《き》めよう。**
カードの情報《じょうほう》を、共通点《きょうつうてん》や相違点《そういてん》に注意《ちゅうい》して整理《せいり》する。

3 **話《はなし》の構成《こうせい》を考《かんが》え、フリップを作《つく》ろう。**
構成《こうせい》を考《かんが》えて、要点《ようてん》をまとめたフリップを作《つく》る。

4 **グループ内《うち》で発表《はっぴょう》しよう。**
フリップを使《つか》って、一人三分程度《ひとりさんぷんていど》で発表《はっぴょう》する。

5 **学習《がくしゅう》を振《ふ》り返《かえ》ろう。**
○観点《かんてん》を決《き》めて、一年間《いちねんかん》の学習《がくしゅう》を振《ふ》り返《かえ》ることができたか。
○自分《じぶん》の考《かんが》えをわかりやすく伝《つた》えるための工夫《くふう》をしたか。

8 さくらの　はなびら

自分《じぶん》を見《み》つめる

まど・みちお

教科書 234～236ページ

おおよその内容《ないよう》

第一連《だいいちれん》・第二連《だいにれん》（初《はじ》め～234ページ5行目《ぎょうめ》）

●「さくらの　はなびら」の様子《ようす》。

・さくらの花《はな》びらが枝《えだ》からはなれて、地面《じめん》についた様子《ようす》。

第三連《だいさんれん》・第四連《だいよんれん》・第五連《だいごれん》（234ページ7行目《ぎょうめ》～235ページ2行目《ぎょうめ》）

●「さくらの　はなびら」の様子《ようす》を見《み》た作者《さくしゃ》の気持《きも》ち。

・さくらは「ひとつの　こと」を終《お》え、新《あたら》しく「ひとつの　こと」を始《はじ》めたように思《おも》える。それは、ただ「さくら」だけのことではなく、「ちきゅう」のことでもあり、「うちゅう」のことでもある。

第六連《だいろくれん》・第七連《だいななれん》（235ページ4行目《ぎょうめ》～終《お》わり）

●作者《さくしゃ》の思《おも》い。

・「あたりまえすぎる」「ひとつの　こと」は、「かけがえのない」「ひとつの　こと」なのである

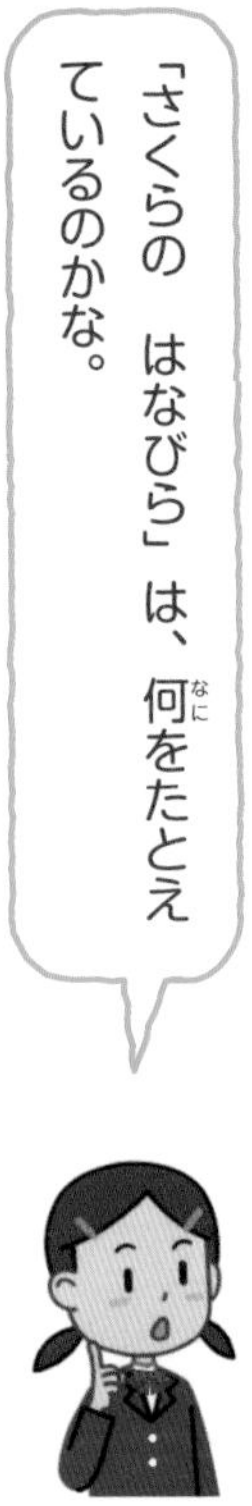
「さくらの　はなびら」は、何《なに》をたとえているのかな。

ここがポイント！

教科書《きょうかしょ》の「学習《がくしゅう》」の答《こた》えと考《かんが》え方《かた》

教科書 236ページ

捉《とら》える❶　印象《いんしょう》に残《のこ》った表現《ひょうげん》を発表《はっぴょう》しよう。

詩《し》の中《なか》で印象《いんしょう》に残《のこ》った言葉《ことば》や表現《ひょうげん》を抜《ぬ》き出《だ》し、理由《りゆう》とともに発表《はっぴょう》しよう。

答えの例

・「さくらに　とって／いや　ちきゅうに　とって／うちゅうに　とって」

（理由《りゆう》）だんだんスケールが大《おお》きくなる表現《ひょうげん》を使《つか》い、作者《さくしゃ》が宇宙《うちゅう》規模《きぼ》で物事《ものごと》を考《かんが》えていることがすごいと思《おも》ったから。

読《よ》み深《ふか》める❷　次《つぎ》の表現《ひょうげん》の意味《いみ》を考《かんが》えよう。

①「さくらの　はなびらが／じめんに　たどりついた」とは、どういうことだろうか。

答えの例

さくらの花《はな》びらがすぐに落《お》ちるのではなく、ゆっくりとあちこちに引《ひ》っかかりながら、やっと地面《じめん》に着《つ》いたことを表《あらわ》している。

考え方

「たどりつく」とは、苦《くる》しみながら、やっとの思《おも》いで行《い》き着《つ》くという意味《いみ》であるので、その意味《いみ》をふまえて考《かんが》える。

② 「いま　おわったのだ／そして　はじまったのだ」とは、何《なに》が終《お》わり、何《なに》が始《はじ》まったのだろう。

答えの例

咲《さ》いていたさくらの花《はな》の命《いのち》が終《お》わり、そして、それが地面《じめん》に落《お》ちて肥料《ひりょう》になるなどして、次《つぎ》の命《いのち》の基《もと》になり、新《あたら》しい命《いのち》が始《はじ》まったこと。

考え方

この感想《かんそう》は、第一《だいいち》・二連《にれん》にある「さくらの　はなびら」の様子《ようす》を見《み》た作者《さくしゃ》の感想《かんそう》であるので、それをふまえて考《かんが》える。

③ 「かけがえのない／ひとつの　ことが」とあるが、「ひとつのこと」とは何《なん》だろう。そして、それはなぜ、「かけがえのない」ことなのだろう。

答えの例

・ひとつのこと…命《いのち》。生《い》きるということ。
・なぜ、かけがえがないのか…生《い》き物《もの》は一《ひと》つとして同《おな》じではなく、他《ほか》に代《か》わりになるものはないから。

考え方

「ひとつの　こと」という言葉《ことば》は第四連《だいよんれん》にもあり、それはさくらの命《いのち》であると考《かんが》えられる。それが、第五連《だいごれん》になると地球《ちきゅう》や宇宙《うちゅう》にとってのことになるので、「ひとつの　こと」は、さくらをはじめとする生《い》き物《もの》すべてがもつ命《いのち》のことだと考《かんが》えられる。そして、命《いのち》はなくなってしまったら他《ほか》に代《か》わりがきくものはないので、かけがえがないものなのである。

考《かんが》えをもつ③

作者《さくしゃ》の思《おも》いについて語《かた》り合《あ》おう。

読《よ》み深《ふか》めたことを基《もと》に作者《さくしゃ》の思《おも》いを想像《そうぞう》し、考《かんが》えたことを語《かた》り合《あ》おう。

答えの例

作者《さくしゃ》は、命《いのち》をもったものは皆《みな》、かけがえのないものであるということをこの詩《し》を通《とお》して主張《しゅちょう》したかったのだろうと思《おも》う。

考え方

第六《だいろく》・七連《ななれん》が作者《さくしゃ》の思《おも》いであることを押《お》さえて考《かんが》える。

テスト直前《ちょくぜん》にチェック！

さくらの　はなびら

教科書 234〜236ページ

さくらの　はなびら

まど・みちお

えだを　はなれて
ひとひら

①さくらの　はなびらが
じめんに　たどりついた

いま　おわったのだ
そして　はじまったのだ

②ひとつの　ことが
さくらに　とって

いや　ちきゅうに　とって
うちゅうに　とって

あたりまえすぎる
ひとつの　ことが

③かけがえのない
ひとつの　ことが

まど・みちお「さくらの　はなびら」（光村図書『国語一年』234〜235ページ）

1 ——線①「さくらの　はなびらが／じめんに　たどりついた」とありますが、これはさくらのどのような様子を表していますか。簡潔に書きなさい。

（　　　　　　）

2 よく出る！ ——線②「ひとつの　ことが／さくらに　とって」に使われている表現技法として適切なものを次から一つ選び、記号に○を付けなさい。

ア　対句　　イ　直喩　　ウ　擬人法　　エ　倒置

3 ——線③「かけがえのない／ひとつの　ことが」の後に省略されている言葉を、文章中から書き抜きなさい。

（　　　　　　）

4 この詩の主題をまとめた次の文の□に当てはまる言葉を次から一つ選び、記号に○を付けなさい。

「さくらの　はなびら」を□にたとえ、「かけがいのない　ひとつの　こと」としてその大切さを伝えている。

ア　喜び　　イ　歴史
ウ　生命　　エ　進化

解くコツ 「ひとつの　こと」が表しているのは何か。

▶答えは168ページ

文法《ぶんぽう》

教科書 238~254 ページ

教科書の課題

▼次《つぎ》の文《ぶん》の不自然《ふしぜん》なところに線《せん》を引《ひ》き、わかりやすく書《か》き換《か》えよう。（教科書《きょうかしょ》238ページ）

① テーブルをふいて、きれいくする。
② 私《わたし》は、中学校《ちゅうがっこう》では部活動《ぶかつどう》を専念《せんねん》したい。
③ 父《ちち》は歴史小説《れきししょうせつ》を読《よ》むが趣味《しゅみ》です。
④ 僕《ぼく》が駅前《えきまえ》を歩《ある》いていると、友達《ともだち》に名前《なまえ》を呼《よ》んだ。
⑤ 私《わたし》が入学式《にゅうがくしき》で感《かん》じたことは、三年生《さんねんせい》が大人《おとな》みたいです。

答えの例

① ……きれいくする。↓……きれいにする。
② ……部活動《ぶかつどう》を専念《せんねん》したい。↓……部活動《ぶかつどう》に専念《せんねん》したい。
③ ……読《よ》むが　↓……読《よ》むのが
④ ……名前《なまえ》を呼《よ》んだ。↓……名前《なまえ》を呼《よ》ばれた。
⑤ ……大人《おとな》みたいです。↓……大人《おとな》みたいだったということです。

▼次《つぎ》の①②に句点《くてん》を打《う》とう。（教科書《きょうかしょ》240ページ）

① この種《たね》は四月《しがつ》の暖《あたた》かい日《ひ》にまく芽《め》が出《で》るまで毎日水《まいにちみず》をやる小《ち》さな芽《め》が出《で》たら水《みず》をやる回数《かいすう》を減《へ》らす
② 植物《しょくぶつ》プランクトンは動物《どうぶつ》プランクトンや小魚《こざかな》のえさになる小《こ》魚《ざかな》はより大《おお》きな魚《さかな》のえさになるアワビやウニはコンブやワカメなどの海藻《かいそう》を食《た》べる

答え

① この種《たね》は四月《しがつ》の暖《あたた》かい日《ひ》にまく。芽《め》が出《で》るまで毎日水《まいにちみず》をやる。小《ち》さな芽《め》が出《で》たら水《みず》をやる回数《かいすう》を減《へ》らす。
② 植物《しょくぶつ》プランクトンは動物《どうぶつ》プランクトンや小魚《こざかな》のえさになる。小《こ》魚《ざかな》はより大《おお》きな魚《さかな》のえさになる。アワビやウニはコンブやワカメなどの海藻《かいそう》を食《た》べる。

▼次《つぎ》の文《ぶん》を文節《ぶんせつ》に区切《くぎ》ろう。（教科書《きょうかしょ》240ページ）

① かばんに付《つ》けたすずが鳴《な》る。
② 郵便局《ゆうびんきょく》の右《みぎ》に、赤《あか》い屋根《やね》の家《いえ》がある。
③ ここが、今月《こんげつ》の初《はじ》めに開店《かいてん》した新《あたら》しいレストランだ。
④ 僕《ぼく》は、先週夏風邪《せんしゅうなつかぜ》をひいて、学校《がっこう》を休《やす》んだ。
⑤ 昨日《きのう》の午後《ごご》、私《わたし》は同級生《どうきゅうせい》の夏子《なつこ》さんといっしょにバドミントンをしました。

答え

① かばんに／付《つ》けた／すずが／鳴《な》る。
② 郵便局《ゆうびんきょく》の／右《みぎ》に、／赤《あか》い／屋根《やね》の／家《いえ》が／ある。

③ ここが、／今月《こんげつ》の／初《はじ》めに／開店《かいてん》した／新《あたら》しい／レストランだ。

④ 僕《ぼく》は、／先週《せんしゅう》／夏風邪《なつかぜ》を／ひいて、／学校《がっこう》を／休《やす》んだ。

⑤ 昨日《きのう》の／午後《ごご》、／私《わたし》は／同級生《どうきゅうせい》の／夏子《なつこ》さんと／いっしょに／バドミントンを／しました。

考え方

区切《くぎ》れそうなところに「ね」「さ」などを入《い》れて確認《かくにん》してみる。

▼次《つぎ》の文《ぶん》を単語《たんご》に分《わ》けよう。（教科書《きょうかしょ》241ページ）

① ドアの向《む》こうから、フルートの美《うつく》しい音色《ねいろ》が聞《き》こえる。

② ソファーでうとうと昼寝《ひるね》をする。

③ 急行列車《きゅうこうれっしゃ》に乗《の》りおくれる。

④ 期末《きまつ》テストに向《む》け、一生懸命《いっしょうけんめい》勉強《べんきょう》する。

⑤ 日《ひ》がしずみ、辺《あた》りが急《きゅう》にうす暗《ぐら》くなる。

答え

① ドア／の／向《む》こう／から、／フルート／の／美《うつく》しい／音色《ねいろ》／が／聞《き》こえる。

② ソファー／で／うとうと／昼寝《ひるね》／を／する。

③ 急行列車《きゅうこうれっしゃ》／に／乗《の》りおくれる。

④ 期末《きまつ》テスト／に／向《む》け、／一生懸命《いっしょうけんめい》／勉強《べんきょう》する。

⑤ 日《ひ》／が／しずみ、／辺《あた》り／が／急《きゅう》に／うす暗《ぐら》く／なる。

▼次《つぎ》の文《ぶん》から主語《しゅご》と述語《じゅつご》を抜《ぬ》き出《だ》そう。（教科書《きょうかしょ》243ページ）

① 弟《おとうと》が学校《がっこう》に行《い》く。

② 花《はな》がとてもきれいだ。

③ 小学生《しょうがくせい》さえ完走《かんそう》した。

④ 教室《きょうしつ》には、原《はら》さんもいる。

⑤ あなたまで私《わたし》を疑《うたが》うのか。

答え

① 主…弟《おとうと》が　述…行《い》く

② 主…花《はな》が　述…きれいだ

③ 主…小学生《しょうがくせい》さえ　述…完走《かんそう》した

④ 主…原《はら》さんも　述…いる

⑤ 主…あなたまで　述…疑《うたが》うのか

考え方

初《はじ》めに述語《じゅつご》を探《さが》し、「そうする（そうである）」のは「何か（誰《だれ》か）」を考《かんが》える。文節単位《ぶんせつたんい》で抜《ぬ》き出《だ》すことに注意《ちゅうい》する。

▼——線部《せんぶ》の修飾語《しゅうしょくご》が修飾《しゅうしょく》している文節《ぶんせつ》を抜《ぬ》き出《だ》そう。（教科書《きょうかしょ》243ページ）

① 彼女《かのじょ》は、有名《ゆうめい》な俳優《はいゆう》だ。

② 私《わたし》は、友達《ともだち》のかさを借《か》りた。

③ 母《はは》は、美容院《びよういん》に出《で》かけた。

④ こっそりお菓子《かし》を食《た》べた。

⑤ 彼《かれ》は友達《ともだち》と公園《こうえん》で遊《あそ》んだ。

答え

① 俳優《はいゆう》だ　② かさを　③ 出《で》かけた　④ 食《た》べた

⑤ 遊《あそ》んだ

▼次《つぎ》の文《ぶん》から接続語《せつぞくご》を抜《ぬ》き出《だ》そう。（教科書《きょうかしょ》244ページ）

① 寒《さむ》かったので、上着《うわぎ》を着《き》た。
② 楽《たの》しかった。だから、もう一度《いちど》行《い》こう。
③ コロッケは何度《なんど》か作《つく》ったことがある。だが、そのときは母《はは》がそばにいた。
④ 疲《つか》れたが、我慢《がまん》して歩《ある》き続《つづ》けた。
⑤ 走《はし》れば、まだ間《ま》に合《あ》うはずだ。

答え

① 寒《さむ》かったので　② だから　③ だが　④ 疲《つか》れたが
⑤ 走《はし》れば

▼次《つぎ》の文《ぶん》から独立語《どくりつご》を抜《ぬ》き出《だ》そう。（教科書《きょうかしょ》244ページ）

① おはよう、いい天気《てんき》だね。
② もしもし、田中《たなか》さんですか。
③ ああ、なんて美《うつく》しい花《はな》だ。
④ 創意工夫《そういくふう》、それが大切《たいせつ》だ。
⑤ ほら、しっかり見《み》てごらん。

答え

① おはよう　② もしもし　③ ああ　④ 創意工夫《そういくふう》
⑤ ほら

▼次《つぎ》の文《ぶん》の、並立《へいりつ》の関係《かんけい》にある二《ふた》つの文節《ぶんせつ》に線《せん》を引《ひ》こう。（教科書《きょうかしょ》245ページ）

① 紅茶《こうちゃ》とお菓子《かし》を用意《ようい》した。
② うれしさとはずかしさで顔《かお》が赤《あか》くなる。
③ 明日《あす》の登山《とざん》は、雪《ゆき》か雨《あめ》が降《ふ》ったら中止《ちゅうし》です。
④ とんぼの羽《はね》は、薄《うす》くて軽《かる》い。
⑤ 昨日《きのう》の夜《よる》は、冷《つめ》たく激《はげ》しい北風《きたかぜ》がふいた。

答え

① 紅茶《こうちゃ》とお菓子《かし》を用意《ようい》した。
② うれしさとはずかしさで顔《かお》が赤《あか》くなる。
③ 明日《あす》の登山《とざん》は、雪《ゆき》か雨《あめ》が降《ふ》ったら中止《ちゅうし》です。
④ とんぼの羽《はね》は、薄《うす》くて軽《かる》い。
⑤ 昨日《きのう》の夜《よる》は、冷《つめ》たく激《はげ》しい北風《きたかぜ》がふいた。

▼次《つぎ》の文《ぶん》の、補助《ほじょ》の関係《かんけい》にある二《ふた》つの文節《ぶんせつ》に線《せん》を引《ひ》こう。（教科書《きょうかしょ》245ページ）

① 今年初《ことしはじ》めての雪《ゆき》が降《ふ》ってきた。
② 坂《さか》の上《うえ》に小《ちい》さな家《いえ》が建《た》っている。
③ 覚《おぼ》えたばかりの歌《うた》を歌《うた》ってみる。
④ 祖母《そぼ》の重《おも》そうな荷物《にもつ》を持《も》ってあげた。
⑤ みんなにぜひ見《み》てほしい映画《えいが》がある。

答え

① 今年初《ことしはじ》めての雪《ゆき》が降《ふ》ってきた。

② 坂《さか》の上《うえ》に小《ちい》さな家《いえ》が建《た》っている。
③ 覚《おぼ》えたばかりの歌《うた》を歌《うた》ってみる。
④ 祖母《そぼ》の重《おも》そうな荷物《にもつ》を持《も》ってあげた。
⑤ みんなにぜひ見《み》てほしい映画《えいが》がある。

▼次《つぎ》の文《ぶん》は、二通《ふたとお》りの意味《いみ》に解釈《かいしゃく》できる。それぞれの意味《いみ》が明確《めいかく》になるように書《か》き換《か》えよう。（教科書《きょうかしょ》246ページ）

① 小《ちい》さな花《はな》の絵《え》を描《えが》く。
② 僕《ぼく》は太郎《たろう》と花子《はなこ》を訪問《ほうもん》した。

答え

① 小《ちい》さな花《はな》の、絵《え》を描《えが》く。（小《ちい》さいのは「花《はな》」）
小《ちい》さな、花《はな》の絵《え》を描《えが》く。（小《ちい》さいのは「絵《え》」）
② 僕《ぼく》は、太郎《たろう》と花子《はなこ》を訪問《ほうもん》した。（訪問《ほうもん》したのは「僕《ぼく》」）
僕《ぼく》は太郎《たろう》と、花子《はなこ》を訪問《ほうもん》した。（訪問《ほうもん》したのは「僕《ぼく》」と「太郎《たろう》」）

▼次《つぎ》の文《ぶん》を文節《ぶんせつ》に区切《くぎ》り（／）、その後《あと》、単語《たんご》に分《わ》けよう（・）。また、自立語《じりつご》に線《せん》を引《ひ》こう。（教科書《きょうかしょ》247ページ）

〈例《れい》〉父《ちち》・は／よく／本《ほん》・を／読《よ》む。
① その映画《えいが》なら、私《わたし》も見《み》たことがある。
② 江戸《えど》の知恵《ちえ》を現代《げんだい》に生《い》かす。
③ 僕《ぼく》の妹《いもうと》は、カレーの中《なか》のにんじんだけを残《のこ》す。
④ 世界地図《せかいちず》を開《ひら》き、地中海《ちちゅうかい》を指《さ》し示《しめ》す。
⑤ 通《とお》り雨《あめ》がやむと、空《そら》にあざやかな虹《にじ》が架《か》かった。

答え

① その／映画《えいが》・なら、／私《わたし》・も／見《み》・た／こと・が／ある。
② 江戸《えど》・の／知恵《ちえ》・を／現代《げんだい》・に／生《い》かす。
③ 僕《ぼく》・の／妹《いもうと》・は、／カレー・の／中《なか》・の／にんじん・だけ・を／残《のこ》す。
④ 世界地図《せかいちず》・を／開《ひら》き、／地中海《ちちゅうかい》・を／指《さ》し示《しめ》す。
⑤ 通《とお》り雨《あめ》・が／やむ・と、／空《そら》・に／あざやかな／虹《にじ》・が／架《か》かっ・た。

▼次《つぎ》の文《ぶん》の中《なか》から、活用《かつよう》する単語《たんご》を探《さが》して、例《れい》にならって囲《かこ》もう。（教科書《きょうかしょ》248ページ）

〈例《れい》〉花《はな》が［美《うつく》しく］［咲《さ》く］。
① 兄《あに》は、泳《およ》ぐのが上手《じょうず》だ。
② このケーキは、とても甘《あま》い。
③ 明日《あす》は、必《かなら》ず早《はや》く起《お》きる。
④ 新《あたら》しい皿《さら》に、料理《りょうり》を丁寧《ていねい》に盛《も》りつける。

答え

① 兄《あに》は、［泳《およ》ぐ］のが［上手《じょうず》だ］。
② このケーキは、とても［甘《あま》い］。
③ 明日《あす》は、必《かなら》ず［早《はや》く］［起《お》きる］。
④ ［新《あたら》しい］皿《さら》に、料理《りょうり》を［丁寧《ていねい》に］［盛《も》りつける］。

漢字《かんじ》 小学校《しょうがっこう》六年生《ろくねんせい》で学習《がくしゅう》した漢字《かんじ》

教科書 255~257ページ

教科書の課題の答え

1 ①泉・洗 ②机・寸 ③刻・盛 ④我・忘 ⑤幼・背
⑥卵・乳 ⑦視・推 ⑧専・尊 ⑨憲・訳 ⑩窓・閉
⑪幕・将 ⑫熟・至 ⑬著・朗 ⑭宗・存 ⑮裏・株
⑯遺・処 ⑰己・腹 ⑱衆・収 ⑲穴・危 ⑳脳・模
㉑頂・吸 ㉒庁・賃 ㉓銭・預

2 ①頭→痛→切→除→去→就→職
②批→評→価→値→段→階→層
③独→創→意→欲→望→郷→土
④同→盟→主→体→操→作→詞

3 大同小異・聖人君子・四捨五入・大器晩成（順不同《じゅんふどう》）

4 ①警察署・敬語・諸島 ②水蒸気・垂直・条約
③向上心・鋼鉄・状態 ④展覧会・転勤・混乱
⑤裁判官・返済・看板 ⑥延長戦・沿道・宣伝

5 ①装置 ②拡張 ③閣議 ④圧縮

6 ①ア係 イ系 ②ア考 イ孝 ③ア縦 イ従
④ア訪 イ方 ⑤ア間 イ簡 ⑥ア供 イ共

7 ①座 ②討 ③傷 ④純 ⑤奮 ⑥拝 ⑦樹 ⑧退 ⑨敵

考え方

1 ⑤「幼」、⑥「卵」、⑧「専」、⑩「閉」、⑪「幕」、⑫「熟」、⑱「衆」、㉑「頂」、㉒「賃」などの字《じ》の形《かたち》に、特《とく》に気《き》をつけて書《か》く。

2 ②「価値《かち》」「値段《ねだん》」や、④の「操作《そうさ》」「作詞《さくし》」のように、読《よ》みが変《か》わるときもあるので、注意《ちゅうい》しよう。
①「去就《きょしゅう》」は、物事《ものごと》に対《たい》してとる態度《たいど》、進退《しんたい》のこと。
④「盟主《めいしゅ》」は、同盟《どうめい》の中《なか》で中心《ちゅうしん》になる人《ひと》や国《くに》のこと。

3 「大同小異《だいどうしょうい》」は、違《ちが》いがわずかで、だいたい同《おな》じであること。
「大器晩成《たいきばんせい》」は、大《おお》きな器《うつわ》と同《おな》じように、大人物《だいじんぶつ》が完成《かんせい》するには時間《じかん》がかかること。

4 入《はい》る漢字《かんじ》の見当《けんとう》がつけやすいところから、選択肢《せんたくし》と見比《みくら》べて解《と》いていく。例《たと》えば、①の「□察○」は「警察署《けいさつしょ》」になりそうだと見当《けんとう》をつけて選択肢《せんたくし》を見《み》ると、「ケイ」は「警」と「敬」、「ショ」は「署」と「諸」が見《み》つかり、「敬語《けいご》」「諸島《しょとう》」の語《ご》ができる。

5 漢字《かんじ》のどの位置《いち》になるか、決《き》めやすいものから考《かんが》える。例《たと》えば、②「扌」は「へん」の位置《いち》、④「厂」は「たれ」の位置《いち》だと見当《けんとう》をつけ、組《く》み合《あ》わせる部分《ぶぶん》を考《かんが》える。

7 ②「追討《ついとう》」は、軍勢《ぐんぜい》などを派遣《はけん》して、敵《てき》を攻《せ》め滅《ほろ》ぼすこと。「西軍追討《せいぐんついとう》の命《めい》が下《くだ》る。」などと使《つか》う。
③「中傷《ちゅうしょう》」は、悪意《あくい》をもってありもしないことを言《い》い、他人《たにん》を傷《きず》つけること。

学習《がくしゅう》を振《ふ》り返《かえ》ろう

教科書 260~262ページ

読《よ》む（教科書260ページ）

教科書の課題

① 網走《あばしり》地方《ちほう》気象台《きしょうだい》の観察《かんさつ》記録《きろく》から、どんな事実《じじつ》が明《あき》らかになっただろうか。二《ふた》つに分《わ》けて書《か》いてみよう。

答えの例

・百年余《ひゃくねんあま》りの間《あいだ》に、オホーツク海《かい》・北海道《ほっかいどう》沿岸《えんがん》の気温《きおん》は約一度《やくいちど》上昇《じょうしょう》していること。
・百年余《ひゃくねんあま》りの間《あいだ》に、オホーツク海《かい》・北海道《ほっかいどう》沿岸《えんがん》の流氷《りゅうひょう》の面積《めんせき》は半分《はんぶん》近《ちか》くに減《へ》っていること。

考え方

上段《じょうだん》5行目《ぎょうめ》に、「その記録《きろく》を詳《くわ》しく調《しら》べた結果《けっか》、……」とあるので、この部分《ぶぶん》に続《つづ》く内容《ないよう》を二《ふた》つに分《わ》けてまとめよう。

② ――線部《せんぶ》「流氷《りゅうひょう》の減少《げんしょう》は、人類《じんるい》に対《たい》する自然《しぜん》からの警告《けいこく》かもしれない。」とあるが、それは、どのような警告《けいこく》だろうか。「……という警告《けいこく》。」で終《お》わる形《かたち》で書《か》いてみよう。

答えの例

多《おお》くの石炭《せきたん》や石油《せきゆ》を使用《しよう》するといった私《わたし》たちの暮《く》らし方《かた》が温暖化《おんだんか》を招《まね》くことで、洪水《こうずい》や干《かん》ばつなどの異常気象《いじょうきしょう》の多発《たはつ》や生態系《せいたいけい》のくずれなどを引《ひ》き起《お》こすという警告《けいこく》。

考え方

第二《だいに》・四段落《よんだんらく》に述《の》べられている内容《ないよう》をまとめよう。

話《はな》す・聞《き》く（教科書261ページ）

教科書の課題

① スピーチを聞《き》いた上村《うえむら》さんは、島田《しまだ》さんが挙《あ》げた「押《お》ささる」という例《れい》を、次《つぎ》のようにまとめた。「飲《の》まさる」についても、同《おな》じようにまとめてみよう。

答えの例

「……さる」がもつ二《ふた》つの意味《いみ》をかねそなえた使《つか》い方《かた》を説明《せつめい》するために挙《あ》げた例《れい》。

考え方

9~11行目《ぎょうめ》「おいしいので……という二《ふた》つの意味《いみ》が込《こ》められています」に着目《ちゃくもく》し、この部分《ぶぶん》をまとめよう。

② 島田《しまだ》さんは、上村《うえむら》さんから「まとめの部分《ぶぶん》に共通語《きょうつうご》との比較《ひかく》を入《い》れてはどうですか。」というアドバイスを受《う》けた。「このように、」（13行目《ぎょうめ》）から始《はじ》まる段落《だんらく》をどのように言《い》い換《か》えるとよいか考《かんが》えてみよう。

答えの例

このように、方言《ほうげん》には、その地域独特《ちいきどくとく》の意味《いみ》をもった言葉《ことば》が多《おお》くあります。共通語《きょうつうご》と比《くら》べて方言《ほうげん》は、意味《いみ》が正確《せいかく》に伝《つた》わる地域《ちいき》が限《かぎ》られるかもしれないですが、共通語《きょうつうご》では表現《ひょうげん》できない微妙《びみょう》なニュアンスなどを伝《つた》えることができます。方言《ほうげん》と共通語《きょうつうご》のそれぞれの特性《とくせい》を理解《りかい》して、使《つか》い分《わ》けることで、言葉《ことば》が豊《ゆた》かになっていくと思《おも》います。

考え方

方言《ほうげん》の例《れい》を共通語《きょうつうご》に直《なお》したことでわかる違《ちが》いをまとめよう。

教科書の課題

書《か》く（教科書262ページ）

① 最近《さいきん》の卒業《そつぎょう》ソングの傾向《けいこう》として挙《あ》げられることを表《ひょう》にまとめた。空欄《くうらん》を埋《う》め、表《ひょう》を完成《かんせい》させよう。

答えの例

歌《うた》う曲数《きょくすう》	（　2、3　）曲《きょく》
選曲方法《せんきょくほうほう》	（生徒《せいと》と話《はな》し合《あ》って　）曲《きょく》を決《き》める学校《がっこう》も多《おお》い
ランキング調査《ちょうさ》からわかること	ランキングの上位《じょうい》は、「旅立《たびだ》ちの日《ひ》に」などの（合唱曲《がっしょうきょく》）だが。GReeeNやゆずなどの（Jポップ）を歌《うた》う学校《がっこう》もある

考え方

三段目《さんだんめ》の第二《だいに》、第三段落《だいさんだんらく》の文章《ぶんしょう》と照《て》らし合《あ》わせて適語《てきご》を書《か》く。

② あなたは卒業式《そつぎょうしき》でどんな歌《うた》を歌《うた》ったりきいたりしたいだろうか。次《つぎ》の条件《じょうけん》に従《したが》って書《か》いてみよう。
条件《じょうけん》1　曲名《きょくめい》と歌《うた》の一節《いっせつ》を引用《いんよう》すること。
条件《じょうけん》2　その歌《うた》を選《えら》んだ理由《りゆう》を書《か》くこと。

答えの例

私は、「未来《みらい》へはばたく翼《つばさ》」を歌《うた》いたいです。なぜなら、歌詞《かし》に「行《い》こう　ぼくらの未来《みらい》へ　旅立《たびだ》とう　夢《ゆめ》の翼《つばさ》を広《ひろ》げて」とあるからです。中学《ちゅうがく》を卒業《そつぎょう》するこの時《とき》にみんなでこの歌《うた》を歌《うた》うことによって、明《あか》るい未来《みらい》と自分《じぶん》たちのもつ夢《ゆめ》の可能性《かのうせい》を信《しん》じて、困難《こんなん》にめげずに挑戦《ちょうせん》していくという決意《けつい》を表明《ひょうめい》したいと思《おも》います。

考え方

その歌《うた》をなぜ選《えら》んだかを明《あき》らかにして、その理由《りゆう》に合《あ》う歌詞《かし》を引用《いんよう》してまとめよう。

学習《がくしゅう》を広《ひろ》げる 坊《ぼ》っちゃん

夏目漱石《なつめそうせき》

教科書 278~287ページ

あらすじ

「俺《おれ》」（「坊《ぼ》っちゃん」）は、子供《こども》のときから親《おや》ゆずりの無鉄砲《むてっぽう》で、無茶《むちゃ》やいたずらばかりしていた。

死《し》ぬ直前《ちょくぜん》の母親《ははおや》に愛想《あいそ》をつかされ、父親《ちちおや》にも持《も》て余《あま》され、軟弱《なんじゃく》な兄《あに》とも仲《なか》が悪《わる》かった「俺《おれ》」だが、十年来奉公《じゅうねんらいほうこう》に来《き》ている清《きよ》という年《とし》老《お》いた女《おんな》だけは、かわいがってくれた。

清《きよ》はいつもあれこれ面倒《めんどう》をみてくれて、「俺《おれ》」が独立《どくりつ》したら自分《じぶん》を置《お》いてくれと頼《たの》むのだった。

おやじがなくなって家《いえ》を畳《たた》むことになり、「俺《おれ》」は兄《あに》から六百円《ろっぴゃくえん》をもらって、別《わか》れた。

「俺《おれ》」は物理学校《ぶつりがっこう》を卒業《そつぎょう》して、四国《しこく》の中学校教師《ちゅうがっこうきょうし》の職《しょく》につくことになった。

清《きよ》を訪《たず》ねると、清《きよ》はうちももたずに田舎《いなか》に行《い》く「俺《おれ》」に失望《しつぼう》した様《よう》子《す》だったが、出立《しゅったつ》の日《ひ》には世話《せわ》を焼《や》き、涙《なみだ》をためて見送《みおく》ってくれた。

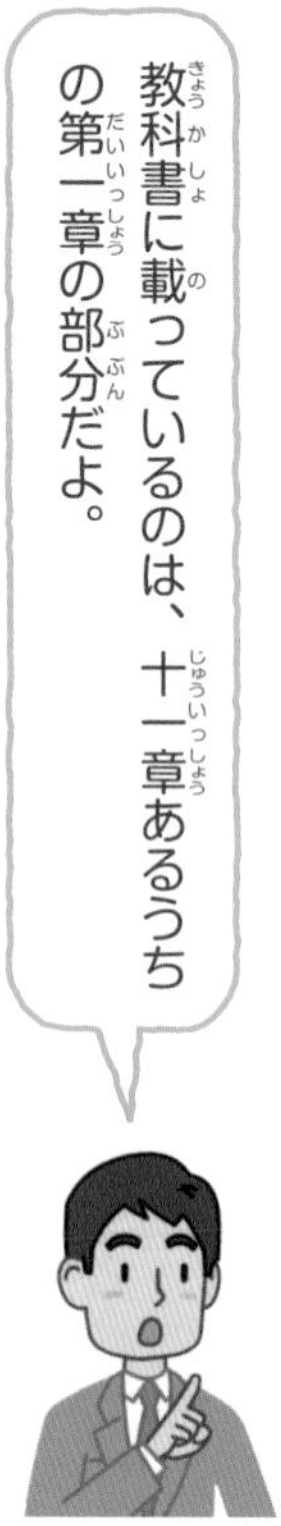

学習《がくしゅう》を広《ひろ》げる 幻《まぼろし》の魚《さかな》は生《い》きていた

中坊徹次《なかぼうてつじ》

教科書 288~291ページ

おおよその内容

絶滅《ぜつめつ》したはずのクニマスが生《い》きていたというニュースが二〇一〇年十二月《ねんじゅうにがつ》に報《ほう》じられた。

かつてクニマスは周辺《しゅうへん》の人々《ひとびと》の生活《せいかつ》や文化《ぶんか》に根《ね》ざした存在《そんざい》だった。だが一九四〇年頃《ねんごろ》、人々《ひとびと》の生活《せいかつ》を守《まも》るために行《おこな》った環境《かんきょう》の改変《かいへん》により、その姿《すがた》を消《け》した。

絶滅前《ぜつめつまえ》のクニマスの卵《たまご》が、かつて山梨県《やまなしけん》の西湖《さいこ》などに譲渡《じょうと》されていた記録《きろく》が一九七〇年頃《ねんごろ》に見《み》つかった。一九九〇年代《ねんだい》にクニマス探《さが》しの運動《うんどう》が起《お》こり、二〇一〇年《ねん》、西湖《さいこ》でとれた黒《くろ》いマスがクニマスと判明《はんめい》した。田沢湖《たざわこ》と西湖《さいこ》はクニマスの産卵場所《さんらんばしょ》の水温《すいおん》が一致《いっち》しており、クニマスが生存《せいぞん》できる条件《じょうけん》が整《ととの》っていたのである。

クニマスがこれからも生《い》き続《つづ》けるには、湖全体《みずうみぜんたい》の環境《かんきょう》を守《まも》ることと、人《ひと》と生《い》き物《もの》とがつながり合《あ》った関係《かんけい》を維持《いじ》することが必要《ひつよう》だ。環境《かんきょう》を変《か》えてしまうのは一瞬《いっしゅん》だが、元《もと》に戻《もど》すには多《おお》くの時間《じかん》と労力《ろうりょく》が必要《ひつよう》になる。

解答解説

16ページ

1 例けんかになるかもしれないけどシンタに話《はな》しかけること。

直前《ちょくぜん》の文《ぶん》に、どうせなら「ちゃんとけんかしよう。」とあり、その後《あと》「シンタに話《はな》しかけ」ていることから考《かんが》えます。

2 イ

直前《ちょくぜん》の文《ぶん》に「そこから話《はなし》をするしかなかった」とあることから、自分《じぶん》の気持《きも》ちを説明《せつめい》するために、小説《しょうせつ》の話《はなし》を持《も》ち出《だ》していることがわかります。

3 例国語《こくご》の小説《しょうせつ》の話《はなし》をしたときから。

二人《ふたり》は何《なん》について話《はなし》をしているかを捉《とら》えます。

4 違《ちが》うところを発見《はっけん》する

前《まえ》にあるシュンタの発言《はつげん》から考《かんが》えます。

5 (1) 例外見《がいけん》、容姿《ようし》

(2) 例内面《ないめん》、好《この》み

二人《ふたり》がお互《たが》いにまっすぐ見合《みあ》ったときに、「そっくりだった」と思《おも》っていること、僕《ぼく》（シュンタ）の好《す》きなものをシンタが嫌《きら》いでも、「僕《ぼく》は傷《きず》つかない」と言《い》っていることから考《かんが》えます。

6 エ

「そっくりだけど、全然違《ぜんぜんちが》う人間《にんげん》」だから、「話《はな》そう。たくさん。」と言《い》っていることから考《かんが》えます。

30ページ

1 Aそれでは、

Bなぜ、違《ちが》っ

[1]段落《だんらく》と[4]段落《だんらく》が問《と》いの段落《だんらく》です。

2 イ

カイワレダイコンのどの部分《ぶぶん》が育《そだ》つのかを見《み》ています。

3 根《ね》・胚軸《はいじく》

傍線部《ぼうせんぶ》②のすぐ後《あと》に注目《ちゅうもく》して、二《ふた》つ答《こた》えます。

4 胚軸《はいじく》は、地《ち》〜ているから

直後《ちょくご》の文《ぶん》が理由《りゆう》です。「〜から」で終《お》わるように書《か》き抜《ぬ》きます。

5 (1) 例ダイコンの上《うえ》の部分《ぶぶん》は甘《あま》く、下《した》の部分《ぶぶん》は辛《から》いこと。

(2) 植物《しょくぶつ》の知恵《ちえ》

(1) [5]〜[7]段落《だんらく》を簡潔《かんけつ》にまとめます。

6 イ・エ

7 A[3]　B[5]・[6]・[7]

38ページ

1 aイ　bイ　cア　dウ

図《ず》の内容《ないよう》を波線部《なみせんぶ》の前後《ぜんご》の文《ぶん》から読《よ》み取《と》りましょう。

2 ・例白《しろ》い部分《ぶぶん》を中心《ちゅうしん》に（見《み》ると、）優勝《ゆうしょう》カップのような形《かたち》をしたつぼ（が見《み》える。）

・例黒《くろ》い部分《ぶぶん》に注目《ちゅうもく》して（見《み》ると、）向《む》き合《あ》っている二人《ふたり》の顔《かお》の影絵《かげえ》（が見《み》える。）

傍線部《ぼうせんぶ》①の後《あと》に述《の》べられた内容《ないよう》をまとめます。

3 この図《ず》の場《ば》〜てしまう。

「一文《いちぶん》で」という条件《じょうけん》に合《あ》うのは、傍線部《ぼうせんぶ》②の直前《ちょくぜん》の段落《だんらく》です。

4 ピントが少女《しょうじょ》に合《あ》わせられてしまう

カメラのたとえが使《つか》われているところに注目《ちゅうもく》し、字数《じすう》を手《て》がかりに答《こた》えます。

5 例一瞬《いっしゅん》のうちに、中心《ちゅうしん》に見《み》るものを決《き》めたり、それを変《か》えたりすることができるということ。

直後《ちょくご》の「……のである。」という文《ぶん》からまとめましょう。

6 ウ

波線《なみせん》cを含《ふく》む段落《だんらく》の次《つぎ》の段落《だんらく》に注目《ちゅうもく》しましょう。

7 ウ

「見《み》るときの距離《きょり》を変《か》え」るとは、目《め》を遠《とお》ざけることです。

8 エ

最後《さいご》の段落《だんらく》に筆者《ひっしゃ》の言《い》いたいことが述《の》べられています。

52ページ

1 例ある事柄《ことがら》を似《に》たところのある別《べつ》の事柄《ことがら》で表《あらわ》すこと。

冒頭《ぼうとう》の一文《いちぶん》に着目《ちゃくもく》します。

2 例豊富《ほうふ》な知識《ちしき》をもち、たずねればいつでも必要《ひつよう》な知識《ちしき》を与《あた》えてくれる人《ひと》。

「あの人《ひと》は歩《ある》く辞書《じしょ》だ。」と聞《き》いた場合《ばあい》、どんなことが伝《つた》わるかを読《よ》み取《と》ります。

3 たとえるものと

傍線部《ぼうせんぶ》①の後《あと》に、「大切《たいせつ》なことは」とあります。

4 ドーナツ（4字《じ》）

図《ず》が何《なに》に見《み》えるか、相手《あいて》が知《し》っている言葉《ことば》で表《あらわ》します。

5 ・例形状《けいじょう》をわかりやすく伝《つた》える効果《こうか》。

・例物事《ものごと》の特性《とくせい》をより生《い》き生《い》きと印象《いんしょう》づける効果《こうか》。

〈順不同《じゅんふどう》〉

[2]段落《だんらく》の終《お》わりと[3]段落《だんらく》の初《はじ》めに着目《ちゃくもく》します。

6 思考《しこう》や感情《かんじょう》など、形《かたち》のないもの

傍線部《ぼうせんぶ》②の直後《ちょくご》に「例《たと》えば」とあるので、この後《あと》に続《つづ》く例《れい》をまとめた言葉《ことば》を探《さが》します。

7 エ

最後《さいご》の段落《だんらく》にある、筆者《ひっしゃ》が望《のぞ》んでいることを読《よ》み取《と》ります。

68ページ

1 (1) 例疎開者《そかいしゃ》には配給《はいきゅう》がなかったので、米《こめ》ややぎの乳《ちち》な

どの食《た》べ物《もの》と着物《きもの》を交換《こうかん》してもらったから。

(2) **ウ**

(1) 最初《さいしょ》と二番目《にばんめ》の段落《だんらく》にある内容《ないよう》をまとめましょう。

(2) ヒロユキのお乳《ちち》が不足《ふそく》し、栄養失調《えいようしっちょう》につながっていくことをつかんでおきましょう。

2 **栄養失調《えいようしっちょう》**

傍線部《ぼうせんぶ》②の次《つぎ》の段落《だんらく》の最後《さいご》に書《か》かれています。

3 (1) **母《はは》・僕《ぼく》・弟《おとうと》（ヒロユキ）**〈順不同《じゅんふどう》〉

(2) 例 **母《はは》が、弟《おとうと》が死《し》んでいるのでほかの人《ひと》に遠慮《えんりょ》したから。**

(2) 傍線部《ぼうせんぶ》③の直後《ちょくご》の文《ぶん》に理由《りゆう》が推測《すいそく》されています。

4 **イ**

母《はは》が、「幸《しあわ》せだった」と心《こころ》から思《おも》っているのではないことを読《よ》み取《と》りましょう。

5 **ア・オ**

強《つよ》い母《はは》が「初《はじ》めて」泣《な》く姿《すがた》に、「僕《ぼく》」が衝撃《しょうげき》を受《う》けたことを捉《とら》えましょう。

6 例 **世界中《せかいじゅう》の人《ひと》に、原子爆弾《げんしばくだん》が落《お》とされたところとして忘《わす》れないでもらいたいから。**

片仮名表記《かたかなひょうき》にすると、日本《にっぽん》だけで通用《つうよう》する地名《ちめい》ではなく、「原子爆弾《げんしばくだん》が落《お》とされたところ」を意味《いみ》する世界《せかい》共通《きょうつう》の言葉《ことば》になる印象《いんしょう》が強《つよ》くなります。

78ページ

1 **銀木犀《ぎんもくせい》の木《き》の下《した》**

直前《ちょくぜん》の「ここ」が指《さ》すものを探《さが》します。最終行《さいしゅうぎょう》にしかこの言葉《ことば》はありません。

2 例 **銀木犀《ぎんもくせい》の木《き》の下《した》にいれば、どんなことからも木《き》が守《まも》ってくれるから、大丈夫《だいじょうぶ》だということ。**

「そう」の内容《ないよう》は直前《ちょくぜん》に述《の》べられています。

3 **イ**

続《つづ》く部分《ぶぶん》で「葉《は》っぱはずっと落《お》ちないんじゃないんですか。」と聞《き》いていることに注目《ちゅうもく》します。

4 A**エ** B**ア** C**ウ**

文章《ぶんしょう》の前文《ぜんぶん》から、銀木犀《ぎんもくせい》がお守《まも》りのようだったことをつかみましょう。

5 **ウ**

「私《わたし》」の「葉《は》っぱはずっと落《お》ちない」＝変《か》わらない、と思《おも》っていた見方《みかた》が変《か》わるきっかけです。「私《わたし》」は、自分《じぶん》もまた古《ふる》いものに捉《とら》われず、新《あたら》しく前《まえ》に踏《ふ》み出《だ》そうとしています。

6 例 **これからは、つらいことや悲《かな》しいことがあったとしても、きっとなんとかやっていけるから大丈夫《だいじょうぶ》だ、という気持《きも》ち。**

傍線部《ぼうせんぶ》⑥の直前《ちょくぜん》の一文《いちぶん》「大丈夫《だいじょうぶ》、きっとなんとかやっていける。」に言葉《ことば》を足《た》してまとめましょう。

92ページ

1 例 **「ジャージャー」と鳴《な》いている音声《おんせい》をヘビのいない状況《じょうきょう》でシジュウカラに聞《き》かせ、その行動変化《こうどうへんか》を観察《かんさつ》した。**

調《しら》べる方法《ほうほう》は、2段落《だんらく》にあるので、この段落《だんらく》の内容《ないよう》をまとめます。

2 **シジュウカラは、「ジ**

3段落《だんらく》に結果《けっか》があるので、そこから中心《ちゅうしん》となる文《ぶん》を探《さが》します。

3 **ヘビの居場所《いばしょ》をつき止《と》める**

筆者《ひっしゃ》の考《かんが》えは、4段落《だんらく》にあります。

4 **ア**

傍線部《ぼうせんぶ》②の前《まえ》に「いっぽう」とあるので、この実験《じっけん》は、「ジャージャー」という鳴《な》き声《こえ》の実験結果《じっけんけっか》と比較《ひかく》するために行《おこな》われたことがわかります。

5 (1) 例 **「ジャージャー」という鳴《な》き声《ごえ》は、「地面《じめん》や巣箱《すばこ》を確認《かくにん》しろ。」といった命令《めいれい》かもしれないと考《かんが》えたから。**

(2) A **ヘビの姿《すがた》をイメージ**

B **見間違《みまちが》い**

(1) 直後《ちょくご》に理由《りゆう》があるので、それをまとめます。

(2) 最後《さいご》の段落《だんらく》が、疑問《ぎもん》を解決《かいけつ》するために筆者《ひっしゃ》が考《かんが》えたことです。

106ページ

1 (1) **さぬきのみやつこ**

(2) 例 **野《の》や山《やま》で竹《たけ》を取《と》り、いろいろなものを作《つく》る仕事《しごと》。**

2 a **いうもの** b **よろず** c **なんいいける**

語頭《ごとう》以外《いがい》のハ行《ぎょう》は現代仮名遣《げんだいかなづか》いでは「ワ・イ・ウ・エ・オ」と書《か》き、「づ」は「ず」、「む」は「ん」と書《か》きます。基本《きほん》ルールを確認《かくにん》しましょう。

3 d **不思議《ふしぎ》に思《おも》って** e **まことに** f **かわいらしい様子《ようす》で**

現代語《げんだいご》の意味《いみ》と異《こと》なる単語《たんご》があることに注意《ちゅうい》しましょう。

4 ② **竹取《たけとり》の翁《おきな》（さぬきのみやつこ）** ③ **三寸《さんずん》ばかりなる人《ひと》**

②「（竹《たけ》に）近寄《ちかよ》って見《み》ると」、③「（筒《つつ》＝竹《たけ》の中《なか》に）座《すわ》っていた」のは誰《だれ》かを捉《とら》えましょう。

5 **もと光《ひか》る竹《たけ》なむ一筋《ひとすじ》ありける。**

現代語訳《げんだいごやく》と丁寧《ていねい》に照《て》らし合《あ》わせましょう。

6 誰《だれ》…**かぐや姫《ひめ》** どこ…**月《つき》の都《みやこ》**

傍線部《ぼうせんぶ》⑤の前《まえ》にある言葉《ことば》を使《つか》いましょう。

7 **例かぐや姫《ひめ》のいないこの世《よ》に、いつまでもとどまっていたくないから。**
傍線部《ぼうせんぶ》⑥の前《まえ》の現代語訳《げんだいごやく》の部分《ぶぶん》から、帝《みかど》の心情《しんじょう》を読《よ》み取《と》ります。

8 **ウ**
現代語訳《げんだいごやく》に「……ことから、……名《な》づけた」と理由《りゆう》を示《しめ》す表現《ひょうげん》があります。「ふじの山《やま》」は、「士《つはもの》（つわもの）に富《と》む山《やま》」→「富士山《ふじさん》」と書《か》かれています。

112ページ

1 **歴史的《れきしてき》な事《じ》～ソードなど**

2 **矛盾《むじゅん》**
後《あと》の故事《こじ》から生《う》まれた言葉《ことば》です。

3 **A いわく　B とおす**
助詞《じょし》・語頭《ごとう》以外《いがい》のハ行《ぎょう》は現代仮名遣《げんだいかなづか》いでは「ワ・イ・ウ・エ・オ」と書《か》きます。基本《きほん》ルールを確認《かくにん》しましょう。

4 **C するどい　D どうなるのか**
現代語訳《げんだいごやく》と丁寧《ていねい》に照《て》らし合《あ》わせましょう。

5 **例盾《たて》と矛《ほこ》を売《う》っている人《ひと》**
「鬻《ひさ》ぐ」の現代語訳《げんだいごやく》を確認《かくにん》しましょう。

6 **ア**
「楚《そ》人《ひと》」＝「盾《たて》と矛《ほこ》とを鬻《ひさ》ぐ者《もの》」なので、それ以外《いがい》の人《ひと》を選《えら》びます。

7 **イ**
「物《もの》に於《お》いて陥《とお》さざる無《な》きなり」の現代語訳《げんだいごやく》が当《あ》てはまります。「陥《とお》さざる／無《な》き／なり」は、「ざる」「無《な》き」と打《う》ち消《け》しの意味《いみ》が二《ふた》つ入《はい》った二重否定《にじゅうひてい》なので、「つき通《とお》さないものはない＝どんなものでもつき通《とお》せる」となることに注意《ちゅうい》しましょう。

8 **例盾《たて》と矛《ほこ》を売《う》る者《もの》の、「この盾《たて》をつき通《とお》せるものはない」という説明《せつめい》と、「この矛《ほこ》はどんなものでもつき通《とお》せる」という説明《せつめい》が、つじつまの合《あ》わないものだったから。**
「矛盾《むじゅん》」という言葉《ことば》の意味《いみ》を押《お》さえて答《こた》えをまとめましょう。

9 (1)**イ**　(2)**エ**　(3)**ア**

120ページ

1 **不便益《ふべんえき》**
傍線部《ぼうせんぶ》①の次《つぎ》の文《ぶん》に、言《い》い換《か》えを表《あらわ》す接続語《せつぞくご》「つまり」があることから考《かんが》えます。

2 (1)**タクシー**
（理由《りゆう》）**例目的地《もくてきち》を伝《つた》えた後《あと》は座《すわ》っていられるから。**
(2)**徒歩《とほ》**
（理由《りゆう》）**例時間《じかん》がかかったり疲《つか》れたりするから。**
傍線部《ぼうせんぶ》②の後《あと》にタクシーと徒歩《とほ》が具体例《ぐたいれい》として挙《あ》げられています。

3 **人《ひと》や景色《けしき》との出《て》会《あ》いを楽《たの》しむことができる**
理由《りゆう》は、傍線部《ぼうせんぶ》③のすぐ後《あと》にあります。

4 **エ**
理由《りゆう》は、傍線部《ぼうせんぶ》④の後《あと》にあります。

5 **セル生産方式《せいさんほうしき》**
「不便益《ふべんえき》」とは「不便《ふべん》のよい点《てん》」のことです。二《ふた》つの方式《ほうしき》のうち、一人《ひとり》あたりの負担《ふたん》が多《おお》くなる「不便《ふべん》」なほうは、どちらの方式《ほうしき》であるかを考《かんが》えます。

6 ① **例出《て》会《あ》いや発見《はっけん》の機会《きかい》が広《ひろ》がること。**
② **例身体能力《しんたいのうりょく》の低下《ていか》を防《ふせ》いだり、身体能力《しんたいのうりょく》を向上《こうじょう》させたりできること。**
③ **例作業者《さぎょうしゃ》のモチベーションや技術力《ぎじゅつりょく》が高《たか》まること。**
「不便益《ふべんえき》」は各事例《かくじれい》の書《か》かれた段落《だんらく》の最後《さいご》にあり、それがどのような不便《ふべん》なときに起《お》きるかは、その前《まえ》から探《さが》します。

138ページ

1 **ウ**
傍線部《ぼうせんぶ》①を含《ふく》む段落《だんらく》に「僕《ぼく》の言《い》うことをわかってくれない」「信《しん》じようともしないだろう」とあります。

2 **壊《こわ》れた羽《はね》は**
傍線部《ぼうせんぶ》②の直後《ちょくご》の一文《いちぶん》です。

3 **イ・オ**
次《つぎ》の段落《だんらく》に「君《きみ》がちょうをどんなに取《と》り扱《あつか》っているか、ということを見《み》ることができた」とあることから、イを選《えら》びます。

4 **エ**
「僕《ぼく》」は、盗《ぬす》みを犯《おか》したのはちょうに対《たい》する熱情《ねつじょう》からであり、まして潰《つぶ》すつもりはなかったことを説明《せつめい》したと考《かんが》えられます。それに対《たい》してエーミールは、傍線部《ぼうせんぶ》④の直前《ちょくぜん》の言葉《ことば》のように「僕《ぼく》」が〝ちょうをどんなに取《と》り扱《あつか》っているか（＝ひどい取《と》り扱《あつか》い方《かた》だ）〟と非難《ひなん》したので、ちょうへの熱情《ねつじょう》を否定《ひてい》されたと感《かん》じたのです。

5 (1)**僕《ぼく》は悪漢《あっかん》だ**
(2)**一度起《いちどお》きたことは、もう償《つぐな》いのできないものだということ**
(1)「まるで……のように」という比喩《ひゆ》を用《もち》いた表現《ひょうげん》を探《さが》します。

6 **ア・オ**
「僕《ぼく》」は自分《じぶん》の収集《しゅうしゅう》に価値《かち》がないと思《おも》ってはいないので、イとウは×。「一度起《いちどお》きたことは、もう償《つぐな》いのできないものだ」と考《かんが》えているので、エも×です。

146ページ

1 **抜《ぬ》けるように青《あお》い空《そら》**

直後《ちょくご》に「そこには、灰色《はいいろ》の重《おも》たい雲《くも》はなく、抜《ぬ》けるように青《あお》い空《そら》があった」とあります。

2 **例 晴天《せいてん》の中《なか》で降《ふ》る雪《ゆき》**

直前《ちょくぜん》の「これ」が指《さ》しているものを考《かんが》えます。

3 **空《そら》の青色《あおいろ》・雪《ゆき》の白色《しろいろ》**〈順不同《じゅんふどう》〉

文章中《ぶんしょうちゅう》に出《で》てきている色《いろ》は、「青《あお》」と「白《しろ》」。「灰色《はいいろ》の重《おも》たい雲《くも》はなく」とあるので、「灰色《はいいろ》」は情景《じょうけい》にはありません。

4 **例 筆者《ひっしゃ》の感動《かんどう》したものが冬《ふゆ》の青空《あおぞら》だったから。**

題名《だいめい》は、文章《ぶんしょう》の内容《ないよう》を的確《てきかく》に短《みじか》い言葉《ことば》で表《あらわ》しているものなので、この文章《ぶんしょう》では、筆者《ひっしゃ》が感動《かんどう》した冬《ふゆ》の青《あお》い「空《そら》」が題名《だいめい》になっています。

5 **遠方《えんぽう》**

「えんぽう」は、父《ちち》が日帰《ひがえ》りの出張《しゅっちょう》などで出《で》かける場所《ばしょ》であることから考《かんが》えます。

6 **例 近《ちか》づきがたい**

いつも父《ちち》にまとわりついていた筆者《ひっしゃ》が、この時《とき》は、質問《しつもん》をするだけであることから考《かんが》えます。

7 **エ**

傍線部《ぼうせんぶ》⑤の直前《ちょくぜん》に「歌《うた》うように」とあることから考《かんが》えます。

8 **イ**

筆者《ひっしゃ》は「えんぽう」に対《たい》して、「連《つ》れていってもらえない『えんぽう』というところに、深《ふか》く深《ふか》く憧《あこが》れ」ていることから考《かんが》えます。

156ページ

---

1 **例 すぐにではなくゆっくりと落《お》ちていき、やっとのことで地面《じめん》に到達《とうたつ》した様子《ようす》。**

「たどりつく」は、苦《くる》しい思いをしながらやっと行《い》きつくという意味《いみ》であるから、それをふまえて書《か》きます。

2 **エ**

普通《ふつう》の言《い》い方《かた》では「さくらに　とって　ひとつの　ことが」となり、語順《ごじゅん》が入《い》れ替《か》わっていることから考《かんが》えます。

3 **いま　おわったのだ　そして　はじまったのだ**

傍線部《ぼうせんぶ》③の述部《じゅつぶ》に当《あ》たる部分《ぶぶん》を見《み》つけます。

4 **ウ**

詩《し》の中《なか》にある「ひとつの　こと」は「さくらの　はなびら」にたとえられた「生命《せいめい》」のことであり、それは「かけがえのない」ものだと筆者《ひっしゃ》が思《おも》っていることから考《かんが》えます。
